深圳律师实务丛书

北交所上市法律实务

助力创新型中小企业
进阶资本市场宝典

组　编　深圳市律师协会证券法律专业委员会
主　编　徐舜芝
副主编　张　晗　张　愚

LEGAL PRACTICE OF LISTING ON
BEIJING STOCK EXCHANGE
AN ENCYCLOPEDIA OF
ASSISTING INNOVATIVE SMES TO
ENTER THE CAPITAL MARKET

法律出版社
LAW PRESS · CHINA
北京

图书在版编目(CIP)数据

北交所上市法律实务：助力创新型中小企业进阶资本市场宝典 / 深圳市律师协会证券法律专业委员会组编；徐舜芝主编；张晗，张愚副主编. -- 北京：法律出版社，2024
(深圳律师实务丛书)
ISBN 978-7-5197-8971-8

Ⅰ. ①北… Ⅱ. ①深… ②徐… ③张… ④张… Ⅲ. ①中小企业－股份有限公司－资本市场－法规－研究－中国 Ⅳ. ①D922.280.4

中国国家版本馆 CIP 数据核字(2024)第 064464 号

北交所上市法律实务
——助力创新型中小企业进阶资本市场宝典
BEIJIAOSUO SHANGSHI FALÜ SHIWU
— ZHULI CHUANGXINXING ZHONGXIAO QIYE JINJIE ZIBEN SHICHANG BAODIAN

深圳市律师协会证券法律专业委员会 组编
徐舜芝 主编
张 晗 张 愚 副主编

策划编辑 朱轶佳
责任编辑 朱轶佳
装帧设计 鲍龙卉

出版发行 法律出版社
编辑统筹 司法实务出版分社
责任校对 杨锦华
责任印制 胡晓雅
经　　销 新华书店

开本 710 毫米×1000 毫米 1/16
印张 15.75 **字数** 249 千
版本 2024 年 6 月第 1 版
印次 2024 年 6 月第 1 次印刷
印刷 三河市龙大印装有限公司

地址：北京市丰台区莲花池西里 7 号(100073)
网址：www.lawpress.com.cn
投稿邮箱：info@lawpress.com.cn
举报盗版邮箱：jbwq@lawpress.com.cn
销售电话：010-83938349
客服电话：010-83938350
咨询电话：010-63939796

书号：ISBN 978-7-5197-8971-8
定价：62.00 元
凡购买本社图书，如有印装错误，我社负责退换。电话：010-83938349

深圳律师实务丛书
编委会

本书编委会

主　　编：徐舜芝

副 主 编：张　晗　张　愚

编写组成员（按本书撰写章节顺序）：

陈超明　陈秀盈　杨嘉华

张　愚　吴碧虹　张　晗

陈金凤　陈栋强　王　威

邓宇戈　徐舜芝

回归专业　潜心钻研
促进高质量发展

斗转星移，继往开来。深圳市律师协会自2012年启动“深圳律师实务丛书”（以下简称丛书）出版工作以来，至今已出版实务专著39部，内容涵盖诸多专业领域，全面展现了深圳律师业务的研究成果和实务经验，已成为深圳市律师协会推进行业专业化建设的品牌项目。

鼓励和引导律师著书立说是深圳市律师协会推动律师专业化的一项长期性的重点工作。丛书旨在充分发挥深圳市律师协会的业务指导作用，通过鼓励深圳律师和深圳市律师协会各专业委员会撰写实务专著，可以有效提升律师业务水平，增强律师业务能力，保证律师服务质量，以专业引领和成果共享助推深圳律师行业高质量发展。

本套丛书凝集着深圳律师的心血与经验，展现了深圳律师的专业水平。本套丛书在律师业务的众多领域，汇集了深圳律师的业务成果，总结了深圳律师的执业经验，体现了深圳律师的专业能力，彰显了深圳律师的职业精神。这一本本专著必将成为深圳律师专业化发展史上一颗颗璀璨的明珠，永远镶嵌在深圳律师专业化发展的史册上。

2023年是全面贯彻落实党的二十大精神的开局之年，深圳律师要深学细悟笃行党的二十大精神，让党的二十大精神在深圳律师行业落地生花，要以习近平法治思想为指引，大兴专业研究之风，切实回归专业，潜心研究，深挖专业和实务问题，以高品质的法律服务保障行业的高质量发展。开展业务和实务研究不能脱离实际，必须密切关注经济社会发展和法治建设，聚焦其中的热点、难点、堵点问题，深入开展有针对性的研究，进而提出应用对策与实践指引，也期待深圳律师能输出更多的法律实务研究成果，并能形成专著与同行共享，这本身也是律师业务领域的一种先行示范。

希望本套丛书成为广大实习人员、执业律师期待、必备的好工具，也希望未来能够出版更多、更好的供律师们学习提高、掌握律师实务知识与技能的好专著！

张　斌

深圳市律师协会会长

2023 年 1 月 9 日

本书序

在当前全球经济一体化和资本市场迅速变革的时代背景下，资本市场的法律框架和实务操作变得越加复杂且充满挑战性。《北交所上市法律实务》一书的问世，不仅是对现有资本市场法律实务的全面总结，更是对创新型中小企业进入资本市场的重要指引。

本书的核心价值，在于其深入剖析了北交所这一资本市场新星的独特定位和运作机制。从北交所的建立背景、规则体系，到拟上市公司的各项核心要求和审核流程，书中对这一全新资本市场平台进行了全方位的解读，为各类企业提供了宝贵的法律实务知识和操作指南。

尤其值得关注的是，本书对于新三板挂牌企业如何跨越至北交所，提供了极具价值的实操指导。详细介绍了如何从新三板成功过渡到创新层，再从创新层跃升至北交所的具体流程和策略，这对于众多有志于资本市场的企业来说，是很好的指引。

此外，书中对于北交所上市审核过程中的法律要点及案例分析，对专业律师和企业决策者而言，具有无可比拟的实际价值。通过对监管机构反馈问题的案例解析，不仅揭示了法律审查的重点和难点，也为企业应对可能的法律风险提供了切实可行的策略。

再进一步，本书对北交所上市公司的资本运作规则进行了细致探讨，涵盖了公司治理、再融资、并购重组等关键领域。这一部分不仅有助于企业理解和应对复杂的市场环境，也为企业在资本市场中的长远发展提供了策略指导。

综上所述,《北交所上市法律实务》不仅是一本法律实务工具书,更是一本资本市场的战略指南。它的出版,对于理解和应对当前资本市场的复杂性和动态性,具有重大意义。在未来的资本市场征程中,《北交所上市法律实务》将成为指引企业和专业人士穿越复杂市场环境、把握机遇、迎接挑战的重要工具。

何贤波
广东华商律师事务所高级合伙人
中国证监会第十二届发行审核委员会委员(主板、中小板)
2024 年 1 月 22 日

目　录

第一章 我国的多层次资本市场体系

第一节 多层次资本市场体系概述

一、我国多层次资本市场体系发展沿革

我国资本市场的正式形成以1990年上海证券交易所(以下简称上交所)成立为标志。次年,深圳证券交易所(以下简称深交所)成立。2003年,国务院提出建立多层次资本市场体系,满足不同企业融资需求,从战略角度确立了多层次资本市场方向。2004年,为解决中小民营企业融资问题,深交所设立中小板。2009年,契合民营企业融资发展的现实需求,深交所又设立创业板,为私募股权投资(Private Equity,PE)和风险投资(Venture Capital,VC)机构提供了良好的退出渠道,带动了风险投资行业的发展。2012年中国证券监督管理委员会(以下简称中国证监会)在中关村科技园试点全国中小企业股份转让系统(以下简称全国股转系统,俗称新三板),新三板正式设立。2019年,科创板在上交所设立并试点注册制。2021年4月6日,深交所主板和中小板正式合并,主板的功能定位更加清晰。2021年9月,北京证券交易所(以下简称北交所)成立,统筹新三板各层级协调发展,发挥带头作用,做活做强基础层与创新层,加强与沪深交易所、区域性股权市场的互联互通,加快完善中小企业全链条制度体系。至此,我国形成了由主板市场、科创板市场、创业板市场、北交所市场、新三板市场以及区域性股权交易市场构成的多层次资本市场体系。

二、各类资本市场特点

主板突出"大盘蓝筹"特色，重点支持业务模式成熟、经营业绩稳定、规模较大、具有行业代表性的优质企业。

科创板面向世界科技前沿、面向经济主战场、面向国家重大需求，优先支持符合国家战略，拥有关键核心技术，科技创新能力突出，主要依靠核心技术开展生产经营，具有稳定的商业模式，市场认可度高，社会形象良好，具有较强成长性的企业。

创业板深入贯彻创新驱动发展战略，适应发展更多依靠创新、创造、创意的大趋势，主要服务成长型创新创业企业，支持传统产业与新技术、新产业、新业态、新模式深度融合。

北交所市场坚持服务创新型中小企业的市场定位，重点支持先进制造业和现代服务业等领域的企业，推动传统产业转型升级。

新三板市场以机构投资者和高净值自然人为主体，服务创新型、创业型、成长型中小企业，划分为基础层与创新层。

区域性股权交易市场定位于为特定区域内的企业提供股权、债券的转让和融资服务，拥有和服务着海量的中小微企业。

多层次的资本市场设置了差异化的上市和挂牌门槛，为不同阶段企业提供"定制化"融资服务，解决企业融资难融资贵的问题，进一步推动我国资本市场的完善。

第二节　北交所、全国股转系统及其规则体系

一、北交所

（一）北交所简介[1]

1. 设立背景

北交所于 2021 年 9 月 3 日注册成立，是经国务院批准设立的我国第一

〔1〕 相关信息参见北交所官方网站：http://www.bse.cn/。

家公司制证券交易所，受中国证监会监督管理。经营范围为依法为证券集中交易提供场所和设施、组织和监督证券交易以及证券市场管理服务等业务。

2. 设立意义

设立北交所，打造服务创新型中小企业主阵地，是对资本市场更好服务构建新发展格局、推动高质量发展作出的新的重大战略部署，是实施国家创新驱动发展战略、持续培育发展新动能的重要举措，也是深化金融供给侧结构性改革、完善多层次资本市场体系的重要内容，对于更好地发挥资本市场功能作用、促进科技与资本融合、支持中小企业创新发展具有重要意义。

（二）北交所的规则体系

涉及北交所的法律法规、规章、规范性文件主要包括《公司法》《证券法》、《北京证券交易所向不特定合格投资者公开发行股票注册管理办法》（以下简称《北交所不特定发行注册管理办法》）、《北京证券交易所向不特定合格投资者公开发行股票并上市审核规则》等，此处不予赘述，读者可登录北交所官方网站查询了解。

二、全国股转系统

（一）全国股转系统简介〔1〕

全国股转系统是经国务院批准，依据《证券法》设立的继上交所、深交所之后第三家全国性证券交易场所，也是我国第一家公司制运营的证券交易场所。全国中小企业股份转让系统有限责任公司（以下简称全国股转公司）为其运营机构，为新三板市场提供场所和设施，组织新三板市场的具体运营，监督和管理新三板市场。全国股转公司于 2012 年 9 月 20 日在原国家工商行政管理总局注册，2013 年 1 月 16 日正式揭牌运营，隶属于中国证监会，由中国证监会直接管理。

---

〔1〕 相关信息参见全国股转系统官方网站：http://www. neeq. com. cn/。

（二）股转系统规则体系

涉及股转系统的法律法规、规章、规范性文件主要有《公司法》、《证券法》、《非上市公众公司监督管理办法》、《非上市公众公司信息披露管理办法》（以下简称《信息披露管理办法》）等，此处不予赘述，读者可登录全国股转系统官方网站查询了解。

第三节 北交所与我国其他资本市场的区别与关系

一、北交所与新三板的区别与关系

北交所是以原有的新三板精选层为基础组建的，总体平移精选层各项基础制度，同时坚持北交所上市公司由创新层公司产生。在新三板基础层、创新层培育壮大的企业，鼓励继续在北交所上市；同时，北交所退市公司符合条件的可以退至创新层和基础层继续交易，存在重大违法违规的，直接退出市场。这样的机制设计，既保证了新三板基础层、创新层与北交所层层递进的市场结构，也维持了北交所与新三板现有基础层、创新层之间的结构平衡，有利于形成统筹协调与制度联动的良好格局。

2023 年 8 月 31 日，中国证监会制定并发布《关于高质量建设北京证券交易所的意见》（以下简称《建设北交所意见》），该意见的主要目标是形成以高质量发展为核心的北交所品牌、特色和比较优势，对新三板的撬动作用日益显现；北交所与新三板层层递进、上下联动、头部反哺、底层助推的格局初步构建，服务创新型中小企业的“主阵地”效果明显。

二、北交所与沪深交易所的区别与关系

北交所的市场定位为坚持服务创新型中小企业，与沪深交易所错位发展、互联互通，符合条件的北交所上市公司可以申请转板至上交所科创板或深交所创业板。

(一)错位发展

北交所按照精选层各项制度基本平移的总体思路,构建了一套契合创新型中小企业特点的,涵盖发行上市、交易、退市、持续监管、投资者适当性管理等方面的基础制度安排。一方面,平衡中小企业在资本市场的规范成本和收益,体现北交所的市场定位和市场特色;另一方面,借鉴沪深交易所成熟做法,充分吸收主板、创业板、科创板上市公司监管的成熟经验,形成具有共性特征的制度设计,保持各证券交易所监管标准的一致性。

(二)互联互通

符合条件的北交所上市公司可自主作出转板决定,自主选择转入的证券交易所和板块。依据《北京证券交易所上市公司持续监管指引7号——转板》的规定,北交所上市公司可选择的转入板块范围为上交所科创板和深交所创业板。

关于北交所上市公司转板的条件,首先,公司应当已在北交所连续上市满一年,且符合转入板块的定位及上市条件。公司在北交所上市前,曾在全国股转系统原精选层挂牌的,精选层挂牌时间与北交所上市时间合并计算。其次,公司应符合首次公开发行并在科创板或创业板上市的条件。

北交所上市公司转板至科创板或创业板属于股票上市地的变更,不涉及股票公开发行,依法无需经中国证监会核准或注册,由上交所、深交所依据上市规则进行审核并作出决定。

(三)北交所与沪深交易所各板块对比

由于北交所与沪深交易所具有不同的定位,各板块上市的具体要求也有所区别。笔者对各板块上市条件进行了对照梳理(见表1-1),以明确北交所与沪深交易所各板块之间的区别。

表 1－1　各板块上市条件一览

类别	主板	科创板	创业板	北交所
板块定位	突出“大盘蓝筹”特色，重点支持业务模式成熟、经营业绩稳定、规模较大、具有行业代表性的优质企业	面向世界科技前沿、面向经济主战场、面向国家重大需求。优先支持符合国家战略，拥有关键核心技术，科技创新能力突出，主要依靠核心技术开展生产经营，具有稳定的商业模式，市场认可度高，社会形象良好，具有较强成长性的企业	深入贯彻创新驱动发展战略，适应发展更多依靠创新、创造、创意的大趋势，主要服务成长型创新创业企业，支持传统产业与新技术、新产业、新业态、新模式深度融合	1. 服务创新型中小企业，重点支持先进制造业和现代服务业等领域的企业，推动传统产业转型升级，培育经济发展新动能，促进经济高质量发展； 2. 在坚守北交所市场定位前提下，允许符合条件的优质中小企业首次公开发行并在北交所上市，推动创新链、产业链、资金链、人才链深度融合
经营年限	发行人是依法设立且持续经营3年以上的股份有限公司；有限责任公司按原账面净资产值折股整体变更为股份有限公司的，持续经营时间可以从有限责任公司成立之日起计算	持续经营3年以上	持续经营3年以上	1. 在全国股转系统连续挂牌满12个月的创新层挂牌公司（持续经营不少于2个完整的会计年度才能在全国股转系统挂牌，符合条件的特定行业企业持续经营时间不少于1个完整的会计年度*），这里的“满12个月”，是指交易所上市委员会审议时已满12个月。 2. 允许挂牌满12个月的摘牌公司二次挂牌后直接申报北交所上市

续表

类别	主板	科创板	创业板	北交所
市值及财务指标	市值及财务指标应当至少符合下列标准中的一项：(1)最近3年净利润均为正，且最近3年净利润累计不低于2亿元**，最近一年净利润不低于1亿元，最近3年经营活动产生的现金流量净额累计不低于2亿元或营业收入累计不低于15亿元；(2)预计市值不低于50亿元，且最近一年净利润为正，最近一年营业收入不低于6亿元，最近3年经营活动产生的现金流量净额累计不低于2.5亿元；(3)预计市值不低于100亿元，且最近一年净利润为正，最近一年营业收入不低于10亿元***	符合下列标准中的一项：(1)预计市值不低于10亿元，最近2年净利润均为正且累计净利润不低于5000万元，或者预计市值不低于10亿元，最近1年净利润为正且营业收入不低于1亿元。(2)预计市值不低于15亿元，最近1年营业收入不低于2亿元，且最近3年累计研发投入占最近3年累计营业收入的比例不低于15%。(3)预计市值不低于20亿元，最近1年营业收入不低于3亿元，且最近3年经营活动产生的现金流量净额累计不低于1亿元。(4)预计市值不低于30亿元，且最近1年营业收入不低于3亿元。(5)预计市值不低于40亿元，主要业务或产品需经国家有关部门批准，市场空间大，目前已取得阶段性成果。医药行业企业需至少有一项核心产品获准开展二期临床试验，其他符合科创板定位的企业需具备明显的技术优势并满足相应条件；医疗器械企业核心技术产品研发应当取得阶段性成果，至少有一项核心技术产品已按照医疗器械相关法律法规要求完成产品检验和临床评价且结果满足要求，或已满足申报医疗器械注册的其他要求	符合下列标准中的一项：(1)最近2年净利润均为正，且累计净利润不低于5000万元；(2)预计市值不低于10亿元，最近1年净利润为正且营业收入不低于1亿元；(3)预计市值不低于50亿元，且最近1年营业收入不低于3亿元，属于先进制造、互联网、大数据、云计算、人工智能、生物医药等高新技术产业和战略性新兴产业的创新创业企业可适用该规定	发行人为境内企业且不存在表决权差异安排的，市值及财务指标应当至少符合下列标准中的一项：(1)最近两年净利润均为正，累计净利润不低于1亿元，且最近一年净利润不低于6000万元；(2)预计市值不低于15亿元，最近一年净利润为正且营业收入不低于4亿元；(3)预计市值不低于50亿元，且最近一年营业收入不低于3亿元***

续表

类别	主板	科创板	创业板	北交所
行业定位	1."禁止类"涉及五方面,申报企业出现以下情形之一的,不予受理: (1)明显不符合板块定位。主板应属于大盘蓝筹、业务模式成熟、经营业绩稳定的优质企业; (2)控股股东、实际控制人或第一大股东涉及敏感股东; (3)从事学科类培训、白酒、类金融、殡葬、宗教等产业政策明确禁止上市的业务; (4)从事银行、证券、保险、期货、金融控股、互联网平台、图书出版、影视、军工等业务需行业主管部门审查同意上市,申报时未取得相关批复的; (5)业务为简单模式创新尚不成熟、烧钱补贴主业、爆发式加盟扩张,持续盈利或经营能力较难判断的	1.应当属于下列行业领域的高新技术产业和战略性新兴产业: (1)新一代信息技术领域,主要包括半导体和集成电路、电子信息、下一代信息网络、人工智能、大数据、云计算、软件、互联网、物联网和智能硬件等; (2)高端装备领域,主要包括智能制造、航空航天、先进轨道交通、海洋工程装备及相关服务等; (3)新材料领域,主要包括先进钢铁材料、先进有色金属材料、先进石化化工新材料、先进无机非金属材料、高性能复合材料、前沿新材料及相关服务等; (4)新能源领域,主要包括先进核电、大型风电、高效光电光热、高效储能及相关服务等; (5)节能环保领域,主要包括高效节能产品及设备、先进环保技术装备、先进环保产品、资源循环利用、新能源汽车整车、新能源汽车关键零部件、动力电池及相关服务等; (6)生物医药领域,主要包括生物制品、高端化学药、高端医疗设备与器械及相关服务等; (7)符合科创板定位的其他领域。 2.限制金融科技、模式创新企业在科创板发行上市。禁止房地产和主要从事金融、投资类业务的企业在科创板发行上市	1.属于上市公司行业分类相关规定中下列行业的企业,原则上不支持其申报在创业板发行上市,但与互联网、大数据、云计算、自动化、人工智能、新能源等新技术、新产业、新业态、新模式深度融合的创新创业企业除外: (1)农林牧渔业; (2)采矿业; (3)酒、饮料和精制茶制造业; (4)纺织业; (5)黑色金属冶炼和压延加工业; (6)电力、热力、燃气及水生产和供应业; (7)建筑业; (8)交通运输、仓储和邮政业; (9)住宿和餐饮业; (10)金融业; (11)房地产业; (12)居民服务、修理和其他服务业。 2.禁止产能过剩行业、《产业结构调整指导	1.发行人应当结合行业特点、经营特点、产品用途、业务模式、市场竞争力、技术创新或模式创新、研发投入与科技成果转化等情况,在招股说明书中充分披露发行人自身的创新特征。保荐机构应当对发行人的创新发展能力进行充分核查,在发行保荐书中说明核查过程、依据和结论意见。 2.发行人属于金融业、房地产业企业的,不支持其申报在北交所发行上市。 3.发行人生产经营应当符合国家产业政策。发行人不得属于产能过剩行业(产能过剩行业的认定以国务院主管部门的规定为准)、《产业结构调整指导目录》中规定的淘汰类行业以及从事学前教育、学科类培训等业务的企业

续表

类别	主板	科创板	创业板	北交所
行业定位	2."限制类"涉及五方面： (1)产品为食品、家电、家具、服装鞋帽等相对传统、行业壁垒较低的大众消费类企业； (2)从事快销餐饮连锁业务企业，综合考虑经营期限、企业规模、品牌知名度、大众口碑、运营规范等因素审慎掌握； (3)从事新冠核酸、抗原产业链等涉疫业务企业，综合考虑疫情防控常态化以后生物医药企业涉疫业务收入占比、持续经营能力或者原为生物医药企业、后参与涉疫业务等因素审慎掌握； (4)经营稳健但没有多少成长空间的"小老树"； (5)股东或业务已经引发重大舆情的		目录》中的淘汰类行业，以及从事学前教育、学科类培训、类金融业务的企业在创业板发行上市	

续表

类别	主板	科创板	创业板	北交所
科创/创新属性	暂无相关规定	1. 支持和鼓励科创板定位规定的相关行业领域中，同时符合下列4项指标的企业申报科创板发行上市： (1)最近3年研发投入占营业收入比例5%以上，或最近3年研发投入金额累计在8000万元以上； (2)研发人员占当年员工总数的比例不低于10%； (3)应用于公司主营业务的发明专利7项以上； (4)最近4年营业收入复合增长率达到25%，或最近1年营业收入金额达到3亿元。 采用《上海证券交易所科创板股票上市规则》第2.1.2条第1款第5项规定的上市标准申报科创板的企业，或按照《关于开展创新企业境内发行股票或存托凭证试点的若干意见》等相关规则申报科创板的已境外上市红筹企业，可不适用上述第4项指标的规定；软件行业不适用上述第3项指标的要求，但研发投入占比应在10%以上。**** 2. 支持和鼓励科创板定位规定的相关行业领域中，虽未达到前述指标，但符合下列情形之一的企业申报科创板上市： (1)发行人拥有的核心技术经国家主管部门认定具有国际领先、引领作用或者对于国家战略具有重大意义；	1. 支持和鼓励符合下列标准之一的成长型创新创业企业申报在创业板发行上市： (1)最近3年研发投入复合增长率不低于15%，最近1年研发投入金额不低于1000万元，且最近3年营业收入复合增长率不低于20%； (2)最近3年累计研发投入金额不低于5000万元，且最近3年营业收入复合增长率不低于20%； (3)属于制造业优化升级、现代服务业或者数字经济等现代产业体系领域，且最近3年营业收入复合增长率不低于30%。 2. 最近1年营业收入金额达到3亿元的企业，或者按照《关于开展创新企业境内发行股票或存托凭证试点的若	"市值标准"第三套、第四套有对最近2年研发投入的要求： (1)预计市值不低于8亿元，最近1年营业收入不低于2亿元，最近2年研发投入合计占最近2年营业收入合计比例不低于8%； (2)预计市值不低于15亿元，最近2年研发投入合计不低于5000万元

续表

类别	主板	科创板	创业板	北交所
科创/创新属性		(2)发行人作为主要参与单位或者发行人的核心技术人员作为主要参与人员,获得国家科技进步奖、国家自然科学奖、国家技术发明奖,并将相关技术运用于公司主营业务; (3)发行人独立或者牵头承担与主营业务和核心技术相关的国家重大科技专项项目; (4)发行人依靠核心技术形成的主要产品(服务),属于国家鼓励、支持和推动的关键设备、关键产品、关键零部件、关键材料等,并实现了进口替代; (5)形成核心技术和应用于主营业务的发明专利(含国防专利)合计50项以上	干意见》等相关规则申报创业板的已境外上市红筹企业,不适用上述规定的营业收入复合增长率要求	
红筹企业	1. 符合国家战略、掌握核心技术、市场认可度高,属于互联网、大数据、云计算、人工智能、软件和集成电路、高端装备制造、生物医药等高新技术产业和战略性新兴产业,且达到相当规模的创新企业。 2. 属于新一代	1. 符合国家战略、掌握核心技术、市场认可度高,属于互联网、大数据、云计算、人工智能、软件和集成电路、高端装备制造、生物医药等高新技术产业和战略性新兴产业,且达到相当规模的创新企业。 2. 属于新一代信息技术、新能源、新材料、新能源汽车、绿色环保、航空航天、海洋装备等高新技术产业和战略性新兴产业,或者具有国家重大战略意义的红筹企业	1. 符合国家战略、掌握核心技术、市场认可度高,属于互联网、大数据、云计算、人工智能、软件和集成电路、高端装备制造、生物医药等高新技术产业和战略性新兴产业,且达到相当规模的创新企业。 2. 属于新一代	暂无相关规定

续表

类别	主板	科创板	创业板	北交所
红筹企业	信息技术、新能源、新材料、新能源汽车、绿色环保、航空航天、海洋装备等高新技术产业和战略性新兴产业,或者具有国家重大战略意义的红筹企业。 3. 已境外上市的红筹企业: (1)市值不低于2000亿元; (2)市值200亿元以上,且拥有自主研发、国际领先技术,科技创新能力较强,在同行业竞争中处于相对优势地位。 4. 未在境外上市的红筹企业应当至少符合下列标准中的一项: (1)预计市值不低于200亿元,且最近1年营业收入不低于30亿元; (2)营业收入快速增长,拥有自主研发,国际领先技术,在同行业竞争中处于相对优势地位,且预计市值	3. 已境外上市的红筹企业: (1)市值不低于2000亿元; (2)市值200亿元以上,且拥有自主研发、国际领先技术,科技创新能力较强,在同行业竞争中处于相对优势地位。 4. 营业收入快速增长,拥有自主研发、国际领先技术,同行业竞争中处于相对优势地位的尚未在境外上市红筹企业,申请在科创板上市的,市值及财务指标应当至少符合下列标准之一: (1)预计市值不低于100亿元; (2)预计市值不低于50亿元,且最近1年营业收入不低于5亿元。 5. 上述"营业收入快速增长",是指符合下列标准之一: (1)最近1年营业收入不低于5亿元的,最近3年营业收入复合增长率10%以上; (2)最近1年营业收入低于5亿元的,最近3年营业收入复合增长率20%以上; (3)受行业周期性波动等因素影响,行业整体处于下行周期的,发行人最近3年营业收入复合增长率高于同行业可比公司同期平均增长水平。 6. 处于研发阶段的红筹企	信息技术、新能源、新材料、新能源汽车、绿色环保、航空航天、海洋装备等高新技术产业和战略性新兴产业,或者具有国家重大战略意义的红筹企业。 3. 已境外上市的红筹企业: (1)市值不低于2000亿元; (2)市值在200亿元以上,且拥有自主研发、国际领先技术,科技创新能力较强,在同行业竞争中处于相对优势地位。 4. 营业收入快速增长,拥有自主研发、国际领先技术,同行业竞争中处于相对优势地位的尚未在境外上市的红筹企业,申请在创业板上市的,市值及财务指标应当至少符合下列标准中的一项: (1)预计市值不低于100亿元; (2)预计市值	

续表

类别	主板	科创板	创业板	北交所
红筹企业	不低于100亿元； (3)营业收入快速增长，拥有自主研发、国际领先技术，在同行业竞争中处于相对优势地位，且预计市值不低于50亿元，最近1年营业收入不低于5亿元。 5.上述“营业收入快速增长”，应当符合下列标准之一： (1)最近1年营业收入不低于5亿元的，最近3年营业收入复合增长率10%以上； (2)最近1年营业收入低于5亿元的，最近3年营业收入复合增长率20%以上； (3)受行业周期性波动等因素影响，行业整体处于下行周期的，发行人最近3年营业收入复合增长率高于同行业可比公司同期平均增长水平。 6.处于研发阶段的红筹企业和对国家创新驱动发展战略有重要意	业和对国家创新驱动发展战略有重要意义的红筹企业，不适用“营业收入快速增长”要求	不低于50亿元，且最近1年营业收入不低于5亿元。 5.上述“营业收入快速增长”，是指符合下列标准之一： (1)最近1年营业收入不低于5亿元的，最近3年营业收入复合增长率10%以上； (2)最近1年营业收入低于5亿元的，最近3年营业收入复合增长率20%以上； (3)受行业周期性波动等因素影响，行业整体处于下行周期的，发行人最近3年营业收入复合增长率高于同行业可比公司同期平均增长水平。 6.处于研发阶段的红筹企业和对国家创新驱动发展战略有重要意义的红筹企业，不适用“营业收入快速增长”的规定	

续表

类别	主板	科创板	创业板	北交所
红筹企业	义的红筹企业，不适用“营业收入快速增长”的上述要求			
市值及财务指标（有表决权差异安排）	至少符合下列标准中的一项：(1)预计市值不低于200亿元，且最近1年净利润为正；(2)预计市值不低于100亿元，且最近1年净利润为正，最近1年营业收入不低于10亿元	至少符合下列标准中的一项：(1)预计市值不低于100亿元；(2)预计市值不低于50亿元，且最近1年营业收入不低于5亿元	至少符合下列标准中的一项：(1)预计市值不低于100亿元；(2)预计市值不低于50亿元，且最近1年营业收入不低于5亿元	发行人具有表决权差异安排的，该安排应当平稳运行至少一个完整会计年度，且相关信息披露和公司治理应当符合中国证监会及全国股转公司相关规定
股本要求	发行后的股本总额不低于5000万元；红筹企业发行股票的，调整为发行后的股份总数不低于5000万股；红筹企业发行存托凭证的，调整为发行后的存托凭证总份数不低于5000万份	发行后股本总额不低于3000万元；红筹企业发行股票的，调整为发行后的股份总数不低于3000万股；红筹企业发行存托凭证的，调整为发行后的存托凭证总份数不低于3000万份	发行后股本总额不低于3000万元；红筹企业发行股票的，调整为发行后的股份总数不低于3000万股；红筹企业发行存托凭证的，调整为发行后的存托凭证总份数不低于3000万份	公开发行后，公司股本总额不少于3000万元；向不特定合格投资者公开发行的股份不少于100万股，发行对象不少于100人
	公开发行的股份达到公司股份总数的25%以上；公司股本总额超过4亿元的，公开发行股份的比例为10%以上；红筹企业发行股票的，调整为公开发行（含已公	公开发行的股份达到公司股份总数的25%以上；公司股本总额超过4亿元的，公开发行股份的比例为10%以上。红筹企业发行股票的，调整为公开发行的股份达到公司股份总数的25%以上；公司股份总数超过4亿股的，公开发行股份的比例为10%以上；红筹	公开发行的股份达到公司股份总数的25%以上；公司股本总额超过4亿元的，公开发行股份的比例为10%以上。红筹企业发行股票的，调整为公	1. 公司股东人数不少于200人，公众股东持股比例不低于公司股本总额的25%；公司股本总额超过4亿元的，公众股东持股比例不低于公司股本总额的10%。

续表

类别	主板	科创板	创业板	北交所
股本要求	开发行）的股份达到公司股份总数的 25% 以上；公司股份总数超过 4 亿股的，公开发行（含已公开发行）股份的比例为 10% 以上；红筹企业发行存托凭证的，调整为公开发行（含已公开发行）的存托凭证对应基础股份达到公司股份总数的 25% 以上；发行后的存托凭证总份数超过 4 亿份的，公开发行（含已公开发行）的存托凭证对应基础股份的比例为 10% 以上	企业发行存托凭证的，调整为公开发行的存托凭证对应基础股份达到公司股份总数的 25% 以上；发行后的存托凭证总份数超过 4 亿份的，公开发行存托凭证对应基础股份达到公司股份总数的 10% 以上	开发行的股份达到公司股份总数的 25% 以上；公司股份总数超过 4 亿股的，公开发行股份的比例为 10% 以上。红筹企业发行存托凭证的，调整为公开发行的存托凭证对应基础股份达到公司股份总数的 25% 以上；发行后的存托凭证总份数超过 4 亿份的，公开发行存托凭证对应基础股份达到公司股份总数的 10% 以上	2. 公众股东，是指除以下股东之外的挂牌公司股东： （1）持有公司 10% 以上股份的股东及其一致行动人； （2）公司董事、监事、高级管理人员及其关系密切的家庭成员，公司董事、监事、高级管理人员直接或间接控制的法人或者其他组织。关系密切的家庭成员，包括配偶、子女及其配偶、父母及配偶的父母兄弟姐妹及其配偶、配偶的兄弟姐妹、子女配偶的父母
规范性	1. 发行人会计基础工作规范、财务报表的编制和披露符合企业会计准则和相关信息披露规则的规定，在所有重大方面公允地反映了发行人的财务状况、经营成果和现金流量，最近 3 年财务会计报告由注册会计师出具无保留意见的审计报告。 2. 发行人内部控制制度健全且被有效执行，能够合理保证公司运行效率、合法合规和财务报告的可靠性，并由注册会计师出具无保留结论的内部控制鉴证报告			1. 具备健全且运行良好的组织机构； 2. 最近 3 年财务会计报告无虚假记载，被出具无保留意见审计报告； 3. 依法规范经营

续表

类别	主板	科创板	创业板	北交所
业务完整、面向市场独立持续经营能力	发行人业务完整,具有直接面向市场独立持续经营的能力: (1)资产完整,业务及人员、财务、机构独立,与控股股东、实际控制人及其控制的其他企业间不存在对发行人构成重大不利影响的同业竞争,不存在严重影响独立性或者显失公平的关联交易; (2)主营业务、控制权和管理团队稳定,首次公开发行股票并在主板上市的,最近3年内主营业务和董事、高级管理人员均没有发生重大不利变化;首次公开发行股票并在科创板、创业板上市的,最近2年内主营业务和董事、高级管理人员均没有发生重大不利变化;首次公开发行股票并在科创板上市的,核心技术人员应当稳定且最近2年内没有发生重大不利变化; 发行人的股份权属清晰,不存在导致控制权可能变更的重大权属纠纷,首次公开发行股票并在主板上市的,最近3年实际控制人没有发生变更;首次公开发行股票并在科创板、创业板上市的,最近2年实际控制人没有发生变更; (3)不存在涉及主要资产、核心技术、商标等的重大权属纠纷,重大偿债风险,重大担保、诉讼、仲裁等或有事项,经营环境已经或者将要发生重大变化等对持续经营有重大不利影响的事项			具有持续经营能力
合法合规	1. 发行人生产经营符合法律、行政法规的规定,符合国家产业政策。 2. 最近3年内,发行人及其控股股东、实际控制人不存在贪污、贿赂、侵占财产、挪用财产或者破坏社会主义市场经济秩序的刑事犯罪,不存在欺诈发行、重大信息披露违法或者其他涉及国家安全、公共安全、生态安全、生产安全、公众健康安全等领域的重大违法行为。 3. 董事、监事和高级管理人员不存在最近3年内受到中国证监会行政处罚,或者因涉嫌犯罪正在被司法机关立案侦查或者涉嫌违法违规正在被中国证监会立案调查且尚未有明确结论意见等情形			发行人申请公开发行并上市不得存在下列情形: (1)最近36个月内,发行人及其控股股东、实际控制人,存在贪污、贿赂、侵占财产、挪用财产或者破坏社会主义市场经济秩序的刑事犯罪、存在欺诈发行、重大信息披露违法或者其他涉及国家安全、公共安全、生态安全、生产安全、公众健康安全等领域的重大违法行为; (2)最近12个

续表

类别	主板	科创板	创业板	北交所
合法合规				月内,发行人及其控股股东、实际控制人、董事、监事、高级管理人员受到中国证监会及其派出机构行政处罚,或因证券市场违法违规行为受到全国股转公司、证券交易所等自律监管机构公开谴责; (3)发行人及其控股股东、实际控制人、董事、监事、高级管理人员因涉嫌犯罪正被司法机关立案侦查或涉嫌违法违规正被中国证监会及其派出机构立案调查,尚未有明确结论意见; (4)发行人及其控股股东、实际控制人被列入失信被执行人名单且情形尚未消除; (5)最近36个月内,未按照《证券法》和中国证监会的相关规定在每个会计年度结束之日起4个月内编制并披露年度报告,或者未在每个会

续表

类别	主板	科创板	创业板	北交所
合法合规				计年度的上半年结束之日起2个月内编制并披露中期报告； (6)中国证监会和北交所规定的，对发行人经营稳定性、直接面向市场独立持续经营的能力具有重大不利影响，或者存在发行人利益受到损害等其他情形

*《全国中小企业股份转让系统股票挂牌规则》第20条规定，申请挂牌公司主要业务属于人工智能、数字经济、互联网应用、医疗健康、新材料、高端装备制造、节能环保、现代服务业等新经济领域以及基础零部件、基础元器件、基础软件、基础工艺等产业基础领域，且符合国家战略，拥有关键核心技术，主要依靠核心技术开展生产经营，具有明确可行的经营规划的，持续经营时间可以少于两个完整会计年度但不少于一个完整会计年度，并符合下列条件之一：

(1)最近1年研发投入不低于1000万元，且最近12个月或挂牌同时定向发行获得专业机构投资者股权投资金额不低于2000万元；

(2)挂牌时即采取做市交易方式，挂牌同时向不少于4家做市商在内的对象定向发行股票，按挂牌同时定向发行价格计算的市值不低于1亿元。

** 若无特别说明，表中提及货币均为人民币。

*** 根据《上海证券交易所股票上市规则（征求意见稿）》《深圳证券交易所股票上市规则（2024年修订征求意见稿）》调整。

**** 根据《深圳证券交易所创业板股票上市规则（2024年修订征求意见稿）》调整。

***** 根据《关于修改〈科创属性评价指引（试行）〉的决定》（公开征求意见稿）调整。

第二章 新三板挂牌、进降层及转板北交所的要求

第一节　申请新三板挂牌成为非上市公众公司

一、新三板挂牌的条件

2023 年 2 月 17 日，随着中国证监会及各证券交易所等发布全面实施股票发行注册制制度规则，全国股转公司陆续发布《全国中小企业股份转让系统股票挂牌规则》（以下简称《股转系统股票挂牌规则》）等多部业务规则、配套细则及业务指南。在原有业务规则基础上，对新三板挂牌条件进行了更新。

（一）主体资格条件

1. 根据《股转系统股票挂牌规则》的规定，全国股转系统主要服务对象为创新型、创业型、成长型中小企业，申请股票公开转让并在全国股转系统挂牌的公司（以下简称申请挂牌公司）应当是依法设立且合法存续的股份有限公司，股本总额不低于 500 万元，并同时符合下列条件：(1) 股权明晰，股票发行和转让行为合法合规；(2) 公司治理机制健全，合法规范经营；(3) 业务明确，具有持续经营能力；(4) 主办券商推荐并持续督导；(5) 全国股转公司要求的其他条件。

2. 原则要求申请挂牌公司应当持续经营不少于两个完整的会计年度，股转系统股票挂牌规则另有规定的除外。

3. 申请挂牌公司注册资本应当足额缴纳，股东出资符合法律规定且不得存在依法不得投资公司的情形。申请挂牌公司股权权属清晰，控股股东、实际控制人持有或控制的股份不存在导致控制权变更的重大权属纠纷。申请挂牌公司及其重要控股子公司历史沿革、历次股权变动合法合规，履行了必要的内部决议、外部审批程序，不得存在擅自公开或变相公开发行证券且未依法规范或还原的情形。

另外，《股转系统股票挂牌规则》要求申请挂牌公司建立健全公司治理组织机构及机构议事制度、规则，确保申请挂牌公司有效运作；公司董事、监事、高级管理人员应具备法律法规、部门规章或规范性文件、全国股转系统业务规则和公司章程等规定的任职资格。

除上述条件外，申请挂牌公司应当合规经营，具备开展业务所必需的资质、许可或特许经营权等；公司财务会计工作规范，具有独立的财务机构，能独立开展会计核算，作出财务决策。公司及相关主体不存在《股转系统股票挂牌规则》规定的以下禁止情形：

（1）最近 24 个月以内，申请挂牌公司或其控股股东、实际控制人、重要控股子公司因贪污、贿赂、侵占财产、挪用财产或者破坏社会主义市场经济秩序行为被司法机关作出有罪判决，或刑事处罚未执行完毕；

（2）最近 24 个月以内，申请挂牌公司或其控股股东、实际控制人、重要控股子公司存在欺诈发行、重大信息披露违法或者其他涉及国家安全、公共安全、生态安全、生产安全、公众健康安全等领域的重大违法行为；

（3）最近 12 个月以内，申请挂牌公司或其控股股东、实际控制人、重要控股子公司、董事、监事、高级管理人员被中国证监会及其派出机构采取行政处罚；

（4）申请挂牌公司或其控股股东、实际控制人、重要控股子公司、董事、监事、高级管理人员因涉嫌犯罪正被司法机关立案侦查或涉嫌违法违规正被中国证监会及其派出机构立案调查，尚未有明确结论意见；

（5）申请挂牌公司或其控股股东、实际控制人、重要控股子公司、董事、监事、高级管理人员被列为失信联合惩戒对象且尚未消除；

（6）申请挂牌公司董事、监事、高级管理人员被中国证监会及其派出机构采取证券市场禁入措施，或被全国股转公司认定其不适合担任公司董事、监事、高级管理人员，且市场禁入措施或不适格情形尚未消除；

(7)中国证监会和全国股转公司规定的其他情形。

(二)行业禁止、限制及财务指标

除上述主体资格条件外，《股转系统股票挂牌规则》还规定，公司所属行业或从事业务属于国家或地方发布的产业政策明确禁止或淘汰的，法律法规明确禁止进入资本市场融资的行业、业务的，或者其他不符合全国股转系统市场定位、中国证监会、全国股转公司规定的其他情形的行业、业务，将无法申请在新三板挂牌并公开转让股票。

1. 申请挂牌公司如属于《股转系统股票挂牌规则》第 20 条规定的行业，其持续经营时间可以少于两个完整会计年度但不少于一个完整会计年度，并应符合下列条件之一：

(1)最近一年研发投入不低于 1000 万元，且最近 12 个月或挂牌同时定向发行获得专业机构投资者股权投资金额不低于 2000 万元；

(2)挂牌时即采取做市交易方式，挂牌同时向不少于 4 家做市商在内的对象定向发行股票，按挂牌同时定向发行价格计算的市值不低于 1 亿元。

2. 除《股转系统股票挂牌规则》第 20 条规定的公司外，其他申请挂牌公司最近一期末每股净资产不低于 1 元/股，并满足下列条件之一：

(1)最近两年净利润均为正且累计不低于 800 万元，或者最近一年净利润不低于 600 万元；

(2)最近两年营业收入平均不低于 3000 万元且最近一年营业收入增长率不低于 20%，或者最近两年营业收入平均不低于 5000 万元且经营活动现金流量净额均为正；

(3)最近一年营业收入不低于 3000 万元，且最近两年累计研发投入占最近两年累计营业收入比例不低于 5%；

(4)最近两年研发投入累计不低于 1000 万元，且最近 24 个月或挂牌同时定向发行获得专业机构投资者股权投资金额不低于 2000 万元；

(5)挂牌时即采取做市交易方式，挂牌同时向不少于 4 家做市商在内的对象定向发行股票，按挂牌同时定向发行价格计算的市值不低于 1 亿元。

3. 根据《股转系统股票挂牌规则》以上规定，笔者整理了新三板挂牌条件，如表 2－1 所示。

表 2－1　新三板挂牌条件一览

挂牌条件	具体要求	
行业要求	1. 公司所属行业或所从事业务存在以下情形之一的，不得申请其股票公开转让并挂牌： (1)主要业务或产能被国家或地方发布的产业政策明确禁止或淘汰的； (2)属于法规政策明确禁止进入资本市场融资的行业、业务的； (3)不符合全国股转系统市场定位及中国证监会、全国股转公司规定的其他情形。 2. 申请挂牌公司所属行业或所从事业务不得存在以下情形： (1)申请挂牌公司从事学前教育、学科类培训等业务，或属于国务院主管部门认定的产能过剩行业、《产业结构调整指导目录》中规定的淘汰类行业； (2)除中国人民银行、国家金融监管局、中国证监会批准设立并监管的金融机构外，申请挂牌公司主要从事其他金融或投资业务，或申请挂牌公司持有主要从事上述业务企业的股权比例在 20% 以上(含 20%)或为其第一大股东； (3)不符合全国股转系统市场定位及中国证监会、全国股转公司规定的其他情形	
基本条件	持续经营时间不少于两个完整的会计年度。如属于《股转系统股票挂牌规则》第 20 条规定领域行业，则持续经营时间可以少于两个完整会计年度，但不少于一个完整会计年度	
	经营要求	业务明确，具有持续经营能力，具体如下： (1)经营一种或多种业务； (2)资产完整，业务、人员、财务、机构独立； (3)合法规范经营
	合规要求	1. 发行人及其控股股东等主体不得存在如下情形： (1)最近 24 个月以内，申请挂牌公司或其控股股东、实际控制人、重要控股子公司因贪污、贿赂、侵占财产、挪用财产或者破坏社会主义市场经济秩序行为被司法机关作出有罪判决，或刑事处罚未执行完毕； (2)最近 24 个月以内，申请挂牌公司或其控股股东、实际控制人、重要控股子公司存在欺诈发行、重大信息披露违法或者其他涉及国家安全、公共安全、生态安全、生产安全、公众健康安全等领域的重大违法行为； (3)最近 12 个月以内，申请挂牌公司或其控股股东、实际控制人、重要控股子公司、董事、监事、高级管理人员被中国证监会及其派出机构采取行政处罚； (4)申请挂牌公司或其控股股东、实际控制人、重要控股子

续表

挂牌条件	具体要求	
基本条件	合规要求	公司、董事、监事、高级管理人员因涉嫌犯罪正被司法机关立案侦查或涉嫌违法违规正被中国证监会及其派出机构立案调查，尚未有明确结论意见； (5)申请挂牌公司或其控股股东、实际控制人、重要控股子公司、董事、监事、高级管理人员被列为失信联合惩戒对象且尚未消除； (6)申请挂牌公司董事、监事、高级管理人员被中国证监会及其派出机构采取证券市场禁入措施，或被全国股转公司认定其不适合担任公司董事、监事、高级管理人员，且市场禁入措施或不适格情形尚未消除； (7)中国证监会和全国股转公司规定的其他情形。 2.需要关注的是，2023年修订的《公司法》对公司董事、监事、高级管理人员的任职资格的规定进行了调整，有下列情形之一的，不得担任公司的董事、监事、高级管理人员： (1)无民事行为能力或者限制民事行为能力； (2)因贪污、贿赂、侵占财产、挪用财产或者破坏社会主义市场经济秩序，被判处刑罚，或者因犯罪被剥夺政治权利，执行期满未逾5年，被宣告缓刑的，自缓刑考验期满之日起未逾2年； (3)担任破产清算的公司、企业的董事或者厂长、经理，对该公司、企业的破产负有个人责任的，自该公司、企业破产清算完结之日起未逾3年； (4)担任因违法被吊销营业执照、责令关闭的公司、企业的法定代表人，并负有个人责任的，自该公司、企业被吊销营业执照、责令关闭之日起未逾3年； (5)个人因所负数额较大债务到期未清偿被人民法院列为失信被执行人。 违反上述规定选举、委派董事、监事或者聘任高级管理人员的，该选举、委派或者聘任无效；董事、监事、高级管理人员在任职期间出现上述情形的，公司应当解除其职务
	会计要求	会计基础工作规范，内部控制健全且被有效执行
股本要求	股本总额不低于500万元	

续表

挂牌条件	具体要求	
市值及财务指标	一般企业	最近一期末每股净资产应当不低于 1 元/股,并满足下列条件之一: (1)最近 2 年净利润均为正且累计不低于 800 万元,或者最近 1 年净利润不低于 600 万元; (2)最近 2 年营业收入平均不低于 3000 万元且最近 1 年营业收入增长率不低于 20%,或者最近 2 年营业收入平均不低于 5000 万元且经营活动现金流量净额均为正; (3)最近 1 年营业收入不低于 3000 万元,且最近 2 年累计研发投入占最近 2 年累计营业收入比例不低于 5%; (4)最近 2 年研发投入累计不低于 1000 万元,且最近 24 个月或挂牌同时定向发行获得专业机构投资者股权投资金额不低于 2000 万元; (5)挂牌时即采取做市交易方式,挂牌同时向不少于 4 家做市商在内的对象定向发行股票,按挂牌同时定向发行价格计算的市值不低于 1 亿元
	特殊行业企业	主要业务属于人工智能、数字经济、互联网应用、医疗健康、新材料、高端装备制造、节能环保、现代服务业等新经济领域以及基础零部件、基础元器件、基础软件、基础工艺等产业基础领域,且符合国家战略,拥有关键核心技术,主要依靠核心技术开展生产经营,具有明确可行的经营规划的,符合下列条件之一: (1)最近 1 年研发投入不低于 1000 万元,且最近 12 个月或挂牌同时定向发行获得专业机构投资者股权投资金额不低于 2000 万元; (2)挂牌时即采取做市交易方式,挂牌同时向不少于 4 家做市商在内的对象定向发行股票,按挂牌同时定向发行价格计算的市值不低于 1 亿元。

二、新三板挂牌的流程

为申请在全国股转系统挂牌并公开转让股票,公司历经股改流程,并由中介机构开展尽调、制作申报材料后,应提交全国股转系统公司审查。若股东人数未超过 200 人(含 200 人),可直接向全国股转系统申请经审查后出具挂牌意见;若股东人数超过 200 人,还需取得中国证监会的注册文件。具体流程如图 2 – 1 所示。

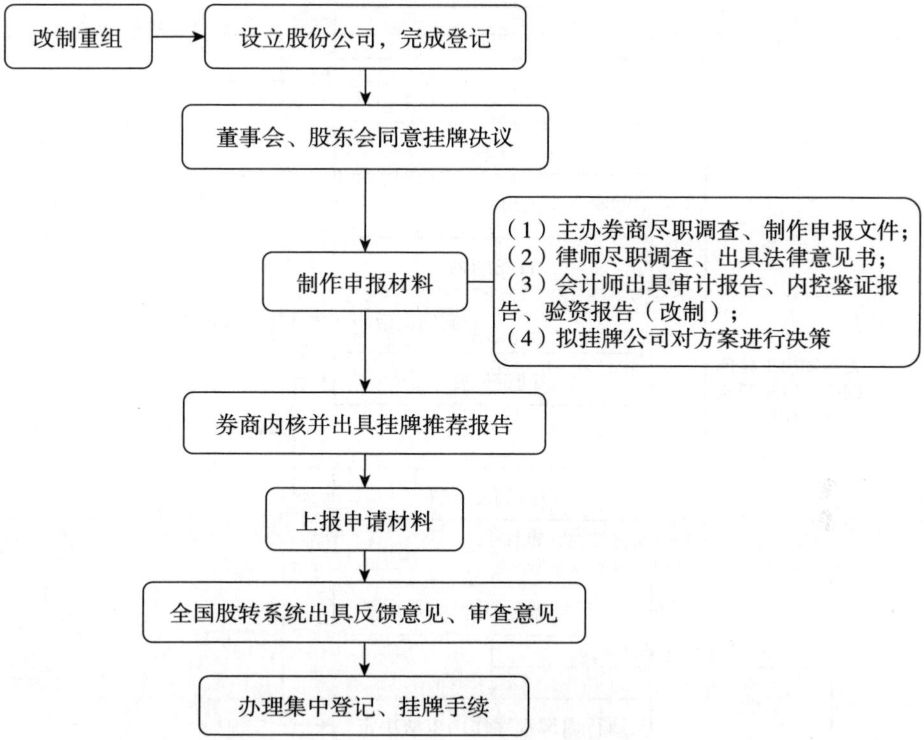

图 2－1　新三板挂牌流程示意

三、新三板挂牌的审查

（一）一般审查流程

全国股转公司依据法律法规、中国证监会规定及全国股转系统相关业务规则对申请在全国股转系统挂牌并公开转让事项进行审查，审查关注点集中在是否满足股票挂牌条件、是否符合信息披露要求并出具自律审查意见，其中股东人数累计超过 200 人的公司申请挂牌并公开转让、向特定对象转让或发行股份导致股东人数超过 200 人的公司还需提交中国证监会注册。一般审查流程如图 2－2 所示。

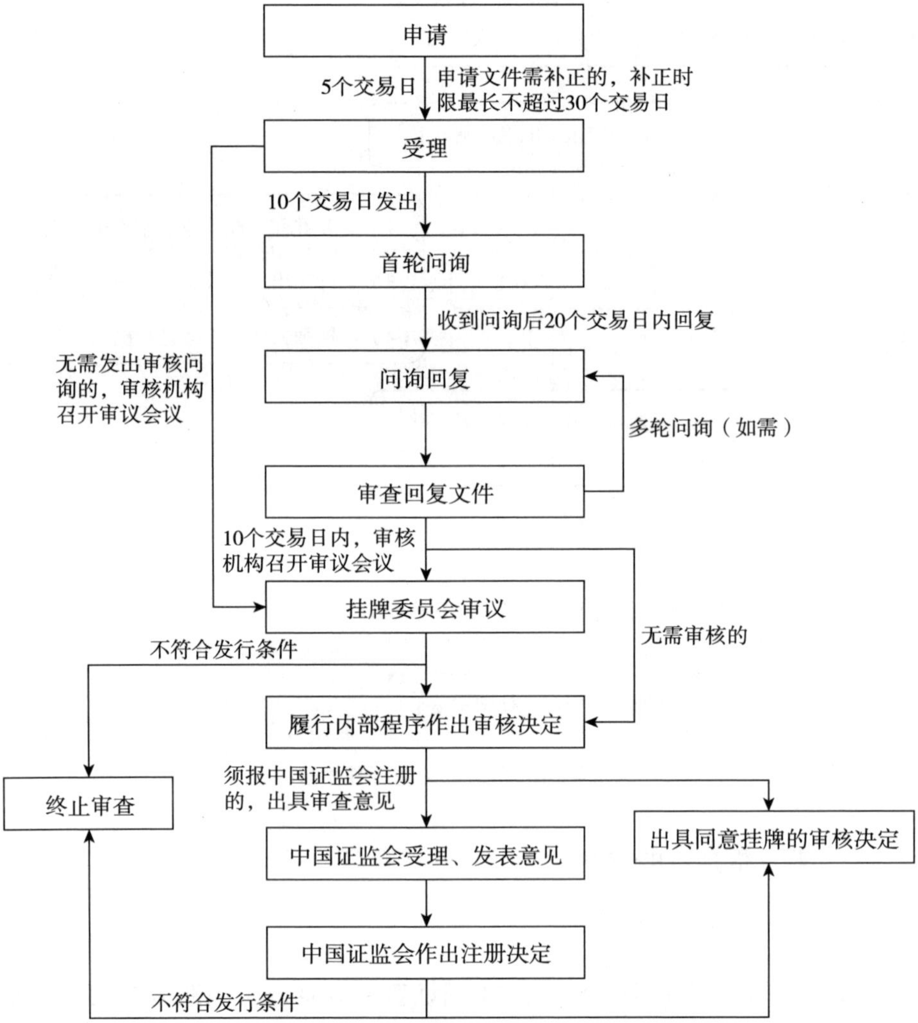

图2－2　新三板挂牌审查流程示意

如在申请文件受理后至股票挂牌前，申请挂牌公司发生《股转系统股票挂牌规则》规定的重大事项的，申请人及其主办券商、证券服务机构应当及时向全国股转公司报告，并按要求更新申请文件或披露文件、发布临时公告。申请人的主办券商、证券服务机构应当持续履行尽职调查职责，全国股转公司可以要求主办券商、证券服务机构出具专项核查意见。

(二)审查程序

根据《全国中小企业股份转让系统股票挂牌审核业务规则适用指引第1号》(以下简称《挂牌规则指引第1号》)、《全国中小企业股份转让系统股票公开转让并挂牌业务指南第1号——申报与审核》的规定,全国股转公司收到申请文件后,将对文件齐备性进行核对,在5个交易日内发送受理或不予受理的通知。审核机构对申请文件进行审核并在自受理之日起10个交易日内出具首轮反馈意见;无须出具反馈意见的,召开会议进行审议。

申请公司、主办券商和其他中介机构应当在收到首轮问询后20个交易日内逐一落实反馈意见,并在反馈意见要求的时间内(不超过10个交易日,如确需延期,延长期限原则上不超过15个交易日)提交书面回复文件。对反馈意见有疑问的,可通过电话、电子邮件等方式与审核人员进行沟通。

申请公司、主办券商和其他中介机构提交书面回复文件后,审核机构在收到书面回复后10个交易日内召开会议,如认为需继续问询情形,将继续发出审核问询。审核问询结束后,申请人申请事项无需经挂牌委员会审议的,审核机构履行内部程序;申请人申请事项需经挂牌委员会审议的,审核机构应将申请文件、审核报告提交挂牌委员会审议。

股东人数不超过200人的公司申请股票在全国股转系统挂牌,全国股转公司审查同意的,出具同意挂牌决定。股东人数超过200人的公司申请股票挂牌公开转让,全国股转公司审查同意的,将审核意见、注册申请文件报送中国证监会注册。中国证监会对公司的挂牌公开转让申请作出注册决定后,全国股转公司出具同意挂牌的审核决定。

(三)主要审查内容

1. 实际控制人认定

(1)实际控制人认定的一般要求

申请挂牌公司实际控制人的认定应当以实事求是为原则,尊重公司的实际情况,以公司自身认定为主,并由公司股东确认。公司应当披露实际控制人的认定情况、认定理由、最近两年内变动情况(如有)及对公司持续经营的影响。实际控制人应当披露至最终的国有控股主体、集体组织、自然人等。主办券商及律师应当结合公司章程、协议或其他安排以及公司股东大会[1]（股东出席会议情况、表决过程、审议结果、董事提名和任命等）、董事会（重大决策的提议和表决过程等）、监事会及公司经营管理的实际运作情况对公司实际控制人的认定发表明确意见。

申请挂牌公司股权较为分散但存在单一股东控制比例达到30%情形的，若无相反证据，原则上应当将该股东认定为控股股东或实际控制人。公司认定存在实际控制人，但其他股东持股比例较高且与实际控制人持股比例接近的，主办券商及律师应当进一步分析说明公司是否存在通过实际控制人认定规避挂牌条件相关要求的情形。

（2）共同控制人认定

申请挂牌公司股东之间存在法定或约定形成的一致行动关系并不必然导致多人共同拥有公司控制权的情况。公司认定多人共同拥有公司控制权的，应当充分说明所依据的事实和证据。共同控制权一般通过公司章程、协议或者其他安排予以明确，有关章程、协议及其他安排必须合法有效、权利义务清晰、责任明确。

申请挂牌公司股东之间存在法定或约定的一致行动关系的，应当予以披露。共同控制人签署一致行动协议的，公司应当披露一致行动的实施方式、发生意见分歧时的解决机制、协议期限等。通过一致行动协议主张共同控制，无合理理由的（如第一大股东为纯财务投资人），一般不能排除第一大股东为共同控制人；公司未将一致行动协议全体签署人认定为共同实际控制人的，主办券商及律师应当说明是否存在通过实际控制人认定规避挂牌条件相关要求的情形。如实际控制人的配偶和直系亲属持有公司股份达到5%以上或者虽未达到5%但是担任公司董事、高级管理人员并在公司经营决策中发挥重要作用的，主办券商及律师应当说明上述主体是否为共同实际控制人。

（3）无实际控制人的核查

申请挂牌公司无实际控制人的，主办券商及律师应当对以下事项进行核查并发表明确意见：

①认定公司无实际控制人的依据及合理性、真实性；

---

[1] 2023年修订的《公司法》，将“股东大会”修改为“股东会”，本书中沿用相关规定，未做调整。

②无实际控制人对公司治理和内部控制的有效性、公司经营发展的稳定性的影响。

若申请挂牌公司第一大股东持股接近30%，其他股东比例不高且较为分散，公司认定无实际控制人的，主办券商及律师应当进一步说明公司是否存在通过实际控制人认定规避挂牌条件相关要求的情形。

2. 对赌等特殊投资条款

（1）对赌等特殊投资条款的规范性要求

投资方在投资申请挂牌公司时约定的对赌等特殊投资条款存在以下情形的，公司应当清理：

①公司为特殊投资条款的义务或责任承担主体；

②限制公司未来股票发行融资的价格或发行对象；

③强制要求公司进行或者不能进行权益分派；

④公司未来再融资时，如果新投资方与公司约定了优于本次投资的特殊投资条款，则相关条款自动适用于本次投资方；

⑤相关投资方有权不经公司内部决策程序直接向公司派驻董事，或者派驻的董事对公司经营决策享有一票否决权；

⑥不符合相关法律法规规定的优先清算权、查阅权、知情权等条款；

⑦触发条件与公司市值挂钩；

⑧其他严重影响公司持续经营能力、损害公司及其他股东合法权益、违反公司章程及全国股转公司关于公司治理相关规定的情形。

（2）对赌等特殊投资条款的披露

对于尚未履行完毕的对赌等特殊投资条款，申请挂牌公司应当在公开转让说明书中充分披露特殊投资条款的具体内容、内部审议程序、相关条款的修改情况（如有）、对公司控制权及其他方面可能产生的影响，并作重大事项提示。

（3）对赌等特殊投资条款的核查

对于尚未履行完毕的对赌等特殊投资条款，主办券商及律师应当对特殊投资条款的合法有效性，是否存在应当予以清理的情形，是否已履行公司内部审议程序，相关义务主体的履约能力，挂牌后的可执行性，对公司控制权稳定性、相关义务主体任职资格以及其他公司治理、经营事项产生的影响进行核查并发表明确意见。

对于报告期内已履行完毕或终止的对赌等特殊投资条款，主办券商及律师应当对特殊投资条款的履行或解除情况、履行或解除过程中是否存在纠纷、是否存在损害公司及其他股东利益的情形、是否对公司经营产生不利影响等事项进行核查并发表明确意见。

3. 关联方及关联交易的披露

(1)关联方认定依据

申请挂牌公司应当严格按照《公司法》、《企业会计准则》及相关解释、《信息披露管理办法》和全国股转系统业务规则的有关规定，完整、准确地披露关联方关系及关联交易。

(2)关联方及关联交易的披露

申请挂牌公司控股股东、实际控制人、董事、监事、高级管理人员等应当协助公司完整、准确地披露关联方关系及关联交易。

申请挂牌公司应当结合交易的决策程序、内容、目的等要素，披露公司关联交易的必要性、未来是否持续、定价政策及公允性、减少和规范关联交易的具体措施，以及关联交易对公司业务完整性及持续经营能力的具体影响。

(3)关联方及关联交易的核查

针对申请挂牌公司关联方及关联交易事项，主办券商、申报会计师及律师应当重点关注以下事项：

①关联方及关联交易信息披露的完整性，关联交易相关制度的建立健全及执行情况；

②报告期内关联方注销及转让的情况，转让后公司与上述原关联方的后续交易情况，是否存在关联方非关联化的情形；

③关联交易产生的收入、利润总额的合理性，关联交易是否影响公司的业务独立性，是否构成对控股股东或实际控制人的依赖；

④结合可比市场公允价格、第三方交易价格、关联方与其他交易方的价格等，或对比关联交易毛利率与第三方之间毛利率的差异等情况，核查关联交易定价是否公允、是否存在对公司或关联方的利益输送；

⑤关联交易是否可能对公司持续经营能力产生重大不利影响，公司未来减少和规范关联交易的具体措施是否切实可行。

4. 同业竞争事项的核查

(1)同业竞争的认定

申请挂牌公司控股股东、实际控制人及其控制的其他企业从事与公司主营业务相同或相似业务的,公司、主办券商及律师不能简单以产品销售地域不同、产品的档次不同等认定不构成同业竞争。公司、主办券商及律师应当结合相关企业历史沿革、资产、人员、主营业务(包括但不限于产品服务的具体特点、技术、商标商号、客户、供应商等)等方面与公司的关系,业务是否有替代性、竞争性,是否有利益冲突,是否在同一市场范围内销售等,论证是否对公司构成竞争。

(2)同业竞争的核查

申请挂牌公司控股股东、实际控制人及其控制的其他企业与公司存在同业竞争的,主办券商及律师应当结合竞争方与公司的经营地域、产品或服务的定位,竞争方同类收入或毛利占公司该类业务收入或毛利的比例,同业竞争是否会导致公司与竞争方之间存在非公平竞争、利益输送、商业机会让渡情形等方面,核查该同业竞争是否对公司生产经营构成重大不利影响并发表明确意见。

(3)避免同业竞争的措施安排

申请挂牌公司控股股东、实际控制人及其控制的其他企业与公司存在同业竞争的,公司应当披露已采取或拟采取的避免同业竞争的相关措施、相关措施的实施时间安排、是否存在客观障碍、是否需要取得主管部门的批准等,并披露为防范利益输送、利益冲突、影响公司独立性或其他损害公司利益情形所采取的风险防控措施,以及相关主体作出的未来避免新增同业竞争的公开承诺。主办券商及律师应当对相关措施的履行情况、可执行性、实施时间安排的合理可行性以及影响有效执行的风险因素等进行核查。

5. 公司治理

(1)公司章程

申请挂牌公司应当结合其拟进入的市场层级,确保其申报时提交的公司章程及作为章程附件的股东大会议事规则、董事会议事规则、监事会议事规则符合《非上市公众公司监管指引第 3 号——章程必备条款》、《全国中小企业股份转让系统挂牌公司治理规则》(以下简称《挂牌公司治理规则》)关于基础层、创新层挂牌公司的要求。董事会设立审计、战略、提名、薪酬与考核等相关专门委员会的,专门委员会的组成、职责等应当在公司章程中规定,并在公开转让说明书中披露。

(2)董事、监事、高级管理人员

申请挂牌公司申报时的董事、监事、高级管理人员(包括董事会秘书和财务负责人)应当符合《公司法》、《挂牌公司治理规则》及公司章程规定的任职要求,并符合公司董事、高级管理人员的配偶和直系亲属不得担任监事的要求。

申请挂牌公司应当在挂牌时向全国股转公司报备董事、监事和高级管理人员的任职、职业经历和持有公司股票的情况,并确保报备信息与披露信息保持一致。

(3)公开承诺

申请挂牌公司及其控股股东、实际控制人等有关主体在公司申报挂牌时作出的公开承诺应当符合全国股转系统关于挂牌公司公开承诺的相关规定。

6. 个人账户收付款

(1)个人账户收付款事项的规范

申请挂牌公司存在利用个人账户(含个人银行账户及微信、支付宝等第三方支付工具个人账户)收取客户款项或支付供应商款项情形的,应当在报告期内清理规范,包括收回资金、结束不当行为等;个人账户原则上应当在报告期内销户;报告期后不再发生个人账户代收代付结算行为。公司应当严格按照《企业内部控制应用指引》等要求健全完善内部控制制度。

(2)个人账户收付款事项的披露

申请挂牌公司报告期内存在利用个人账户收付款的,公司应当结合业务特点披露通过个人账户收付款的原因及必要性,报告期各期个人账户的数量,个人账户收付款的金额及占比、时间及频率,相关内控制度,规范个人账户使用的具体措施及执行情况。

(3)个人账户收付款事项的核查意见

主办券商及律师应当核查申请挂牌公司利用个人账户收付款是否被处罚或存在被处罚的风险、是否构成重大违法违规,并发表明确意见。

7. 境外销售

(1)境外销售事项的披露

申请挂牌公司报告期存在来自境外的销售收入的,应当披露以下事项,并充分揭示可能存在的风险：

①境外销售业务的开展情况，包括但不限于主要进口国家和地区情况、主要客户情况、与公司是否签订框架协议及相关协议的主要条款内容、境外销售模式、订单获取方式、定价原则、结算方式、信用政策、境外销售毛利率与内销毛利率的差异、汇率波动对公司业绩的影响等；

②出口退税等税收优惠的具体情况，进口国家和地区的进口、外汇等政策变化以及国际经贸关系对公司持续经营能力的影响；

③主要境外客户与公司及其关联方是否存在关联关系及资金往来。

(2)境外销售事项的核查

主办券商及律师应当重点关注境外销售业务的合规经营情况，包括公司在销售所涉国家和地区是否依法取得从事相关业务所必需的资质、许可，报告期内是否存在被相关国家和地区处罚或者立案调查的情形；相关业务模式下的结算方式、跨境资金流动、结换汇等是否符合我国外汇及税务等法律法规的规定。

(四)其他重要审查内容

1.股权形成及变动相关事项

(1)国有股权形成与变动

涉及国有控股或国有参股情形的，应严格按照国有资产管理法律法规的规定，提供相应的国有资产监督管理机构或国务院、地方政府授权的其他部门、机构关于国有股权设置的批复文件。

因客观原因确实无法提供批复文件且符合相应条件的，在保证国有资产不流失的前提下，可按以下方式解决：

①以国有产权登记表(证)替代国有资产监管机构的国有股权设置批复文件；

②公司股东中含有财政参与出资的政府引导型股权投资基金的，可以基金的有效投资决策文件替代国有资产监管机构或财政部门的国有股权设置批复文件；

③国有股权由国有资产监管机构以外的机构监管的公司以及国有资产授权经营单位的下属子公司，可提供相关监管机构或国有资产授权经营单位出具的批复文件或经其盖章的产权登记表(证)替代国有资产监管机构的

国有股权设置批复文件；

④公司股东中存在为其提供做市服务的国有做市商的，暂不要求提供该类股东的国有股权设置批复文件。

(2)出资资产、出资程序等存在瑕疵

历史上股东出资资产、出资程序等存在瑕疵的，应当充分披露出资瑕疵事项及采取的补救措施。律师应当关注出资瑕疵事项的影响，公司及相关股东是否因出资瑕疵受到行政处罚，是否属于重大违法违规，是否存在纠纷，补救措施的合法性、有效性以及公司股权归属的清晰性、资本充足性。

(3)国有企业、集体企业改制

企业由国有企业、集体企业改制而来或曾挂靠集体组织经营的，应当披露改制过程、依据的法律法规、有权机关的审批情况、职工安置及资产处置情况等。律师应当结合当时有效的法律法规等，关注相关改制行为是否符合法律法规规定、是否经有权机关批准、是否存在国有资产或集体资产流失的情况、职工安置是否存在纠纷、股权权属是否清晰等。

(4)股东信息披露与核查

申请挂牌公司应当真实、准确、完整地披露股东信息，历史沿革中存在股权代持情形的，应当在申报前解除还原，并在相关申报文件中披露代持的形成、演变、解除过程。律师应当关注代持关系是否全部解除，是否存在纠纷或潜在纠纷，相关人员是否涉及规避持股限制等法律法规规定的情形。

申请挂牌公司股东入股交易价格明显异常的，主办券商及律师应当关注前述股东或其最终持有人是否与公司、中介机构及相关人员存在关联关系，前述股东的入股背景、入股价格依据，前述入股行为是否存在股权代持、不当利益输送事项。

(5)曾在区域性股权市场挂牌事项

申请挂牌公司曾在区域性股权市场及其他交易场所进行融资及股权转让的，律师应当关注相关融资及股权转让行为是否涉及公开发行、变相公开发行、集中交易等违反国务院《关于清理整顿各类交易场所切实防范金融风险的决定》、国务院办公厅《关于清理整顿各类交易场所的实施意见》等规定的情形。

2. 公司股份被质押、被冻结

(1)股份被质押、被冻结事项的披露

申请挂牌公司应当披露控股股东、实际控制人、前十名股东及持有5%以上股份股东所持股份被质押、被冻结的具体情况,包括股份被质押或被冻结的原因,涉及的股份数量及占公司总股本的比例,质押或冻结的起止期限,质权人、司法冻结申请人或其他利益相关方的名称,约定的质权实现情形,涉及债务的清偿安排或司法裁决执行情况,对公司股权稳定性、股权清晰性及经营管理可能产生的影响等。

申请挂牌公司控股股东、实际控制人持有或控制的股份被质押、被冻结的,公司应当提示相关风险。

(2)股份被质押、被冻结事项的核查

律师应当结合相关债务人以及被质押或被冻结股份持有人的财务状况和清偿能力,核查相关股份是否存在被行权或强制处分的可能性,公司控制权是否存在重大不确定性,股权归属是否明晰,是否影响相关主体在公司的任职或履职,是否对公司经营管理产生重大不利影响,并发表明确意见。

3. 重大诉讼或仲裁

(1)重大诉讼或仲裁的披露

申请挂牌公司报告期内及期后涉及未决或未执行完毕重大诉讼或仲裁事项的,应当披露案件审理进度和基本案情,诉讼或仲裁请求,涉案金额,判决、裁决结果及执行情况,可能承担的责任或损失,诉讼或仲裁事项对公司经营、股权结构、财务状况、未来发展等可能产生的影响及公司采取的应对措施等。

申请挂牌公司涉及多次诉讼或仲裁事项的,应当按照上述要求以列表方式予以披露,并汇总披露累计涉案金额、执行结果;诉讼或仲裁事项可能对申请挂牌公司产生重大影响的,应当提示相关风险。

(2)重大诉讼或仲裁的认定标准

申请挂牌公司涉及的诉讼或仲裁事项符合以下情形之一的,应当视为重大诉讼或仲裁事项:

①单次或多次诉讼、仲裁涉及金额累计达到200万元以上或达到公司最近一期末经审计净资产10%以上;

②涉及主要产品以及核心商标、专利、技术、土地、房产、设备、资质等关键资源要素的诉讼或仲裁;

③股东大会、董事会决议被申请撤销或者宣告无效的诉讼或仲裁；

④可能导致公司实际控制人变更的诉讼或仲裁；

⑤其他可能导致公司不符合挂牌条件的诉讼或仲裁。

(3)重大诉讼或仲裁的核查

律师应当核查相关诉讼或仲裁事项的具体情况，并分析评估公司可能承担的责任或损失、对公司经营的具体影响、公司内控或合规管理是否健全、是否构成挂牌障碍以及公司应对措施的有效性。

(4)重大违法行为认定

最近24个月内，申请挂牌公司或其控股股东、实际控制人、重要控股子公司在国家安全、公共安全、生态安全、生产安全、公众健康安全等领域存在违法行为，且达到以下情形之一的，原则上视为重大违法行为：①被处以罚款等处罚且情节严重；②导致严重环境污染、重大人员伤亡、社会影响恶劣等。

最近24个月重大违法行为的起算时点，为刑罚执行完毕或行政处罚执行完毕之日。

有以下情形之一且主办券商、律师出具明确核查结论的，可以不认定为重大违法：违法行为显著轻微、罚款数额较小；相关规定或处罚决定未认定该行为属于情节严重；有权机关证明该行为不属于重大违法。

第二节　新三板创新层进层及降层条件

一、申请挂牌同时进入创新层的条件

根据《股转系统股票挂牌规则》、《全国中小企业股份转让系统分层管理办法》(以下简称《分层管理办法》)的规定，申请挂牌公司可以按照全国股转系统各市场层级进入条件、自身实际情况与需求，选择挂牌时进入的市场层级，并同时符合《股转系统股票挂牌规则》规定的挂牌条件和全国股转公司规定的进层条件。

申请挂牌公司拟进入创新层的，除应当在相关申请文件中明确说明所选择的一项具体的挂牌标准，即《股转系统股票挂牌规则》第20条规定的挂牌标准或第21条规定的五项挂牌标准之一外，还应当在相关申请文件中说

明所选择的一项具体的创新层进层标准，即《分层管理办法》第 11 条规定的四项标准之一及第 12 条规定的条件，具体如表 2－2 所示。

表 2－2　申请挂牌同时进入创新层条件

挂牌条件	具体要求
财务指标	(1)最近 2 年净利润均不低于 1000 万元，最近 2 年加权平均净资产收益率平均不低于 6%，股本总额不少于 2000 万元； (2)最近 2 年营业收入平均不低于 8000 万元，且持续增长，年均复合增长率不低于 30%，股本总额不少于 2000 万元； (3)最近 2 年研发投入不低于 2500 万元，完成挂牌同时定向发行普通股后，融资金额不低于 4000 万元(不含以非现金资产认购的部分)，且公司股票市值不低于 3 亿元； (4)在挂牌时即采取做市交易方式，完成挂牌同时定向发行普通股后，公司股票市值不低于 3 亿元，股本总额不少于 5000 万元，做市商家数不少于 4 家，且做市商做市库存股均通过本次定向发行取得。 市值，是指以申请挂牌公司挂牌同时定向发行普通股价格计算的股票市值
其他条件	(1)完成挂牌同时定向发行普通股、优先股或可转债，且融资金额不低于 1000 万元(不含以非现金资产认购的部分)； (2)符合《分层管理办法》第 8 条第 1 款第 2 项和第 3 项的规定； (3)不存在《分层管理办法》第 10 条第 1 项至第 5 项、第 7 项规定的情形； (4)中国证监会和全国股转公司规定的其他条件

二、已挂牌公司进入创新层的条件

根据《分层管理办法》第 7 条、第 8 条、第 10 条的规定，挂牌公司申请进入创新层应当符合的条件具体如表 2－3 所示。

表 2－3　已挂牌公司进入创新层条件

挂牌条件	具体要求
财务指标	(1)最近 2 年净利润均不低于 1000 万元，最近 2 年加权平均净资产收益率平均不低于 6%，截至进层启动日的股本总额不少于 2000 万元； (2)最近 2 年营业收入平均不低于 8000 万元，且持续增长，年均复合增长率不低于 30%，截至进层启动日的股本总额不少于 2000 万元； (3)最近 2 年研发投入累计不低于 2500 万元，截至进层启动日的 24 个月内，定向发行普通股融资金额累计不低于 4000 万元(不含以非现金资产认购的部分)，且每次发行完成后以该次发行价格计算的股票市值均不低于 3 亿元； (4)截至进层启动日的 120 个交易日内，最近有成交的 60 个交易日的平均

续表

挂牌条件	具体要求
财务指标	股票市值不低于3亿元；采取做市交易方式的，截至进层启动日做市商家数不少于4家；采取集合竞价交易方式的，前述60个交易日通过集合竞价交易方式实现的股票累计成交量不低于100万股；截至进层启动日的股本总额不少于5000万元
其他条件	(1)最近1年期末净资产不为负值； (2)公司治理健全，截至进层启动日，已制定并披露经董事会审议通过的股东大会、董事会和监事会制度、对外投资管理制度、对外担保管理制度、关联交易管理制度、投资者关系管理制度、利润分配管理制度和承诺管理制度，已设董事会秘书作为信息披露事务负责人并公开披露； (3)中国证监会和全国股转公司规定的其他条件
合规要求	挂牌公司或其他相关主体在截至进层启动日的12个月内或进层实施期间出现下列情形之一的，挂牌公司不得进入创新层： (1)挂牌公司或其控股股东、实际控制人因贪污、贿赂、侵占财产、挪用财产或者破坏社会主义市场经济秩序的行为被司法机关作出有罪判决，或刑事处罚未执行完毕； (2)挂牌公司或其控股股东、实际控制人因欺诈发行、重大信息披露违法或者其他涉及国家安全、公共安全、生态安全、生产安全、公众健康安全等领域的重大违法行为被处以罚款等处罚且情节严重，或者导致严重环境污染、重大人员伤亡、社会影响恶劣等情形； (3)挂牌公司或其控股股东、实际控制人、董事、监事、高级管理人员被中国证监会及其派出机构采取行政处罚；或因证券市场违法违规行为受到全国股转公司等自律监管机构公开谴责； (4)挂牌公司或其控股股东、实际控制人、董事、监事、高级管理人员因涉嫌犯罪正被司法机关立案侦查或涉嫌违法违规正被中国证监会及其派出机构立案调查，尚未有明确结论意见； (5)挂牌公司或其控股股东、实际控制人被列入失信被执行人名单且情形尚未消除； (6)未按照全国股转公司规定在每个会计年度结束之日起4个月内编制并披露年度报告，或者未在每个会计年度的上半年结束之日起2个月内编制并披露中期报告，因不可抗力等特殊原因导致未按期披露的除外； (7)最近2年财务会计报告被会计师事务所出具非标准审计意见的审计报告；仅根据《分层管理办法》第7条第2项规定条件进入创新层的，最近3年财务会计报告被会计师事务所出具非标准审计意见的审计报告； (8)中国证监会和全国股转公司规定的其他情形

三、创新层挂牌公司调整至基础层的条件

挂牌公司进入创新层后，如出现《分层管理办法》规定的如下情形，将被

调出创新层：

（1）最近 2 年净利润均为负值，且营业收入均低于 5000 万元，或者最近 3 年净利润均为负值，且最近 2 年营业收入持续下降；

（2）最近 1 年期末净资产为负值；

（3）最近 1 年财务会计报告被会计师事务所出具否定意见或无法表示意见的审计报告，或者最近 1 年财务会计报告被会计师事务所出具保留意见的审计报告且净利润为负值；

（4）半数以上董事无法保证年度报告或者中期报告内容的真实性、准确性、完整性或者提出异议；

（5）因更正年度报告导致进层时不符合创新层进层条件，或者出现前述第 1 项至第 4 项规定情形；

（6）不符合创新层进层条件，但依据虚假材料进入的；

（7）未按照全国股转公司规定在每个会计年度结束之日起 4 个月内编制并披露年度报告，或者未在每个会计年度的上半年结束之日起 2 个月内编制并披露中期报告，因不可抗力等特殊原因导致未按期披露的除外；

（8）进入创新层后，最近 24 个月内因不同事项受到中国证监会及其派出机构行政处罚或全国股转公司公开谴责的次数累计达到 2 次，或者因资金占用、违规对外担保受到中国证监会及其派出机构行政处罚或全国股转公司公开谴责，或者受到刑事处罚；

（9）连续 60 个交易日，股票每日收盘价均低于每股面值；

（10）仅根据《分层管理办法》第 7 条第 3 项或第 4 项，或者第 11 条第 1 款第 3 项或第 4 项进入创新层的挂牌公司，连续 60 个交易日，股票交易市值均低于 1 亿元的；

（11）中国证监会和全国股转公司规定的其他情形。

其中，仅根据《分层管理办法》第 7 条第 3 项或第 4 项，或者第 11 条第 1 款第 3 项或第 4 项进入创新层的挂牌公司，不适用“最近两年净利润均为负值，且营业收入均低于 5000 万元，或者最近三年净利润均为负值，且最近两年营业收入持续下降”这一规定情形。

第三节　新三板公司申请北交所上市条件

自北交所开市及相关上市制度逐渐落地实施以来，原新三板精选层公司平移至北交所，即新三板目前仅分为基础层、创新层。新三板挂牌公司如同时符合创新层条件进入创新层或经由基础层调整至创新层满1年，若符合北交所相关条件，可申请至北交所上市。

1. 根据《北交所不特定发行注册管理办法》规定的发行条件，发行人应当为在全国股转系统连续挂牌满12个月的创新层挂牌公司，同时需要满足以下条件：

（1）具备健全且运行良好的组织机构；

（2）具有持续经营能力，财务状况良好；

（3）最近3年财务会计报告无虚假记载，被出具无保留意见审计报告；

（4）依法规范经营。

2. 发行人及其控股股东、实际控制人不得存在下列情形：

（1）最近36个月内存在贪污、贿赂、侵占财产、挪用财产或者破坏社会主义市场经济秩序的刑事犯罪，存在欺诈发行、重大信息披露违法或者其他涉及国家安全、公共安全、生态安全、生产安全、公众健康安全等领域的重大违法行为。

（2）最近12个月内，发行人及其控股股东、实际控制人、董事、监事、高级管理人员受到中国证监会及其派出机构行政处罚，或因证券市场违法违规行为受到全国股转公司、证券交易所等自律监管机构公开谴责。

（3）发行人及其控股股东、实际控制人、董事、监事、高级管理人员因涉嫌犯罪正被司法机关立案侦查或涉嫌违法违规正被中国证监会及其派出机构立案调查，尚未有明确结论意见；

（4）发行人及其控股股东、实际控制人被列入失信被执行人名单且情形尚未消除；

（5）最近36个月内，未按照《证券法》和中国证监会的相关规定在每个会计年度结束之日起4个月内编制并披露年度报告，或者未在每个会计年度的上半年结束之日起2个月内编制并披露中期报告；

(6)中国证监会和北交所规定的,对发行人经营稳定性、直接面向市场独立持续经营的能力具有重大不利影响,或者存在发行人利益受到损害等其他情形。

3.关于董事、监事、高级管理人员的任职资格,需要关注的是,2023 年修订的《公司法》规定,有下列情形之一的,不得担任公司的董事、监事、高级管理人员:

(1)无民事行为能力或者限制民事行为能力;

(2)因贪污、贿赂、侵占财产、挪用财产或者破坏社会主义市场经济秩序,被判处刑罚,或者因犯罪被剥夺政治权利,执行期满未逾 5 年,被宣告缓刑的,自缓刑考验期满之日起未逾 2 年;

(3)担任破产清算的公司、企业的董事或者厂长、经理,对该公司、企业的破产负有个人责任的,自该公司、企业破产清算完结之日起未逾 3 年;

(4)担任因违法被吊销营业执照、责令关闭的公司、企业的法定代表人,并负有个人责任的,自该公司、企业被吊销营业执照、责令关闭之日起未逾 3 年;

(5)个人因所负数额较大债务到期未清偿被法院列为失信被执行人。

4.2023 年 8 月 31 日,北交所根据中国证监会发布的《建设北交所意见》,优化"连续挂牌满 12 个月"的执行标准,明确了发行条件中"已挂牌满 12 个月"的计算口径为"交易所上市委审议时已挂牌满 12 个月",并允许挂牌满 12 个月的摘牌公司二次挂牌后直接申报北交所上市。

综上所述,结合《北京证券交易所股票上市规则(试行)》(以下简称《北交所上市规则(试行)》),在北交所申请公开发行并上市须满足的条件具体如表 2-4 所示。

表 2-4　北交所公开发行并上市条件

发行条件	具体要求
主体资格	(1)为在全国股转系统连续挂牌满 12 个月的创新层挂牌公司; (2)具有持续经营能力,财务状况良好; (3)近 3 年财务会计报告无虚假记载,被出具无保留意见审计报告; (4)依法规范经营,合法合规; (5)最近 1 年期末净资产不低于 5000 万元

续表

发行条件	具体要求
股本及公开发行比例	(1)公开发行后,公司股本总额不少于3000万元; (2)向不特定合格投资者公开发行的股份不少于100万股,发行对象不少于100人
股东人数及发行对象人数	公司股东人数不少于200人,公众股东持股比例不低于公司股本总额的25%;公司股本总额超过4亿元的,公众股东持股比例不低于公司股本总额的10%
市值标准	(1)预计市值不低于2亿元,最近2年净利润均不低于1500万元且加权平均净资产收益率平均不低于8%,或者最近1年净利润不低于2500万元且加权平均净资产收益率不低于8%; (2)预计市值不低于4亿元,最近2年营业收入平均不低于1亿元,且最近1年营业收入增长率不低于30%,最近1年经营活动产生的现金流量净额为正; (3)预计市值不低于8亿元,最近1年营业收入不低于2亿元,最近2年研发投入合计占最近2年营业收入合计比例不低于8%; (4)预计市值不低于15亿元,最近2年研发投入合计不低于5000万元。 预计市值,是指以发行人公开发行价格计算的股票市值

第三章 北交所上市路径及各阶段适用条件与规则

第一节　北交所上市路径及上市条件

一、北交所上市路径

（一）基础层、创新层、北交所层层递进

2021 年 9 月 2 日，国家主席习近平在 2021 年中国国际服务贸易交易会全球服务贸易峰会上发表视频致辞，宣布设立北交所。针对北交所的建设思路，及其与深交所、上交所之间的关系和定位问题，中国证监会官网发表了《坚持错位发展、突出特色建设北京证券交易所更好服务创新型中小企业高质量发展》的文章。

文章介绍了北交所的建设思路，北交所将总体平移新三板精选层各项基础制度，坚持北交所上市公司由创新层公司产生，维持新三板基础层、创新层与北交所“层层递进”的市场结构。[1]

根据北交所的建设思路，精选层平移为北交所上市公司，北交所于 2021

---

〔1〕 参见《坚持错位发展、突出特色建设北京证券交易所，更好服务创新型中小企业高质量发展》，载中国证监会网 2021 年 9 月 2 日：http://www.csrc.gov.cn/csrc/c100028/c525daa663bb743dbbe85596fc31fbd99/content.shtml。

年11月15日开市,开市首日共有81只股票交易,其中10只为新股,71只为精选层平移股票。

截至2024年2月,全国股转系统有两个层次,分别为基础层、创新层,按照层层递进的路径,发行人需要先在新三板基础层挂牌,再由基础层进入创新层,挂牌满12个月后可以申请在北交所首次公开募股(Initial Public Offerings, IPO)。

2023年8月31日,中国证监会发布了《建设北交所意见》,提出优化连续挂牌满12个月的执行标准,次日,北交所网站发表了《北交所坚决贯彻落实中国证监会部署,全力推进市场高质量发展》的文章,明确了发行条件中"已挂牌满12个月"的计算口径为"交易所上市委审议时已挂牌满12个月",允许挂牌满12个月的摘牌公司二次挂牌后直接申报北交所上市。[1]

(二)创新层进入北交所

根据《分层管理办法》的规定,允许符合一定条件的企业申请挂牌同时进入创新层,根据该规定,发行人可以不通过新三板基础层直接进入创新层,在满足连续挂牌12个月后申报北交所上市。

(三)直联机制

因申报北交所IPO需要发行人在全国股转系统挂牌满12个月,为响应市场对于时间窗口的要求,服务企业更快登陆北交所,2022年11月,北交所推出直连审核监管机制,对比一般的挂牌后申请在北交所上市,在直连机制审核监管下,审核更为高效,有利于压缩上市审核时间,减少询问问题数量,有利于实现"12+1"上会审议的目标,即最快13个月内可以上会审议,审议通过成为北交所上市公司。

申请挂牌公司需要同时满足以下要求才可以提出适用直联审核监管机制:(1)申请挂牌时已满足了北交所四套财务标准之一;(2)有明确的北交所发行上市计划,和中介机构签订了发行上市服务协议,计划在挂牌后18个月内提交发行上市申报文件;(3)挂牌期间中介机构团队保持稳定,各中介机

---

〔1〕 参见《北交所坚决贯彻落实中国证监会部署,全力推进市场高质量发展》,载北京交易所网2023年9月1日:https://www.bse.cn/important_news/200018372.html。

构已经确定发行上市项目签字负责人并由其作为签字人员开展了推荐挂牌业务，至少有1名保荐代表人有2个以上IPO保荐签字经验。

(四)“免挂牌”直接申请北交所上市

中国证监会发布的《建设北交所意见》第6条提出了优化发行上市制度安排，在坚守北交所市场定位前提下，允许符合条件的优质中小企业首次公开发行并在北交所上市，即允许企业不挂牌新三板而直接在北交所上市，具体的条件还有待监管部门发布最新的细则及办法。

二、北交所上市条件

(一)北交所上市规则

根据《北交所不特定发行注册管理办法》《北交所上市规则(试行)》的相关规定，发行人应当满足主体资格、财务与内控、公司治理与规范运作等方面的条件。

如存在下列情形的，应当中止相应的发行上市审核程序或发行注册程序：(1)发行人及其控股股东、实际控制人涉嫌贪污、贿赂、侵占财产、挪用财产或者破坏社会主义市场经济秩序的犯罪，或者涉嫌欺诈发行、重大信息披露违法或其他涉及国家安全、公共安全、生态安全、生产安全、公众健康安全等领域的重大违法行为，被立案调查或者被司法机关侦查，尚未结案；(2)发行人的保荐人以及律师事务所、会计师事务所等证券服务机构被中国证监会依法采取限制业务活动、责令停业整顿、指定其他机构托管、接管等措施，或者被证券交易所、国务院批准的其他全国性证券交易场所实施一定期限内不接受其出具的相关文件的纪律处分，尚未解除；(3)发行人的签字保荐代表人、签字律师、签字会计师等中介机构签字人员被中国证监会依法采取认定为不适当人选等监管措施或者证券市场禁入的措施，被证券交易所、国务院批准的其他全国性证券交易场所实施一定期限内不接受其出具的相关文件的纪律处分，或者被证券业协会采取认定不适合从事相关业务的纪律处分，尚未解除；(4)发行人及保荐人主动要求中止发行上市审核程序或者发行注册程序，理由正当且经北交所或者中国证监会同意；(5)发行人注册申请文件中记载的财务资料已过有效期需要补充提交；(6)中国证监会规定的其他情形。上述所列情形消失后,发行人可以提交恢复申请。北交所或中国证监会按照规定恢复发行上市审核程序或者发行注册程序。

如存在下列情形的,应该终止相应的发行上市审核程序或者发行注册程序:(1)发行人撤回注册申请或者保荐人撤销保荐;(2)发行人未在要求的期限内对注册申请文件作出解释说明或者补充、修改;(3)注册申请文件存在虚假记载、误导性陈述或者重大遗漏;(4)发行人阻碍或者拒绝中国证监会、北交所依法对发行人实施检查、核查;(5)发行人及其关联方以不正当手段严重干扰发行上市审核或者发行注册工作;(6)发行人法人资格终止;(7)注册申请文件内容存在重大缺陷,严重影响投资者理解和发行上市审核或者发行注册工作;(8)发行人注册申请文件中记载的财务资料已过有效期且逾期三个月未更新;(9)发行人发行上市审核程序中止超过北交所规定的时限或者发行注册程序中止超过三个月仍未恢复;(10)北交所认为发行人不符合发行条件或者信息披露要求;(11)中国证监会规定的其他情形。

(二)北交所上市流程及时间

北交所上市流程分为三个阶段:申报阶段、受理审核阶段(北交所负责)、注册及发行阶段(中国证监会负责),分述如下。

1. 申报阶段

(1)由拟发行人通过董事会、股东大会进行内部决议,审议、表决各项上市方案。

(2)本阶段主要为发行人履行内部审议流程,发行人董事会应当依法就本次发行证券的具体方案、本次募集资金使用的可行性及其他必须明确的事项作出决议,并提请股东大会批准。独立董事应当就证券发行事项的必要性、合理性、可行性、公平性发表专项意见。监事会应当对董事会编制的募集说明书等文件进行审核并提出书面审核意见。股东大会就发行证券事项作出决议,必须经出席会议的股东所持表决权的2/3通过。

2. 受理审核阶段(3~5个月)

北交所在收到上市申请文件后,在5个工作日内作出是否予以受理的决定。受理审核阶段主要由北交所负责,整体时间在3~5个月。其中北交所审核时间不超过2个月,发行人及中介机构回复问询的时间不超过3个月。

3. 注册及发行阶段(20 个工作日 +1 年)

(1)中国证监会注册。北交所提交注册材料后,中国证监会在 20 个工作日内对发行人的注册申请作出同意或不同意注册的决定。如果中国证监会认为存在需要进一步说明或落实事项的,可由北交所进行问询,发行人反馈、回复。如果中国证监会作出不予注册决定的,自决定作出之日起 6 个月内,发行人可以再次提出上市申请。

(2)发行上市。中国证监会同意注册的决定自决定之日起 1 年内有效,发行人可在 1 年有效期内自由选择时间发行股票。在中国证监会作出注册决定后、发行人股票上市交易前,如监管机构发现可能影响本次发行的重大事项的,中国证监会可以要求发行人暂缓或暂停发行上市;相关重大事项导致发行人不符合发行条件的,中国证监会可以撤销注册。

北交所上市流程如表 3 - 1 所示。

表 3 - 1　北交所上市流程

上市阶段	所需时间	具体事项
申报阶段	由公司及中介机构确定	公司完成内部审议流程(包括董事会、股东大会、监事会决议)
受理审核阶段	(1)北交所收到申请文件 5 个工作日内作出是否受理决定; (2)整体时间≤3 个月回复问询 +2 个月审核	(1)受理时,申请文件不齐备的,30 个工作日内补正; (2)自受理之日起 20 个工作日内提出首轮审核问询,可进行多轮问询/现场检查; (3)审核机构出具审核报告并提请上市委员会审议
注册及发行阶段	20 个工作日	(1)中国证监会作出是否同意注册的决定,可以要求北交所进一步问询,可以退回北交所补充审核,不予注册的,6 个月后可再申请; (2)注册决定有效期为 1 年

第二节　企业在北交所上市各阶段及相关工作

一、中介机构尽职调查

本阶段的目的是让发行人及各中介了解发行人的情况，对照上市规定对发行人进行历史沿革调查，资产调查，股东调查，董事、监事、高级管理人员调查，关联交易调查等，调查发行人是否符合上市要求及存在的问题。

中介机构的尽职调查所需时间较长，主要分为三方进行尽职调查，证券承销保荐公司作为总的牵头人，制定尽职调查的方案，并对发行人的法律、财务及业务情况进行尽职调查；发行人律师审查发行人上市涉及的法律事项；审计机构审查发行人涉及的财务事项。

尽职调查完成后，发行人根据中介机构的建议、结合自身情况制定上市方案，此阶段工作较为重要，是整个上市进程的基础。

二、企业内部组织和业务架构及规范运作整改

通过前期的中介尽职调查发行人的一些问题会得以暴露，本阶段的目的在于就发行人存在的问题，发行人需要根据自身的情况、上市的要求及中介机构的建议进行相应的调整及整改，以满足上市的要求。

此阶段为上市的重要阶段，整改及规范会涉及公司的方方面面，对公司可能产生较大的影响，并会产生一些费用，所以需要结合公司自身的特定情况，妥善制定执行方案，在满足公司上市条件的情形下，最大可能地降低整改合规对公司带来的冲击。

调整及整改主要涉及企业内部组织架构、业务架构、业务流程、公司治理制度、同业竞争、环保合规、资质合规、任职条件等。

三、改制设立股份有限公司

因为申请在北交所上市需要先挂牌全国股份转让系统，根据《全国中小企业股份转让系统业务规则（试行）》的规定，挂牌主体需要为股份有限公司，因此有限责任公司变更为股份有限公司。

常见的改制设立股份有限公司，是指由原有限责任公司整体变更设立为股份有限公司，目前在境内 IPO 的绝大部分股份有限公司的设立方式为由有限责任公司整体变更。

改制设立股份有限公司的流程如下：(1)聘请审计机构、评估机构对有限公司进行审计；(2)召开董事会、股东大会通过改制成股份有限公司的议案；(3)召开股份有限公司创立大会；(4)申请工商变更登记。

四、挂牌新三板、进入创新层

针对采用先挂牌新三板，再申报北交所上市路径的发行人，需要发行人为创新层的挂牌公司，目前进入全国股转系统的创新层的方式主要有两种，第一种是先挂牌全国股转系统基础层，再根据《分层管理办法》第 7 条、第 8 条的规定进入创新层，此为大多数发行人采用的路径。全国股转系统每年有规定的分层时间，全国股转公司每年设置 6 次创新层进层实施安排，进层启动日分别为每年 1 月、2 月、3 月、4 月、5 月和 8 月的最后一个交易日。第二种是申请挂牌的同时进行股票发行，根据《分层管理办法》第 11 条、第 12 条的规定进入创新层。

挂牌新三板的条件主要如下：(1)依法设立且存续满两年，有限责任公司按原账面净资产值折股整体变更为股份有限公司的，存续时间可以从有限责任公司成立之日起计算；(2)业务明确，具有持续经营能力；(3)公司治理机制健全，合法规范经营；(4)股权明晰，股票发行和转让行为合法合规；(5)主办券商推荐并持续督导。

五、辅导与备案

发行人评估自身是否符合北交所的上市要求，可以聘请中介机构进行辅导。在与保荐机构沟通并初步调查后，与保荐机构签订保荐协议，在保荐协议签订后，保荐机构应当在 5 个工作日内向承担辅导验收职责的中国证监会派出机构报告。

根据中国证监会的规定，保荐机构在推荐发行人首次公开发行股票并上市前，应当对发行人进行辅导。根据中国证监会发布的《首次公开发行股票并上市辅导监管规定》(以下简称《首发辅导监管规定》)的规定，向不特定合格投资者公开发行股票并在北交所上市的，应当参照该规定执行。

根据《建设北交所意见》提出的优化新三板挂牌公司申报北交所的辅导安排,结合召开的北交所改革优化事项培训,在申报辅导的主体方面,新三板公司或已提交申请拟在新三板挂牌的公司均可以申请北交所辅导备案及验收;关于辅导期的时间要求,辅导期自完成辅导备案之日起算,至辅导机构向验收机构提交齐备的辅导验收材料之日截止,辅导期原则上不少于三个月,同时满足以下两个条件的,可以豁免适用《首发辅导监管规定》第12条"辅导期原则上不少于三个月"的要求:(1)公司已在新三板挂牌满3个月,或摘牌前挂牌已满12月;(2)报告期内公司及董事、监事、高级管理人员,以及持股5%以上的股东和实际控制人(或其法定代表人)等人员未被全国股转系统出具过纪律处分、未被中国证监会采取行政监管措施或行政处罚,或者报告期内虽被采取过上述措施,但企业已于申报前完成整改,验收机构予以认可的。

辅导内容包括对发行人的董事、监事、高级管理人员、持有5%以上股份的股东和实际控制人(或者其法定代表人)进行系统的法规知识、证券市场知识的培训,使其全面掌握发行上市、规范运作等方面的有关法律法规和规则,知悉信息披露和履行承诺等方面的责任和义务,树立进入证券市场的诚信意识、自律意识和法治意识。

六、发行审核流程

(一)申请与受理

发行人申请公开发行股票并上市的,应委托保荐机构通过审核系统报送申请文件,北交所在收到发行人上市申请文件后,对申请文件的齐备性进行核对,并在5个工作日内作出是否受理的决定。

发行人上市申请文件齐备的,出具受理通知;发行上市申请文件不齐备的,北交所一次性告知需要补正的事项,补正时限最长不得超过30个工作日,多次补正的,补正时间累计计算。

在北交所受理上市申请文件当日,发行人应当在北交所网站预先披露招股说明书、发行保荐书、上市保荐书、审计报告和法律意见书等文件。

(二)审核内容与方式

北交所围绕发行条件、上市条件及公开发行股票并上市的信息披露文件进行审查。北交所主要通过提出问题、回答问题等多种方式，督促发行人及其保荐机构、证券服务机构真实、准确、完整地披露信息。

北交所可以视情况在审核中对发行人、保荐机构及证券服务机构提出下列要求：(1)解释和说明相关问题及原因；(2)补充核查相关事项；(3)补充提供新的证据或材料；(4)修改或更新信息披露内容。

(三)审核机构审核

自北交所受理之日起20个工作日内，北交所审核机构会通过审核系统发出首轮审核问询，在首轮审核问询发出前，发行人、保荐机构、证券服务机构及相关人员不得与审核人员接触，不得以任何形式干扰审核工作；在首轮审核问询发出后，发行人及其保荐机构、证券服务机构对审核问询存在疑问的，可以与审核机构进行沟通。

发行人及其保荐机构、证券服务机构应当按照审核问询要求进行必要的补充调查和核查，及时、逐项回复审核问询事项，补充或者修改相应发行上市申请文件，在收到审核问询之日起20个工作日内通过审核系统提交回复文件。预计难以在规定的时间内回复的，保荐机构应当及时提交延期回复申请，说明延期理由及具体回复时限，延期一般不超过20个工作日。

首轮审核问询后，审核机构发现新的需要问询的事项，发行人及其保荐机构、证券服务机构的回复未能满足审核机构要求的，或者发行人的新披露仍未满足中国证监会和北交所规定要求的，审核机构可以提出新的审核问询。

(四)上市委员会审议

上市委员会召开审议会议，对发行上市申请文件和审核机构的审核报告进行审议。参会委员就审核报告的内容和审核机构提出的初步审核意见发表意见，通过合议形成发行人是否符合发行条件、上市条件和信息披露要求的审议意见。

上市委员会的会议一般都会要求发行人及保荐代表人到会接受问询，回答上市委员会委员的提问。

北交所会结合上市委员会审议意见，出具发行人符合发行条件、上市条件和信息披露要求的审核意见或作出终止发行上市审核的决定。

北交所自受理发行上市申请文件之日起2个月内形成审查意见，但发行人及其保荐机构、证券服务机构回复北交所审核问询的时间不计算在内。发行人及其保荐机构、证券服务机构回复北交所审核问询的时间总计不超过3个月。

（五）向中国证监会报送审核意见

通过北交所审核的，北交所向中国证监会报送发行人符合发行条件、上市条件和信息披露要求的审核意见、相关审核资料和发行人的发行上市申请文件。

与此同时，发行人应当将修改后的招股说明书、发行保荐书、上市保荐书、审计报告和法律意见书等文件在北交所网站公开。

发行人在取得中国证监会予以注册的决定后，启动股票公开发行前，应当在北交所网站披露招股意向书或招股说明书。

（六）上市及上市后监督

在上市后，为了规范股票在北交所上市相关各方的行为，北交所制定了《北京证券交易所上市公司持续监管办法（试行）》（以下简称《北交所持续监管办法》），对公司治理、持续信息披露、股份减持、股权激励、员工持股计划、重大资产重组等方面进行了详细的规定。

第三节　北交所转板、停复牌及退市规则

一、北交所上市后转板到其他板块

2022年3月4日，沪深交易所发布了修订后的北交所上市公司的转板规则，分别为《北京证券交易所上市公司向上海证券交易所科创板转板办法（试行）》和《深圳证券交易所关于北京证券交易所上市公司向创业板转板办法（试行）》。

2023年8月10日，中国证监会修正并发布了《关于北京证券交易所上市公司转板的指导意见》。

2023 年 10 月 8 日,北交所发布了修订后的《北京证券交易所上市公司持续监管指引第 7 号——转板》。

关于转板条件的规定,北交所上市公司申请转板,应当已在北交所连续上市满一年,且符合转入板块的上市条件。各板块上市条件对比参见第一章第三节表 1－1。

转板程序主要分为四个阶段,第一阶段是准备和沟通,北交所有意转板的上市公司先评估自身是否符合转板条件,然后聘请转板的保荐机构进行尽职调查,签订转板保荐协议,在签订保荐协议后,保荐机构需要及时向北交所提交报备,北交所会对报备文件进行完备性核查,开展股票交易核查,并与上交所或深交所就涉及的重要监管事项进行沟通协调;第二阶段是审议及披露,北交所上市公司召开董事会和股东大会审议转板的议案,并按照要求披露相关公告;第三阶段是申请及审核,北交所上市公司向上交所或深交所提交转板申请文件,同时申请股票于提交转板申报材料的次一交易日停牌,并披露相关公告;第四阶段为退市及转板,收到上交所或深交所同意公司转板相关文书后,北交所上市公司申请股票在北交所终止上市,在北交所终止上市后,在上交所或深交所上市交易。

截至 2024 年 2 月,共有 3 家转板成功的北交所公司,2022 年 5 月 25 日,观典防务正式由北交所转板至科创板上市,成为北交所转板至科创板的第一股。2022 年 8 月 11 日,泰祥股份正式由北交所转板至创业板上市,成为北交所转板至创业板的第一股,2022 年 8 月 18 日,翰博高新由北交所转板至创业板上市。在终止转板方面,新安洁、龙竹科技 2021 年 12 月发布了终止转板的公告。

转板机制是北交所重要的机制之一,北交所上市要求较其他上市板块宽松,但北交所的交易量较低,发行价格及市盈率不存在优势,北交所 IPO 争取的对象基本是暂不满足创业板 IPO 审核门槛,需要经过一两年发展的企业,如果北交所转板机制不够通畅或是自我限制转板,企业或许不会选择北交所,而是以时间换取空间去创业板 IPO。如果转板机制顺畅,转板成为常规化的流程,北交所尊重企业来去自由的选择,笔者认为,在北交所公司增量上会有更大的空间,有利于北交所打造服务创新型中小企业主阵地。

二、北交所停牌和复牌规则

北交所针对停牌及复牌的规则，已制定了《北交所上市规则（试行）》及《北京证券交易所上市公司业务办理指南第 1 号——股票停复牌》。

除上市公司因未在规定期限内披露年度报告或中期报告会涉及强制退市外，北交所股票出现需要停复牌的情形主要分为两类，一类是筹划重大事项，一类是其他事项的停牌。

上市公司因筹划重大资产重组或发行股份购买资产的，可以申请停牌，停牌时间不超过 10 个交易日。公司应当在停牌期限届满前披露经董事会审议通过的重组预案或者报告书，并申请复牌；未能按期披露重组预案或者报告书的，应当终止筹划本次重组并申请复牌；上市公司筹划控制权变更、要约收购等事项的，原则上应当分阶段披露筹划进展，确有需要申请停牌的，停牌时间不超过 5 个交易日；上市公司破产重整期间，应当分阶段披露重整事项进展，并充分提示相关风险，确有需要申请停牌的，应当披露停牌具体事由、重整事项进展和预计复牌时间等内容，停牌时间原则上不超过 5 个交易日。

对于其他事项的停牌，在上市公司出现下列情形时，北交所可以决定公司股票的停牌和复牌：(1)严重违反法律法规、北交所业务规则，且在规定期限内拒不按要求改正；(2)信息披露存在重大遗漏或者误导性陈述，且拒不按照要求就有关内容进行更正、解释或者补充；(3)公司运作和信息披露方面涉嫌违反法律法规、北交所业务规则，情节严重而被有关部门调查；(4)无法保证与北交所的有效联系，或者拒不履行信息披露义务；(5)北交所认为应当停牌或者复牌的其他情形。

三、北交所退市规则

针对退市规则，已制定了《北交所上市规则（试行）》，另外，上交所、深交所、北交所、全国股转公司和中国证券登记结算有限责任公司联合制定了《关于退市公司进入退市板块挂牌转让的实施办法》。

根据相关规定，上市公司触及退市情形，导致其股票存在被终止上市风险的，北交所对该公司股票启动退市程序。退市包括强制终止上市和主动终止上市。强制退市又分为交易类强制退市、财务类强制退市、规范类强制退市和重大违法类强制退市四类情形，分述如下。

（一）交易类强制退市

上市公司连续 60 个交易日出现下列情形之一的，北交所决定终止其股票上市：（1）股票每日收盘价均低于每股面值；（2）股东人数均少于 200 人；（3）按照《北交所上市规则（试行）》第 2.1.3 条第 1 款第 4 项规定上市的公司，股票交易市值均低于 3 亿元；（4）北交所认定的其他情形。

（二）财务类强制退市

上市公司出现下列情形之一的，北交所对其股票实施退市风险警示：（1）最近一个会计年度经审计的净利润为负值且营业收入低于 5000 万元，或追溯重述后最近一个会计年度净利润为负值且营业收入低于 5000 万元；（2）最近一个会计年度经审计的期末净资产为负值，或追溯重述后最近一个会计年度期末净资产为负值；（3）最近一个会计年度的财务会计报告被出具无法表示意见或否定意见的审计报告；（4）中国证监会及其派出机构行政处罚决定书表明公司已披露的最近一个会计年度经审计的年度报告存在虚假记载、误导性陈述或者重大遗漏，导致该年度相关财务指标实际已触及第 1、2 项情形的；（5）北交所认定的其他情形。

（三）规范类强制退市

上市公司出现下列情形之一的，北交所对其股票实施退市风险警示：（1）未在法定期限内披露年度报告或者中期报告，且在公司股票停牌 2 个月内仍未披露；（2）半数以上董事无法保证公司所披露年度报告或中期报告的真实性、准确性和完整性，且未在法定期限内改正，此后股票停牌 2 个月内仍未改正；（3）公司财务会计报告存在重大会计差错或者虚假记载，被中国证监会及其派出机构责令改正，但公司未在要求期限内改正，且在公司股票停牌 2 个月内仍未改正；（4）公司在信息披露或者规范运作等方面存在重大缺陷，被北交所限期改正但公司未在规定期限内改正，且公司在股票停牌 2 个月内仍未改正；（5）公司股本总额或公众股东持股比例发生变化，导致公司连续 60 个交易日不再具备上市条件，且在股票停牌 1 个月内仍未解决；（6）公司可能被依法强制解散；（7）法院依法受理公司重整、和解或破产清算申请;(8)北交所认定的其他情形。

(四)重大违法类强制退市

重大违法类强制退市包括下列情形:(1)上市公司因涉及国家安全、公共安全、生态安全、生产安全和公众健康安全等领域的重大违法行为被追究法律责任,导致公司或其主要子公司依法被吊销营业执照、责令关闭或者被撤销,依法被吊销主营业务生产经营许可证,或存在丧失继续生产经营法律资格的其他情形;(2)上市公司公开发行并上市,申请或者披露文件存在虚假记载、误导性陈述或重大遗漏,被中国证监会及其派出机构依据《证券法》第 181 条作出行政处罚决定,或者被法院依据《刑法》第 160 条作出有罪生效判决;(3)上市公司发行股份购买资产并构成重组上市,申请或者披露文件存在虚假记载、误导性陈述或者重大遗漏,被中国证监会及其派出机构依据《证券法》第 181 条作出行政处罚决定,或者被法院依据《刑法》第 160 条作出有罪生效判决;(4)上市公司披露的年度报告存在虚假记载、误导性陈述或者重大遗漏,根据中国证监会及其派出机构行政处罚决定认定的事实,导致连续会计年度财务类指标已实际触及财务类强制退市的退市标准;(5)北交所认定的其他情形。

第四章 发行人律师关于北交所上市需查验内容

第一节　发行上市的资格与条件

一、发行及上市的批准和授权

（一）董事会审议

发行人律师需查验股东大会对董事会就发行上市事宜所作授权的合法性，具体需查验关于批准本次发行及上市的董事会决议、会议通知、会议文件、授权委托书原件、董事签到册、列席人员签到册、现场表决票及表决情况统计、会议记录等，并关注决议、会议记录的签署情况。

（二）股东大会批准及授权

律师需查验发行人股东大会是否依法定程序作出批准申请发行股票并上市的决议以及股东大会对董事会就发行上市事宜所作授权的合法性，具体应查验以下文件或事项：

（1）律师需核查发行人公司章程、股东大会与董事会的议事规则和决议、发行人内部规则有无特殊性规定；发行人有特殊约定的，需查验该特殊约定事项的合法性。

（2）关于批准本次发行及上市的股东大会决议、会议通知、会议文件、授权委托书原件、股东签到册、列席人员签到册、现场表决票及表决情况统计、会议记录等，并关注决议、会议记录的签署情况。

(3)股东大会授权董事会办理有关发行上市事宜，律师应查验授权范围、程序的合法性。

一般情况下，律师应见证上述股东大会，对于股东人数较多的发行人，律师应特别审慎地履行核查义务。

(三)有权部门审批

如发行人及发行人股东对批准本次发行及上市需经有权部门审批的，应查验相关审批及其他书面文件，并查验授权行使上述审批的单位或个人的审批权限。

二、发行人发行股票的主体资格

(一)发行人的设立、股权变动及有效存续

1.设立

律师需查验发行人设立的程序、资格、条件、方式等是否合法，具体应查验以下文件或事项：

(1)发行人的设立是否需要有关部门的批准，以及是否依法履行相关程序并获得批准。

(2)发起人的资格、人数、住所、出资等是否合法。

(3)发起人是否签订发起人协议等。

(4)创立大会的通知、召集、表决等程序及所议事项是否合法合规。

(5)发起人是否依法缴纳出资，是否履行了必要的评估、验资程序，用于出资的非货币财产来源是否合法合规。

(6)发行人是否依法履行设立登记程序，并取得营业执照。

(7)发行人的设立过程是否存在法律瑕疵。如存在瑕疵，发行人或者发起人是否已经采取补救措施，瑕疵事项有何影响以及发行人或者发起人是否因该瑕疵受到行政处罚，是否构成重大违法行为及本次发行的法律障碍，是否仍存在纠纷或者潜在纠纷。

(8)发行人是由国有企业、集体企业改制而来的，或者历史上存在挂靠

集体组织经营的企业，律师应当查验发行人是否取得有权部门关于改制程序的合法性、是否造成国有或者集体资产流失的意见。查验有关改制行为是否经有权机关批准、法律依据是否充分、履行的程序是否合法以及对发行人的影响等。

2. 股权变动

律师需查验发行人自设立以来历次股权变动包括股权转让、增加或者减少注册资本、合并或者分立等情况是否合法、合规、真实、有效，具体应查验以下文件或事项：

(1)股权变动是否依法依规履行内部决策程序。

(2)股权变动是否签署相关协议以及相关协议是否合法合规。

(3)股权变动是否需要有关部门的批准或备案，如需要，应当查验批准或备案文件及与股权变动结果是否一致。

(4)股权变动是否依法需要取得发行人的其他股东、债权人或者其他利益相关方的同意以及此类同意是否已经取得；如需要通知债权人或者予以公告的，是否已经履行相关程序。

(5)股权变动是否需要履行审计、评估、验资等程序，是否已经办理完毕相关手续。

(6)股权变动的原因、背景、定价依据、资金来源、价款支付等，是否存在委托持股、信托持股或者其他利益输送安排等可能造成股权纠纷的情形。

(7)股权变动是否已经完成，是否依法办理相关的变更登记程序。

(8)股权变动实施过程是否存在法律瑕疵。如存在法律瑕疵，发行人、股权变动当事人是否已经采取补救措施，瑕疵事项有何影响以及发行人、股权变动当事人是否因该瑕疵受到行政处罚，是否构成重大违法行为，是否仍然存在纠纷或者潜在纠纷。

(9)发行人系由有限责任公司整体变更设立股份有限公司的，律师应当查验自有限责任公司设立以来的历次股权变动情况。

3. 有效存续

律师需查验发行人是否合法有效存续，是否存在终止经营的情形，具体应查验以下文件或事项：

(1)发行人持有的营业执照及其他维持发行人存续所必需的批准文件等是否合法有效，是否存在被吊销、撤销、注销、撤回，或者到期无法延续的重大法律风险。

(2)发行人是否存在依法被吊销营业执照、责令关闭、撤销或者经营期限届满、破产清算等法律法规、公司章程等规定的需要解散的情形。

(二)北交所的行业定位与选择

北交所的行业定位主要是服务创新型中小企业,重点支持先进制造业和现代服务业等领域的企业,尤其是专精特新企业。依据《北京证券交易所向不特定合格投资者公开发行股票并上市业务规则适用指引第1号(2023年修订)》(以下简称《北交所业务规则指引第1号》)的规定,发行人如果属于金融业、房地产业企业,不支持其申报在北交所发行上市。

发行人的生产经营应当符合国家产业政策。发行人不得属于产能过剩行业及《产业指导目录》中规定的淘汰类行业,以及从事学前教育、学科类培训等业务的企业。

由此可见,北交所服务创新型中小企业的定位突出,重点支持先进制造业和现代服务业等领域的企业,推动传统产业转型升级。首批在北交所上市的企业,其行业主要分布于软件和信息服务、医药制造业、计算机电子设备制造业、专用设备制造业、专用技术服务业等行业。

三、本次发行及上市的实质条件

律师需分别就不同类别或特征的发行人,对照《证券法》、《公司法》、《北交所上市规则(试行)》、《北京证券交易所上市公司证券发行注册管理办法》(以下简称《北交所证券发行注册管理办法》)等法律、法规和规范性文件的规定,逐条核查发行人是否符合发行上市条件。

第二节　发行人的基本情况

一、发行人的设立

(一)发行人设立的程序、资格、条件和方式

律师需查验发行人设立的程序、资格、条件、方式是否符合当时有效的

法律、法规和规范性文件的规定，是否已办理必要的批准、登记手续。

（二）发行人设立过程中的发起人协议

律师应查验发行人设立股份有限公司时发起人共同签署的发起人协议等相关协议是否符合当时有效的法律、法规和规范性文件的规定，避免因发行人设立行为引致的潜在纠纷。

（三）发行人设立过程中的有关审计、资产评估及验资程序

律师应查验发行人设立过程中是否履行了必要的资产评估、验资程序，是否符合当时有效的法律、法规及规范性文件的规定。

（四）发行人的首次股东大会（创立大会）

律师应查验发行人创立大会的程序及所议事项是否符合法律、法规及规范性文件的规定。查验首次股东大会（创立大会）会议文件及决议、第一届第一次董事会会议文件及决议、第一届第一次监事会会议文件及决议。

二、发行人的独立性

（一）发行人的资产完整性

律师需查验发行人的资产是否完整，是否合法拥有与生产经营有关的主要土地、房屋、机器设备、特许经营权以及商标、专利、非专利技术、著作权等资产的所有权或者使用权。具体应查验以下文件或事项：

（1）发行人出租或承租房屋清单；

（2）发行人房屋租赁协议及出租方房屋所有权证原件；

（3）发行人商标、专利、非专利技术、水面养殖权、探矿权、采矿权、版权、特许经营权等无形资产的权属证明原件；

（4）发行人注册域名证明文件原件；

（5）发行人商标、专利申请受理通知书原件；

（6）发行人资产租赁、抵押或其他权利限制的合同等书面的文件原件；

（7）必要时走访发行人控股股东或实际控制人及其关联方的相关主管人员，并制作访谈笔录；

(8)发行人控股股东或实际控制人及其关联方就是否存在实际占用发行人资产所作的书面声明文件。

(二)发行人的人员独立性

律师应查验发行人的总经理、副总经理、财务负责人和董事会秘书等高级管理人员是否在控股股东、实际控制人及其控制的其他企业中担任除董事、监事以外的其他职务;是否在控股股东、实际控制人及其控制的其他企业领取薪水。发行人的财务人员是否在控股股东、实际控制人及其控制的其他企业中兼职。

(三)发行人的财务独立性

律师应查验发行人是否建立了独立的会计核算体系及独立的财务部门;是否能够独立作出财务决策;是否具有规范的财务会计制度和对分公司、子公司的财务管理制度;是否独立在银行开户、独立纳税。

(四)发行人的机构独立性

律师应查验发行人是否建立健全内部经营管理机构,是否独立行使经营管理职权,与控股股东、实际控制人及其控制的其他企业间是否有混合经营、合署办公的情形;是否完全拥有机构设置自主权。

(五)发行人的业务独立性

律师应查验发行人的业务是否独立于控股股东、实际控制人及其控制的其他企业;是否具有完整的业务流程、独立的生产经营场所以及独立的采购、销售系统;与控股股东、实际控制人及其控制的其他企业间是否有同业竞争或者显失公平的关联交易。

三、发起人和股东

(一)发行人的发起人或现时股东

律师需查验发行人的发起人或现时股东是否依法存续,是否具有担任发起人或者进行出资的资格,各发起人或现时股东持有股份是否权属清晰、合法、有效等。具体应查验以下文件或事项：

(1)发起人或者现时股东为自然人的，律师应当查验其身份证明文件，确认其是否具有出资资格，是否存在限制或者禁止投资的情形；

(2)发起人或者现时股东为法人或者非法人组织的，律师应当查验其登记文件，确认其是否有效存续，是否具有出资资格，是否存在职工持股会、工会等作为发起人或者股东的情形；

(3)发行人在全国股转系统挂牌期间形成契约型基金、信托计划、资产管理计划等持有发行人股份的，律师应当查验上述股东是否纳入金融监管部门的有效监管，是否已经按照规定履行审批、备案或者报告程序，其管理人是否已经依法注册登记，是否符合法律法规的规定；

(4)发起人已投入发行人的资产的产权关系是否清晰，是否履行相应法律程序，将上述资产投入发行人是否存在法律障碍；

(5)发行人在申报首发申请文件前 12 个月内通过增资或者股权转让引入新股东的，律师应当查验新股东的基本情况、引入新股东的原因、股权转让或者增资的价格及定价依据，有关股权变动是不是双方真实意思表示，是否存在争议或者潜在纠纷，以及新股东与发行人其他股东、董事、监事、高级管理人员、本次发行中介机构及其负责人、高级管理人员、经办人员是否存在亲属关系、关联关系、委托持股、信托持股或者其他利益输送安排；

(6)律师应当查验发行人的股东人数是否累计超过 200 人。如发行人的股东人数超过 200 人，律师应当按照《证券法》及中国证监会的相关规定，查验发行人是否依法设立并合法存续，股权是否清晰，经营是否规范以及公司治理与信息披露制度是否健全，是否存在未经批准擅自公开发行或者变相公开发行股票的情况；

(7)律师应当查验各股东持有股份是否权属清晰，股东是否实际持有发行人股份，是否存在委托持股、信托持股、表决权委托等情形，是否存在权属争议或者瑕疵。股东存在股权代持情形的，股权代持是否已经解除，解除股权代持是否存在纠纷或者重大法律风险；

(8)发行人在申报首发申请文件前已经制定或者实施员工持股计划等相关安排的，律师应当查验员工持股计划的设立背景、具体人员构成、价格公允性、入股资金支付情况、员工持股计划章程或者协议约定情况、员工减持承诺情况、规范运行情况及备案情况，员工持股计划实施是否合法合规，是否实施完毕，是否存在代持等导致发行人股权权属不清晰的情形，是否存在损害发行人利益的情形。

（二）发行人的实际控制人

律师应查验发行人对控股股东、实际控制人的认定，以及发行人实际控制权的稳定性是否符合法律法规和中国证监会的规定。依据相关法律法规及相关协议、投资关系、任职关系、亲属关系等情况，认定发行人的实际控制人或者认定发行人无实际控制人。如果发行人的控股股东为自然人以外的公司、企业或者其他组织的，律师应当通过查验公司章程、协议或者其他安排以及发行人股东大会、董事会、监事会及发行人经营管理的实际运作情况，逐级追溯最终权益持有主体至国有控股主体、集体组织、自然人等。

四、发行人的股本及演变

（一）发起设立时

律师应查验发行人设立时的股权设置、股本结构是否合法有效，产权界定和确认是否存在纠纷或风险。具体应查验以下文件或事项：

（1）发行人设立时的工商申请资料。

（2）发行人股东对其货币出资合法来源的书面说明，必要时走访发行人股东，并制作访谈笔录，取得股东货币出资合法来源的初步依据。

（3）发行人股东对其非货币出资资产享有所有权，并有权依法出资的凭证资料、非货币出资的资产评估报告、权属证书已转让至发行人名下的申请文件、审批文件及权属证书、股东出资承诺书（以股权出资的）等，必要时走访相关非货币出资股东、资产评估人员、办理资产权属转让或交接的相关人员，并制作访谈笔录或实地查验相关投入资产情况，并现场制作查验记录。

（4）股东设立发行人的内部决策机构（股东大会、董事会或总经理办公会等）批准参与出资设立发行人的文件（如发行人股东为法人）。

（5）股东设立发行人时经该股东主管部门的批准文件（适用于发行人的股东为国有企业或其对外投资需经有权主管部门批准的情形）。

（6）发行人设立时政府主管部门的批准文件（适用于发行人设立需经过政府主管部门批准的情形）。

(7)发行人设立后向股东发放的出资证明书、留存于公司的股东出资名册。

(8)如发行人为国有企业或集体企业经改制设立为有限责任公司的,还应查验国有企业或集体企业阶段改制为有限责任公司(或股份合作制企业)所涉及的全部文件,包括但不限于企业设立申请资料、有权部门批准设立的资料、出资证明书或设立验资报告、企业改制申请、改制方案、改制审批确认文件、审计报告、评估报告(及评估立项、备案文件)、职工大会(或职工代表大会)对改制方案的审议过程及结果(应包含最终购买价格、资产量化方案、职工工龄买断方案、职工安置方案、职工社会保险缴纳方案、与职工重新签署的劳动合同等内容)、改制所涉及政府有权部门及企业主管单位、企业内部决策文件、国有资产主管部门(或集体资产管理部门)对改制事宜的批复文件、改制过程中签署的各项协议、改制过程中国有产权交易的程序性文件、涉及国有资产(或集体资产)买卖优惠(如有)的相关政府部门审批确认文件、当时有效的政策性文件依据及实际执行情况。必要时走访政府相关部门、改制时相关经办人员及企业负责人,并制作访谈笔录。

(9)如发行人发行优先股的,应查验优先股的发行及公司章程中涉及优先股权利义务的条款是否符合有关法律法规的规定。

(二)历次股权变动

1. 律师需就发行人历次股权变动是否合法、合规、真实、有效查验以下文件或事项:

(1)发行人历次股权/出资变更的工商资料、股东大会决议、董事会决议、总经理办公会议决议等、修改后的公司章程或章程修正案原件;

(2)发行人股权/出资变动后向股东/出资人签发的出资证明书;

(3)发行人股权/出资变更后制备的股东/出资人的名册;

(4)发行人就本次股权转让完成工商变更登记的原件;

(5)发行人发行优先股的,应查验优先股的交易是否符合有关法律法规的规定。

2. 涉及股权/股份/出资转让的,律师还应查验以下文件或事项:

(1)发行人股东如向股东以外的人转让股权,其他股东同意股权转让的书面文件原件,如其他股东(单个或全部)不以书面形式同意股权转让,须取得股权转让方已按《公司法》之规定通知该股东而该股东未予答复的证据，如其他股东（单个或全部）作出明确的意思表示不同意股权转让，应取得该股东在合理期限内未按同等价格购买转让股权的证据；

（2）发行人股东如向股东以外的人转让股权的，其他股东均放弃优先购买权的书面声明文件原件（适用于有限责任公司股权转让）；

（3）发行人股权转让协议原件；

（4）发行人股权转让价款支付凭证原件；

（5）发行人为股权转让所进行的审计和评估的报告原件（适用于国有股权/股份转让、外资股份转让及股权/股份转让公允价格的确定）；

（6）国有资产主管部门对发行人国有股权转让前进行的评估报告、评估结果的确认文件原件（适用于国有股权/股份转让）；

（7）发行人股权转让履行国有产权交易程序的相关文件原件（适用于国有股权/股份转让）；

（8）政府主管部门就股权转让的批准文件原件（适用于股权转让需要经过政府主管部门批准的情形）。

3. 涉及增加或减少注册资本的，律师还应查验以下文件或事项：

（1）发行人股东大会同意增加/减少注册资本、股东变更、修订公司章程的决议原件；

（2）发行人审计报告和评估报告的原件（适用于性质为国有控股公司或外商投资企业的发行人增资/减资或国有股东向发行人增资/减资）；

（3）国有资产主管部门对评估结果及增资/减资价格的书面确认文件原件（适用于性质为国有控股公司的发行人增资/减资或国有股东向发行人增资/减资）；

（4）政府主管部门就发行人增资/减资及章程修改事项作出的批准文件原件（适用于增资/减资需要经过政府主管部门批准的情形，如外商投资企业、金融企业等）；

（5）如为股东以外的人对发行人增资的，发行人现有股东放弃优先增资权利的书面声明文件原件（适用于有限责任公司增资）；

（6）发行人增资协议原件；

（7）发行人增资/减资的验资报告原件；

（8）增资方对作为出资投入发行人的资产具有合法来源和完全所有权

权属的证明文件原件；

(9)增资方作为出资投入发行人的资产所有权已过户(转移)至发行人名下；

(10)发行人就减资事项所编制的资产负债表及财产清单的原件；

(11)发行人就减资事项根据《公司法》的规定通知并公告债权人的证据；

(12)债权人要求清偿债务或提供相应担保的资料或书面说明；

(13)发行人与股东就减资事项所签署的协议原件；

(14)发行人因减资事项向股东支付对价的凭证。

4. 涉及企业合并/分立的，律师还应查验以下文件或事项：

(1)合并各方就合并事项作出的股东大会决议原件；

(2)合并各方签署的合并协议原件；

(3)合并各方编制的资产负债表清单及财产明细清单；

(4)合并各方就合并事项根据《公司法》的规定通知并公告债权人的书面证明资料；

(5)合并各方债权人要求清偿债务或提供相应担保的资料；

(6)被合并方资产过户至合并方的证明资料；

(7)合并方本次合并后注册资本增加的验资报告原件；

(8)被合并方解散清算的全套文件原件；

(9)合并方就合并事项而修改的公司章程；

(10)政府主管部门就公司合并及章程修改事项作出的批准文件(适用于公司合并需要履行政府主管部门批准程序的公司，如外商投资企业、金融企业等)；

(11)合并方向公司合并后的股东换发的出资证明书原件；

(12)合并方就发行人公司合并修改后的股东名册；

(13)合并方就公司合并事项履行工商变更登记程序的证明文件原件；

(14)分立方就分立事项作出的股东大会决议原件；

(15)分立方编制资产负债表及财产清单；

(16)分立方就分立事项根据《公司法》的规定通知并公告债权人的证据；

(17)公司在分立前与债权人就债务清偿达成的书面协议原件；

(18)为分立之目的所新设的公司,其设立的全套文件原件;

(19)分立方与分立后的存续方或新设方就财产分割、债权债务承担事项达成的分立协议原件;

(20)分立方根据分立协议将相关财产过户至分立后的存续方或新设方名下的证据;

(21)分立后的存续方或新设方的验资报告原件;

(22)分立方解散清算的全套文件原件(适用于新设分立);

(23)政府主管部门就公司分立所涉及的公司新设、变更及解散事项作出的批准文件原件(适用于公司分立需要履行政府主管部门批准程序的公司,如外商投资企业、金融企业等);

(24)分立后的存续方或新设方向股东签发或换发的出资证明书原件;

(25)分立后的存续方或新设方的股东名册;

(26)分立后存续方和新设方就公司新设和变更事项履行工商登记程序的证明文件。

5. 发行人出资或股权变更存在不规范情形的,律师应根据具体情形查验以下文件或事项:

(1)注册资本的缴付存在瑕疵的,应核查瑕疵产生的具体原因和情况及补救措施,以及验资复核报告、资产评估复核报告、相关政府部门出具的确认文件等;

(2)历史上存在集体企业、国有企业改制不规范的,应核查具体情况及补救措施,以及相关政府部门出具的确认文件;

(3)历史上存在国有股权转让或持股比例变动不规范的,应核查具体情况及补救措施,以及相关政府部门出具的确认文件;

(4)历史上存在委托持股、信托持股、违规职工持股的,应核查形成原因及变化过程、规范及清理情况,以及相关政府部门出具的确认文件。

必要时,就以上情况走访相关主管人员或经办人员,并制作访谈笔录。

(三)发行人所持股份是否存在质押

1. 律师需就发行人股份不存在质押,或发行人股份虽存在质押但质押合法,不会引致风险查验以下文件或事项:

(1)发行人及发行人各股东就其所持有的发行人股权/股份是否存在质

押出具的确认说明文件原件；

(2)发行人股东名册对股权/股份质押情况的记载；

(3)发行人工商登记档案中关于股权/股份质押的登记情况原件。

2. 如存在股权/股份质押的，律师应另外尽职查验如下文件或事项：

(1)涉及发行人股东持有的发行人股权/股份质押的相关协议及其担保主债权协议原件；

(2)查验是否存在发行人股东将持有发行人的股权/股份向发行人进行质押的情形，如存在该情形的，发行人需对上述情况是否违反《公司法》相关规定及解决方案进行书面说明，必要时走访发行人相关人员，并制作访谈笔录；

(3)被质押股权/股份的股东就所涉及主债权协议履行情况的说明(应包括是否存在变更抵押标的、是否通知发行人其他股东及是否按照发行人当时或现行有效的公司章程履行了审议、决策程序等情形)，必要时走访相关债权人及发行人相关股东，并制作访谈笔录；

(4)如上述主债权因未适当履行造成需要执行被质押股权/股份的，质押股权/股份股东对主债权协议履行或股权/股份转让情况的说明；

(5)质押股权的评估报告(如有)；

(6)如上述被质押股权/股份因主债权协议未适当履行，造成需要执行被质押股权/股份的转让，未质押股权/股份的其他股东对股权执行情况的说明(包括是否同意执行本次股权/股份转让、是否放弃本次股权/股份转让的优先购买权、是否存在股权/股份纠纷等)、股东大会决议文件，必要时走访相关股东，并制作访谈笔录；

(7)发行人质押股权/股份股东与发行人其他股东、债权人及第三方间是否有其他质押股权/股份的约定或协议安排，如不存在，请发行人及发行人相关股东作出书面说明，如存在，请发行人、发行人股东及相关人员书面说明，必要时走访发行人股东及相关人员，并制作访谈笔录。

第三节 发行人的业务与经营合规

一、发行人的业务

（一）经营范围和经营方式

1. 律师需就发行人的经营范围和经营方式符合有关法律、法规和规范性文件规定查验以下文件或事项：

（1）发行人所处行业经营的主要行政许可法律、法规、部门规章及地方性行业规定；

（2）发行人现行有效的企业法人营业执照、公司章程及批准证书（如为外商投资企业）原件；

（3）发行人现行有效的行政许可或审批等业务批准文件原件，特殊许可的，查验相关发行人取得的许可事项及许可内容是否符合相关法律、法规及规范性文件的规定；

（4）发行人历次经营范围变更后取得的企业法人营业执照、变更经营范围经修订的全部公司章程、修订公司章程的股东大会决议、政府相关部门就发行人经营范围调整的审批文件原件；

（5）对发行人业务经营方式及经营性资产的实地查验记录；

（6）发行人法定申报期间的财务审计报告及评估报告原件；

（7）就涉及发行人业务经营的主要采购、销售合同及作为其他重要协议一方的函证及访谈笔录，采用函证方式查验的，应说明函证的主要内容、发函及回函时间、送达方式、接收函证方回函的主要形式及内容等及书面材料原件；

（8）查验发行人取得的法定申报期间生产经营的守法证明文件，必要时就发行人设立以来是否持续守法经营等情况走访发行人政府主管部门及相关负责人员，并制作访谈笔录。

2. 如发行人的经营范围和经营方式等存在违反相关法律、法规或规范性文件的情形并因此受到行政处罚的，律师还应当查验以下文件或事项：

（1）通过网络、政府公告、媒体报刊等公开渠道，查验核实发行人受到的行政处罚的信息，必要时查验违法行为发生地现场、走访相关人员，并制作现场查验记录及访谈笔录；

（2）查验相关行政处罚文件实际执行情况的说明，必要时走访相关政府主管部门及相关负责人员，并对发行人及发行人相关人员受到的行政处罚是否属于重大违法违规行为，进行书面说明；

（3）如发行人的经营范围、经营方式等违反有关法律、法规和规范性文件的规定，并经政府有关部门认定属于重大违法违规的，查验该等违法行为是否仍处于持续状态，是否对发行人日常经营造成不利影响，发行人及相关人员受到的处罚及实施的纠正、弥补或赔偿损失情况，发行人及发行人的实际控制人就杜绝或减少经营违法制定的相关制度及实际执行情况，发行人及发行人相关人员就发行人日后经营符合相关法律、法律或规范性文件所作的承诺或说明；

（4）查验以上行政处罚过程中是否存在申辩、陈述、申请听证、行政复议、行政诉讼等情况，如存在，需查验申辩、陈述、听证、复议、诉讼的相关文件，必要时走访相关人员，并制作访谈笔录。

（二）发行人在境外的经营、投资活动

律师需就发行人是否在境外经营、投资活动查验以下文件或事项：

（1）政府有权部门就发行人为境外经营主体的境外项目行政许可、境外投资批准证书、利润来源证明及境外投资之外汇核准原件；

（2）发行人法定申报期间的财务报告原件；

（3）发行人境外主体之商业登记证或者类似公司主体登记文件、业务经营所需资质的境外审批文件原件；

（4）经境外公证、认证程序之发行人境外主体公司良好存续证明（注册机构签发）及股东、董事情况证明书（注册代理机构签发）等类似文件原件；

（5）必要时，走访发行人的董事长、总经理、相关业务人员、财务人员，并制作访谈笔录；

（6）必要时，就发行人境外业务所涉及的境外经营性资产、境外仓储、境外运输等进行实地查验，并制作查验记录；

（7）必要时，走访发行人有关审计、行业资讯机构及相关人员，并制作访谈笔录；

(8)要求发行人境外机构设立地的律师出具法律意见书,说明该境外机构的合法性,如该境外机构对发行人的业务而言较为重要,则法律意见书应包括其经营的合法性;

(9)发行人就发行人是否存在境外经营进行的确认说明及承诺;

(10)发行人存在重要境外子公司或主要采取外销模式的,律师应到发行人境外子公司所在地及主要外销客户所在地实地走访调查。

(三)发行人的业务变更

律师需查验发行人的主营业务是否发生过重大变更,涉及主营业务的披露口径应与券商和会计师保持一致,在界定主营业务涉及不同业务时,需综合考虑不同业务的相关性等因素综合确认。具体应查验以下文件或事项:

(1)发行人法定申报期间主营业务变更所涉及的董事会、股东(大)会决议及相应的公司章程或公司章程修正案、企业法人营业执照原件;

(2)发行人主管工商部门就发行人法定申报期间经营范围变更情况的工商变更登记资料,必要时取得就经营范围变更是否符合当时或现行法律、法规及规范性文件的说明;

(3)发行人法定申报期间业务变更所涉及的行政许可或审批(包括批准、经营资质或许可、备案等)事宜;

(4)发行人法定申报期间的财务审计报告、评估报告原件;

(5)发行人主营业务客户(一般指各个领域销售额的前五大客户)的函证相关文件,必要时走访相关业务客户,并制作访谈笔录;

(6)如发行人法定申报期间主营业务发生变更的,律师还应当就发行人主营业务变更是否属于重大变更发表意见,必要时走访发行人及业务主要负责人员,并制作访谈笔录。

(四)发行人的主营业务

律师需就发行人主营业务是否突出查验以下文件或事项:

(1)发行人法定申报期间的财务审计报告及评估报告原件;

(2)发行人法定申报期间工商年检情况登记备案资料原件;

(3)发行人主管税务部门就公司法定申报期间的纳税申报情况函证及

相关文件；

（4）发行人董事长、总经理、财务负责人及业务相关负责人出具的书面确认文件，必要时走访相关人员，并制作访谈笔录。

（五）发行人不存在持续经营的法律障碍

律师需就发行人是否依法有效存续并依照法律规定在其经营范围内开展经营、是否存在持续经营的法律障碍查验以下文件或事项：

（1）发行人现行有效的企业法人营业执照、有权部门批复及批准证书（外商投资企业），历次股东大会、董事会与发行人继续存续有关的决议文件，发行人及发行人主要股东、董事、监事、高级管理人员就发行人有效、合法存续及持续性经营，并不存在经营期限届满、股东大会决议解散、申请注销、申请破产清算、因股东诉讼解散等事由出具的说明或承诺，必要时对发行人相关人员进行访谈，并制作访谈笔录；

（2）发行人工商管理部门就发行人自设立之日起通过历年工商年检的资料，必要时走访发行人主管工商部门及相关负责人，就发行人法定申报期间经营业务合法，符合工商管理相关规定，不存在因重大违法违规、未参加企业年检等而可能被吊销营业执照的情形，并制作访谈笔录；

（3）向发行人其他政府有权部门就发行人法定申报期间相关业务合法合规性作出的查询书面记录或函证；

（4）发行人存在仲裁、诉讼或行政处罚等事项时相关文件的原件；

（5）发行人资产权属证书及相关附属证明文件的原件。

二、关联交易及同业竞争

（一）关联方

律师应基于《公司法》并结合证券交易所相关股票上市规则中对关联方的规定对应予以披露的关联方作出界定。如会计师在审计报告中披露的关联方范围与上述界定不完全一致，律师应基于是否对发行造成实质性影响的标准就披露范围作出独立判断。

1. 律师应当查验以下文件或事项：

（1）发行人提供的关联方清单；

（2）银行出具的发行人信用报告；

（3）发行人股东、董事、监事、高级管理人员、核心技术人员自行填写的调查表；

（4）走访相关人员，并制作访谈笔录；

（5）与发行人共同出资设立发行人子公司的股东与发行人间是否存在关联关系、关联交易及其他协议安排的说明，走访相关单位和个人，并制作访谈笔录；

（6）发行人关联方本人填写的发行人关联方基本信息调查表；

（7）发行人主要股东、董事、监事、高级管理人员、核心技术人员及财务人员是否在发行人及发行人控股股东、实际控制人控制的其他企业、单位任职或领取薪水情况的说明；

（8）发行人主要关联方的工商登记资料，发行人控股股东、实际控制人控制或有重要影响的其他企业、单位或组织的工商资料原件，必要时走访关联企业、单位及相关人员，并制作访谈笔录；

（9）发行人及子公司制定并通过的关联交易决策管理制度及其他与发行人关联交易有关的制度；

（10）与发行人所涉关联交易相关的股东大会、董事会会议资料原件，应包含关联方就关联交易回避表决的有关资料；

（11）发行人法定申报期间的审计报告原件及发行人招股说明书（申报稿）；

（12）发行人与关联方签署的关联交易协议原件及协议履行情况、协议价款支付凭证，发行人就关联交易实施中是否存在纠纷或潜在纠纷的书面说明，如存在纠纷的，应说明对发行人业务经营的影响及解决措施，必要时走访政府相关部门、相关人员，并制作访谈笔录；

（13）发行人就关联交易在发行人销售或采购中的占比及关联交易对发行人经营独立性、持续性、资产完整性的影响说明，必要时走访发行人相关负责人，并制作访谈笔录；

（14）发行人就关联交易发生的原因、必要性、合理性、真实性的说明、就关联交易定价依据及定价是否公允的说明，必要时走访发行人相关负责人，并制作访谈笔录；

（15）发行人关于关联交易的审议程序；

(16)发行人与关联方的关联交易价格与市场同类交易价格的对比分析及定价说明,如无市场同类产品交易价格的,应提供成本确定依据及定价说明;

(17)以发行人重要或主要交易对方为线索,核查交易对方的股东、董事、高级管理人员等相关情况,确认与发行人是否存在关联关系;

(18)发行人关联交易中实际发生的应收、应付款项占发行人应收、应付款项的比例及对发行人的影响的说明;

(19)发行人独立董事就发行人法定申报期间关联交易发表的独立意见,必要时走访发行人相关独立董事,并制作访谈笔录;

(20)发行人监事会就发行人法定申报期间关联交易的监事会工作报告及监事意见,必要时走访发行人相关监事,并制作访谈笔录;

(21)发行人及发行人控股股东、实际控制人关于减少关联交易的措施及实施效果的承诺及说明。

2. 律师需就发行人特殊的关联关系查验以下文件或事项:

(1)发行人及发行上市有关中介机构及承办人员是否存在直接或间接的股权关系或其他利益安排、代持股权关系等情况的书面说明,必要时走访中介机构及有关承办人员,并制作访谈笔录;

(2)发行人主要股东、董事、监事、高级管理人员及核心技术人员与发行人的主要供应商、客户是否存在关联关系的情况说明,必要时走访发行人相关人员及其主要供应商、客户相关人员,并制作访谈笔录;

(3)发行人法定申报期间由关联方转变为非关联方的,相关单位的工商变更登记资料原件、相关关联协议及发行人就上述转变对发行人造成影响的书面说明,必要时走访与发行人有重要业务往来的关联方及非关联方相关人员,并制作访谈笔录;

(4)其他发行人存在的有特殊关联关系或特殊安排情况的书面说明。

(二)规范关联交易的制度及措施

律师需就发行人规范关联交易的制度及措施查验以下文件或事项:

(1)发行人关联方减少及规范关联交易承诺函原件;

(2)发行人股东大会、董事会通过的关于减少及规范关联交易的有关制度及实际执行情况的说明。

（三）避免同业竞争的措施

律师需就发行人避免同业竞争的措施或承诺查验发行人控股股东、实际控制人关于避免同业竞争的承诺函或避免同业竞争协议原件。

（四）发行人对关联交易和同业竞争事项的披露

律师需就发行人对关联交易和同业竞争事项的披露情况查验以下文件或事项：

（1）发行人及发行人控股股东、实际控制人及其控制的其他企业、持有发行人5%以上股份股东及其控制的其他企业主营业务情况的说明，包括业务、产品、技术方面是否相同或相似，是否存在上下游关系，供应商和客户是否存在重叠等，涉及以上相关主体的调整变更主营业务、业务渠道整体转让、业务剥离、停产转产等情况；

（2）发行人为避免同业竞争采取的措施，包括但不限于资产转让、股权转让的相关协议、价款支付情况，转让标的实际登记、交接情况，发行人控股股东、实际控制人变更及其出资结构调整等情况；

（3）发行人及发行人控股股东、实际控制人、持有发行人5%以上股份股东避免同业竞争的其他措施；

（4）发行人控股股东、实际控制人、董事、高级管理人员、持有发行人5%以上股份股东关于避免同业竞争所签署的协议、所出具的书面承诺或声明；

（5）对以上相关人员进行访谈，制作访谈笔录；

（6）发行人控股股东或实际控制人及其控制的其他企业法定申报期间的审计报告；

（7）发行人就同业竞争情况对发行人业务经营影响的书面说明；

（8）发行人法定申报期间的审计报告、招股说明书（申报稿）及其他涉及同业竞争的资料。

三、发行人的主要财产

（一）土地使用权和房产

律师需查验发行人拥有的土地使用权和房产是否合法有效，对发行人取得土地、房地产产权证书的过程、权属证书原件、资产权属性质、是否存在权利限制及纠纷等情况。

就土地使用权的取得，应同时核查发行人在取得及使用土地使用权过程中是否存在违法违规行为、是否受到行政处罚；如以自建方式取得房屋所有权的，应核查建设用地批准证书、建设用地规划许可证、建设工程规划许可证、建筑工程施工许可证、房产证等相关文件，核查建设过程中涉及的规划、施工、竣工等相关手续是否完备有效；以受让方式取得房屋所有权的，应核查转让协议、价款支付凭证、房产证等相关文件。

（二）在建工程

律师需查验发行人在建工程情况，具体应查验以下文件或事项：

（1）发行人在建工程是否取得相应的土地使用权；

（2）发行人在建工程是否依法完成所处建设阶段应当取得的规划、环境影响评价、安全评价、施工、竣工验收等批准或者备案，如尚未完成的，发行人是否存在无法取得上述批准、备案的法律风险；

（3）发行人是否签订设计合同、施工合同等合同；

（4）发行人在建工程是否存在抵押、查封等权利限制以及权属纠纷情形。

（三）无形资产

律师需查验发行人拥有的商标、专利、著作权、特许经营权等无形资产的情况，具体应查验以下文件或事项：

（1）发行人拥有的商标、专利、著作权、特许经营权等无形资产情况，发行人是否合法拥有上述无形资产；

（2）发行人取得无形资产的方式是否合法，如为购买取得的，发行人是否已经与权利人就上述无形资产的取得签订相关协议，并支付相应的价款；

（3）发行人无形资产的权利期限情况，发行人取得上述无形资产的审批、登记或者注册是否仍在有效期内，发行人是否为保持拥有上述无形资产足额缴纳相关的审批、登记或者注册费用；

（4）报告期内发行人无形资产是否存在被宣告无效或者经申请正在进行无效宣告审查的情形，相关无效宣告审查的程序进展、审查决定情况，上

述无效宣告程序是否构成本次发行的法律障碍;

(5)发行人上述无形资产是否存在质押等权利限制以及权属纠纷情形;

(6)发行人将无形资产许可第三方使用的,是否签订了相应的许可使用合同,许可使用合同是否合法合规,是否影响发行人对该无形资产的使用。

(四)主要生产经营设备、大宗产品和重要原料

律师需查验发行人的主要生产经营设备、大宗产品和重要原料的取得是否符合法律规定,且拥有完备的权利,是否存在产权纠纷或潜在的法律纠纷。

律师应对发行人拥有的主要生产经营设备、大宗产品和重要原料情况进行尽职查验,必要时实地查验及走访发行人相关负责人员,并制作现场查验记录及访谈笔录。

(五)银行存款

律师需查验发行人对其银行存款是否拥有完备的权利,是否存在产权纠纷或潜在的法律纠纷。具体应查验以下文件或事项:

(1)发行人的银行开户证明、银行贷款卡、银行资信证明文件;

(2)发行人法定申报期间的审计报告;

(3)发行人对其银行存款拥有完备的权利,不存在产权纠纷或潜在的法律纠纷的书面说明;

(4)律师应前往银行打印发行人存款情况流水单,并由银行加盖公章;

(5)走访银行相关负责人员,制作访谈笔录或查验记录。

(六)主要财产的权利负担

律师需查验发行人对主要财产的权利负担是否系其生产经营的正常所需,对其发行上市是否存在实质性法律障碍。具体应查验以下文件或事项:

(1)涉及对发行人的主要财产权利设立权利负担的文件,包括但不限于设立抵押、质押的协议及主协议,设定抵押财产的清单、权利限制类型、权利限制期限、权利限制的登记或备案情况说明,抵押资产取得的他项权利证书、登记备案文件、其他权利人对相关抵押资产权利限制的知晓情况等;

(2)发行人对主要资产设立权利负担所进行的内部决策及授权委托

文件；

（3）发行人法定申报期间的审计报告；

（4）发行人设定财产抵押的原因、发行人解除主要财产权利负担的能力及相关事项的实际履行情况，对发行人的生产经营可能造成何种影响的书面说明；

（5）发行人基于所处行业特点设定上述财产权利负担的必要性、合理性的分析意见等资料；

（6）必要时走访发行人审计机构、本次发行承销商、行业咨询机构及其相关人员，并制作访谈笔录；

（7）必要时走访发行人及发行人财产设定权利负担的权利人及其相关人员，并制作访谈笔录。

（七）主要财产的来源和使用情况

1. 发行人存在租赁房屋、土地使用权、主要生产经营设备，或者存在被许可使用无形资产等情形的，律师需查验发行人租赁、被许可使用行为是否合法有效，具体应查验以下文件或事项：

（1）发行人租赁、被许可使用资产的期限、费用等具体情况；

（2）发行人是否签订租赁、被许可使用合同，签订的合同是否合法有效，是否办理了备案登记手续，是否依约履行，是否存在纠纷或者潜在纠纷，租赁、许可使用合同期限届满，发行人继续租赁、被许可使用该资产是否存在重大法律障碍；

（3）出租方、许可方是否合法拥有上述资产，发行人租赁、被许可使用的对生产经营有重大影响的资产是否存在抵押、质押、查封、扣押等权利限制以及权属纠纷情形；

（4）上述租赁、被许可使用的情形对发行人资产完整和独立性的影响。

2. 发行人从控股股东、实际控制人处租赁、被许可使用主要资产的，律师需查验发行人租赁、被许可使用资产的具体用途、对发行人的重要程度、未将该资产投入发行人的原因、租赁或者授权使用费用的公允性、发行人能否长期使用上述资产、后续的处置方案等，判断上述情况是否对发行人的资产完整和独立性构成重大不利影响。

3. 发行人部分资产来自上市公司的，律师应查验以下文件或事项：

(1)发行人取得上市公司资产的背景,所履行的决策程序、审批程序与信息披露情况,是否符合法律法规、交易双方公司章程以及中国证监会和证券交易所有关上市公司监管和信息披露要求,资产转让是否存在诉讼、纠纷或者潜在纠纷;

(2)发行人及其关联方的董事、监事和高级管理人员在上市公司及其关联方的历史任职情况及合法合规性,是否存在违反竞业禁止义务的情形,与上市公司及其董事、监事和高级管理人员是否存在亲属及其他密切关系,如存在,在相关决策程序履行过程中,相关人员是否回避表决或者采取保护非关联股东利益的有效措施,资产转让过程中是否存在损害上市公司及其中小投资者合法权益的情形;

(3)发行人来自上市公司的资产置入发行人的时间,在发行人资产中的占比情况,对发行人生产经营的作用;

(4)境内外上市公司分拆子公司在境内上市的,是否符合相关规定。

四、发行人的重大债权债务

(一)重大合同

律师需查验发行人(包括发行人主体以及发行人控股子公司,下同)的重大合同是否合法有效,是否存在潜在风险;若存在潜在风险,是否对发行人生产经营以及本次发行上市有重大不利影响;合同主体是否变更为发行人;合同履行是否存在法律障碍。具体应查验以下文件或事项:

1. 未来可能对发行人产生重要影响包括存在风险与纠纷的重大业务合同,包括:

(1)与发行人的业务、资产相关的合同或协议:发行人及发行人的子公司签署且正在履行的主要合同,包括但不限于采购合同、销售合同、借款合同、担保合同、资产(股权)买卖、转让合同、资产租赁合同、人财物保险合同、业务技术合作(开发)协议、劳动合同及保密协议、职务发明及专利归属、使用协议等文件原件;

(2)与发行人参与经营投资相关的合同或协议:涉及发行人及其子公司合资、联营、挂靠、合伙、投资及参与利润共享等协议原件;

(3)发行人避免同业竞争、减少规范关联交易的有关协议原件(如有);

(4)发行人建设施工类合同原件;

(5)发行人与本次发行承销商的承销、保荐合同原件。

2. 发行人及发行人子公司与合同管理有关的各项制度(如有)。

3. 发行人内部对重大合同签署审批流程的文件原件,包括但不限于合同签署事项说明单、发行人内部各部门的审批及意见单、发行人涉及协议签署的内部各类决议及批示文件等。

4. 发行人政府主管部门对发行人签署相关合同前后需出具的登记、备案等的文件原件(如需)。

5. 如发行人签署的以上合同发生合同主要条款变更、履行主体变更或名称变更的,发行人向以上协议相对方或利益相关方发出变更履行的书面通知书(含送达方式、送达单据、对方签收单)及对方是否同意合同内容变更,是否继续履行原合同,履行是否存在纠纷、诉讼的书面确认文件原件(适用于以资产新设成立股份有限公司,业务整合、剥离,业务模式调整等情况下发行人履行内容、履约主体发生变更等情形)。

6. 发行人对以上合同真实性、履行情况及是否存在纠纷、诉讼情况的书面说明或承诺。

律师应对以上合同的真实性、有效性及实际履行情况进行核查,如发现协议的签订、履行存在异常的,应走访合同相对方并制作访谈笔录,或向合同相对方发出函证并取得其回执;对于以邮件形式发送的合同,律师可查验相关邮件发送记录,并制作查验记录。

律师在核查过程中如对发行人与境外机构签署的重大合同的真实性及有效性产生疑问的,可要求发行人聘请境外当地律师出具法律意见。

(二)重大侵权之债

律师需查验发行人有无因环境保护、知识产权、产品质量、劳动安全、人身权等产生的侵权之债,如有相关的侵权之债,是否对发行人的生产经营造成重大不利影响,发行人是否存在严重损害社会投资者及社会公共利益的行为。具体应查验以下文件或事项:

(1)发行人及发行人控股股东、实际控制人关于发行人法定申报期间是否存在因环境保护、知识产权、产品质量、劳动安全、人身权等产生的侵权之债的说明,如存在,应提供情况说明、诉讼仲裁文件、判决裁定书、执行通知书等详细资料；

（2）走访发行人及发行人实际控制人、主要负责人员，并制作访谈笔录；

（3）通过包括但不限于网站在内的公开信息查询发行人是否存在相关侵权之债；

（4）必要时应实地走访发行人所在地生态环境局、知识产权局、质量技术监督局、消费者协会、安全生产监督管理局、公安局、法院、仲裁委员会等相关部门，并制作访谈笔录或查验记录；

（5）关于环境保护，可实地查验发行人的环保设备、设施，并走访周边可能受到影响的居民，并制作查验记录及访谈笔录；

（6）关于劳动安全，可实地查验发行人员工的工作环境、工作条件，并走访发行人的员工，并制作查验记录及访谈笔录。

（三）发行人与关联方的重大债权债务关系及担保情况

律师需查验发行人与关联方之间是否存在其他重大债权债务关系及相互提供担保的情况。特殊情况下，发行人应就是否存在其他重大债权债务关系及提供担保情况出具书面说明，无须另行核查其他文件。

（四）发行人金额较大的其他应收款、其他应付款的合法性

律师需查验发行人目前金额较大的其他应收、应付款是否系因正常的生产经营活动发生，合法有效。具体应查验以下文件或事项：

（1）发行人法定申报期间的审计报告原件；

（2）发行人截至申报基准日的其他应收、应付款明细清单；律师应对清单中的款项进行核查，包括对方当事人、合同签订、履行情况等，如发现异常，应走访发行人的财务主管人员、对方当事人，并制作访谈笔录，或向对方当事人发出函证并取得其回执。

五、发行人重大资产变化及收购兼并

（一）设立至今发生的重大资产变化及收购兼并

律师需查验发行人设立至今发生的合并、分立、增资扩股、减少注册资本、重大资产收购或出售是否符合《公司法》等当时有效的法律、法规和规范

性文件的规定，是否履行了必要的法律手续。具体应查验以下文件或事项：

(1)发行人及交易对方关于重大资产收购、出售以及其他重大资产重组作出的包括但不限于董事会决议、股东(大)会决议、总经理办公室会议文件，上级主管部门的请示及批复文件(涉及国有、集体资产的)原件；

(2)发行人的重大资产收购、出售以及其他重大资产重组协议；

(3)发行人的重大资产收购、出售以及其他重大资产重组的政府批准的原件(如需)；

(4)发行人的重大资产收购、出售以及其他重大资产重组的审计、评估报告原件；

(5)发行人的重大资产收购、出售以及其他重大资产重组债权人同意的原件(如需要)；

(6)发行人最近一年及一期内收购兼并其他企业资产(或股权)，且被收购企业资产总额或营业收入或净利润超过收购前发行人相应项目20%(含)的，查验被收购企业收购前一年的利润表；

(7)发行人重大资产收购、出售以及其他重大资产重组协议实施履行的证明文件原件、资产转让对价实际支付凭证，若取得资产需要依法进行变更登记的，查验取得登记机关制作的财产权利证书原件。

(二)发行人拟进行的资产置换、资产剥离、资产出售或收购等行为

律师需查验发行人拟进行的资产置换、资产剥离、资产出售或收购是否符合《公司法》等法律、法规和规范性文件的规定，是否履行了必要的法律手续，对发行人发行上市条件是否产生实质性影响。律师应在按照发行人设立至今发生的重大资产变化及收购兼并所列相关内容进行查验的基础上，取得发行人关于拟进行的资产置换、资产剥离、资产出售或收购作出的说明，并要求发行人提供相关文件。

六、发行人公司章程的制定与修改

律师需查验发行人(含发行人改制为股份有限公司之前期间)公司章程的制定和修订程序是否符合当时有效的法律、法规和规范性文件的规定；发行人的公司章程草案是否符合上市公司章程的要求，公司章程草案将于发行人本次发行及上市完成后生效，并取代发行人目前有效的公司章程。

律师应查验以下文件或事项，同时取得工商登记备案的文本，并关注股东签署情况：

（1）发行人设立之日起各阶段制定的章程及此后历次修改的章程或章程修正案；

（2）发行人设立之日起各阶段制定的章程及此后历次修改章程，包括但不限于股东大会决议、董事会决议、总经理办公会议决议、上级主管部门的批复文件等；

（3）发行人设立股份有限公司或整体变更为股份有限公司时全体发起人制定的公司章程，及此后历次修改的章程或章程修正案及股东大会决议文件；

（4）发行人历次章程的制定、变更等情况，必要时走访相关政府备案登记部门或发行人相关负责人员，并制作访谈笔录。

七、发行人组织机构、议事规则及规范运作

（一）组织机构

律师需查验发行人是否按照《公司法》的有关规定设立了股东大会、监事会、董事会、总经理等高级管理人员及公司各部门，发行人是否具有健全的法人组织结构，具体应查验以下文件或事项：

（1）发行人提供的组织机构图；

（2）发行人股东大会、董事会、监事会、总经理办公会等会议文件资料；

（3）发行人现行有效的公司章程；

（4）发行人设置相关部门的决议文件、会议召开通知、会议参加人员签名的现场会议记录、会议决议执行情况的说明；

（5）发行人经股东大会、董事会、总经理办公会等会议决议，发行人在设立各部门过程中所制定的议事规则、内部制度，发行人相关部门有关人员的任命决议文件原件；

（6）必要时，走访相关部门人员，并制作访谈笔录。

（二）议事规则

律师需就发行人是否具有健全的股东大会、董事会及监事会议事规则，

发行人上述议事规则是否符合相关法律、法规和规范性文件的规定查验发行人的股东(大)会、董事会、监事会议事规则,并由公司加盖印章。

(三)规范运作

律师需查验发行人股东大会、董事会、监事会的召开程序是否符合相关法律、法规和规范性文件的规定,股东大会、董事会、监事会的决议内容及签署是否合法、合规、真实、有效,股东大会或董事会的授权或重大决策等行为是否合法、合规、真实、有效。

律师应查验发行人最近法定申报期间股东(大)会、董事会、监事会的会议文件,包括书面会议通知、签到名册、会议记录、投票表决事项、监票事项、会议决议、执行情况记录等,关注以下内容:

(1)是否依据有关法律、法规和公司章程提前通知并按通知内容召开股东(大)会、董事会、监事会,通知文件应包含会议通知的时间、地点、会议议题及议案、通知回执等;

(2)会议记录是否完整,会议记录中时间、地点、出席人数等要件是否齐备,会议文件是否归档保存;

(3)会议记录是否由出席股东、董事、监事及其他列席人员签署;

(4)委派代表的授权委托书及授权事项,包含委派代表的身份证明、委托人的身份证明文件;

(5)对重大投资、融资、经营决策、对外担保、关联交易等事项的决策过程中,是否履行了公司章程和相关议事规则规定的程序;

(6)涉及关联董事、关联股东或其他利益相关者应当回避的情形,该等人员是否回避;

(7)监事会及董事会专门委员会是否正常发挥作用、是否具备切实的监督手段,必要时检查相关会议文件记录;

(8)股东(大)会、董事会、监事会召集的过程及程序是否合法有效,决议的内容是否合法有效;

(9)股东(大)会、董事会、监事会决议的实际执行情况,执行方式是否符合法律规定及决议的内容;

(10)股东(大)会、董事会、监事会决议如未能执行的,相关执行者是否向决议机构汇报并说明原因;

(11)股东(大)会、董事会、监事会在召集、召开程序方面存在瑕疵的,应核查该等瑕疵产生的背景和原因、所采取的补救措施,是否影响决议的有效性,是否存在潜在纠纷。

八、发行人董事、监事和高级管理人员及其变化

(一)发行人现任董事、监事和高级管理人员的任职

律师需查验发行人董事、监事、高级管理人员是否具备法律、法规及规范性文件规定的任职资格,是否已经了解与股票发行上市有关的法律、法规,知悉上市公司及其董事、监事和高级管理人员的法定义务和责任。具体应查验以下文件或事项:

(1)发行人董事、监事、高级管理人员名单及任职文件;

(2)董事、监事、高级管理人员的简历、身份证明,要求由本人签字确认,并加盖公司公章,结合相关股东大会、董事会、监事会决议文件确定提供文件及书面说明的真实性;

(3)董事、监事、高级管理人员的任职资格的说明文件,应说明是否符合《公司法》规定的任职条件,说明与发行人是否存在关联关系,说明本人是否有重大诉讼、仲裁事项,是否有占用公司款项的情形,是否有其他控股或参股公司;

(4)独立董事身份证明、任职资格证书,会计师至少应占独立董事人数的1/3,其他独立董事作为各行业、各专业领域人士所需的工作履历、资格证书、学历证书等;

(5)工商管理部门、公安部门关于发行人董事、监事、高级管理人员的资料,要求向工商管理部门、公安部门调取并加盖印章,必要时走访相关部门的相关人员,制作访谈笔录;

(6)当地证监局验收合格的证明文件,要求参阅并核对原件;

(7)核查发行人董事、监事、高级管理人员是否尽到了勤勉义务,核查公司各项会议的参会情况、会议记录等。

(二)发行人报告期内历次董事、监事、高级管理人员的变化

律师需查验发行人报告期内历次董事、监事、高级管理人员的变化是否

均履行了相应的程序，该等变化是否属于重大变化，是否会对本次发行上市构成实质障碍。具体应查验以下文件或事项：

(1)发行人报告期内涉及发行人变更董事、监事、高级管理人员的股东大会、董事会、监事会全部会议文件，要求查验原件且届次连贯，确保没有遗漏；

(2)工商管理部门关于历次董事、监事、高级管理人员变更的备案文件，要求向工商管理部门调取，加盖工商管理部门印章，并应与相应的变更会议文件相对应，必要时走访相关部门及人员，并制作访谈笔录；

(3)历次工商变更对应修改公司章程中董事会、监事会、高级管理人员任职资格、职能等条款的，要求查验原件且应与工商备案的章程相对应；

(4)其他可以证明发行人董事、监事、高级管理人员变化不属于重大变化，不会对本次上市构成实质障碍的书面资料，必要时走访相关人员，并制作访谈笔录。

(三)发行人的独立董事制度

律师需查验发行人是否设立了独立董事制度，该制度是否符合法律、法规及规范性文件的规定，独立董事任职资格是否合法有效。具体应查验以下文件或事项：

(1)发行人关于审议通过独立董事制度的董事会、股东大会决议原件；

(2)发行人关于选举产生独立董事的股东大会文件的原件，包括但不限于通知、议案、决议、会议记录、签到表、选票等，并与工商备案文件相对应；

(3)发行人关于设立独立董事的章程或修正案原件，审议通过以上章程或修正案的董事会、股东大会会议文件，并与工商备案资料相对应；

(4)独立董事任职资格证书、简历、目前在其他企业或机构任职情况的说明及身份证明文件原件；

(5)历次变更独立董事时相应工商备案登记资料原件；

(6)独立董事关于具备任职资格的承诺；

(7)独立董事的述职报告、需独立董事发表的独立意见、独立董事出席历次董事会的会议记录及签到证明；

(8)独立董事津贴制定及通过的相关决议、独立董事津贴发放实际执行情况的凭证(如有)。

九、发行人的税务

(一)发行人的主要税种、税率

律师需查验发行人目前执行的税种、税率是否真实且符合相关税收法律、法规和规范性文件的规定,具体应查验以下文件或事项:

(1)发行人在国家税务总局和地方税务局办理税务登记,并应当尽职查验发行人的营业执照及税务登记情况;

(2)发行人法定申报期间的审计报告原件;

(3)发行人及其子公司提供的书面说明及纳税申报表原件。

(二)发行人报告期内享受的税收优惠

律师需就发行人及其子公司目前享受的税收优惠情况查验以下文件及事项:

(1)与发行人董事、高级管理人员、财务负责人进行访谈,并制作访谈笔录;

(2)发行人对税收优惠情况出具的书面说明文件原件;

(3)税务部门依法出具的减免税通知书或其他确认该项税收优惠合法有效的证明文件原件,必要时向相关税务部门发出函证或走访相关人员,并制作访谈笔录。

(三)发行人申报期内享受的财政补助

律师需就发行人法定申报期间是否存在政府补贴及补贴数额情况查验以下文件或事项:

(1)发行人出具的关于收到政府补贴的时间、名称、数额及依据的说明文件原件;

(2)发行人提供的政府补贴入账的凭证;

(3)相关政府补贴批准文件或依据原件,必要时向有关政府部门进行函证或走访,并制作访谈笔录。

(四)发行人近三年的纳税情况

律师需就发行人在法定申报期间是否存在因违反税收法律法规被有关

税务部门处罚的情况查验以下文件或事项：

(1)发行人及其全资控股子公司(非企业法人)出具的书面说明文件或承诺函原件；

(2)税务部门出具的证明发行人法定申报期间依法纳税，未发现因违反税务法律、法规被有关税务部门处罚的证明文件原件，必要时向有关税务部门进行函证或走访相关人员，并制作访谈笔录。

十、发行人的环境保护和产品质量、技术等标准

(一)发行人的环境保护情况

律师需查验发行人的生产经营活动和拟投资项目是否符合有关环境保护的要求，法定申报期间是否因违反有关环境保护方面的法律、法规和规范性文件而被处罚。具体应查验以下文件或事项：

(1)发行人日常经营所需的防止环境污染许可证、保障自然资源合理开发和利用许可证等，包括但不限于排污许可证，危险废物收集、储存、处置许可证，采矿许可证，水资源开采许可证等证书原件；

(2)发行人就改善环境、减少排污等的资金设备投入的支出凭证；

(3)发行人制定的环境保护相关制度、人员及支出凭证；

(4)发行人与外包排污部门签署的书面委托协议原件，相关协议执行情况的书面说明；

(5)发行人所属当地政府或生态环境部门公开或第三方评估的环境信息；

(6)发行人根据相关规定被生态环境部门要求整改的，所履行整改事项完成实施情况的书面说明，必要时走访各相关部门及人员，并制作访谈笔录。

(二)发行人的产品质量、技术、安全生产监督标准

律师需查验发行人的产品是否符合有关产品质量、技术、安全生产监督标准，法定申报期间是否因违反有关产品质量、技术、安全生产监督方面的法律、法规而受到处罚。具体应查验发行人法定申报期间生产的各种产品符合国家及行业的相关产品质量、技术、安全生产监督标准，法定申报期间

没有违反有关产品质量、技术、安全生产监督方面的法律、法规的行为的证明原件。必要时走访相关部门及人员，并制作访谈笔录。

第四节　发行人关于发行上市的其他情况

一、发行人募集资金的运用

（一）募投项目的批准和授权

1. 律师需就发行人募集资金投向的具体情况及是否已经发行人所属有权管理机构批准查验以下文件或事项：

（1）发行人募集资金项目可行性研究报告原件，以确认项目的可行性及项目的具体内容及是否符合国家的产业政策；

（2）发行人募集资金项目批准的董事会、股东大会决议、会议记录原件。

2. 律师需就发行人募集资金投资项目是否已经按照有关投资管理法律、法规的规定办理了相应的行政许可或备案手续查验有权管理机构对项目的行政审批、许可及备案文件原件，以确认项目是否按照项目投资程序办理相应的投资监管程序。

（二）发行人本次募集资金的使用

1. 律师需就发行人募集资金投资项目是否符合有关环境保护的要求查验以下文件或事项：

（1）募投项目有关的环境影响评价文件及环保“三同时”批准文件原件，并在必要时向有关生态环境部门进行函证或取得其书面确认；

（2）必要时向有关生态环境部门进行函证或走访相关人员，并制作访谈笔录。

2. 律师需就发行人募集资金投资项目是否与他人合作查验以下文件或事项：

（1）发行人关于募投项目是否与他人合作的书面说明；

（2）发行人就拟投资主体及项目作出的董事会、股东大会决议文件；

（3）项目拟投资主体的营业执照、公司章程等工商登记资料，批准证书及相应的许可文件，如项目拟用于向其他企业投资，对上述被投资主体、所从事业务及投资风险情况予以查验，必要时，向有关主管部门及相关被投资主体进行函证或走访相关部门，并制作访谈笔录；

（4）必要时实地查验拟投资主体，并制作查验记录；

（5）有权部门对拟投资主体就公司经营合规性出具的函证、书面确认书或向有关部门查询相关资料的书面记录；

（6）若前述投资涉及国有资产转让的，需查验有关国有资产管理部门对有关国有资产转让的评估文件、批准文件，相关产权交易登记、确认的相关原件，必要时向有关国有资产监管部门进行函证或走访相关部门，并制作访谈笔录；

（7）项目资金拟用于收购资产的，项目收购资产出让方的营业执照、公司章程、批准证书及自然人身份证明文件、出售资产的权属证明文件、购买协议、支付凭证及已取得的权属文件原件等资料，必要时走访相关主体或人员，并制作访谈笔录；

（8）拟收购资产为在建工程的，工程规划、批准建设及施工各阶段应取得的相关批准文件、工程施工合同文件及工程款项支付凭证原件，必要时实地查验拟收购资产，并制作现场查验记录；

（9）拟收购资产评估报告原件（如有）；

（10）资产出让方就资产出让作出的董事会或股东大会决议文件，并确认上述决议文件是否依据其内部程序合法作出；

（11）发行人签署的投资、资产购买等项目资金使用协议、意向文件原件，对发行人是否存在重大法律风险。

3. 律师需就发行人董事会是否已对募集资金投资项目的可行性进行认真分析，确信投资项目具有较好的市场前景和盈利能力，有效防范投资风险，提高募集资金使用效益查验以下文件或事项：

（1）发行人批准募投项目董事会、股东大会决议文件原件；

（2）必要时走访发行人董事、高级管理人员及相关业务、财务负责人，并制作访谈笔录。

4. 律师需就发行人募集资金投资项目实施后是否会产生同业竞争或者对发行人的独立性产生不利影响查验以下文件或事项：

（1）发行人控股股东、实际控制人对募投项目实施后是否存在同业竞争、对发行人独立性产生影响的书面说明或承诺；

(2)发行人控股股东、实际控制人控制的其他企业的营业执照、公司章程、行业经营许可证照等文件原件。

5.律师需就发行人董事会是否已经建立募集资金专项存储制度，募集资金是否将存放于董事会决定的专项账户、专款专用查验以下文件或事项：

(1)发行人募集资金专项存储管理办法、发行人就关于建立募集资金专项存储制度的相关董事会、股东大会决议文件原件；

(2)专项账户开户协议与开户证明文件原件。

(三)募集资金运用与主营业务关系

1.律师需就发行人募集资金投资项目是否有明确的使用方向，募集资金是否用于发行人主营业务查验以下文件或事项：

(1)发行人就项目主要投向出具的书面说明；

(2)必要时，走访发行人董事、总经理及相关业务负责人，并制作访谈笔录。

2.律师需就发行人募集资金投资项目是否与发行人现有生产经营规模、财务状况、技术水平和管理能力等相适应查验以下文件或事项：

(1)发行人法定申报期间的财务审计报告及评估报告；

(2)必要时走访发行人股东、董事、总经理及相关业务、财务负责人，并制作访谈笔录；

(3)必要时，走访发行人相关行业协会、行业专业人士，并制作访谈笔录。

二、发行人业务发展目标

律师需就发行人业务发展目标是否符合国家法律、法规和规范性文件的规定，是否与其主营业务一致，是否存在潜在的法律风险，在对“发行人的业务”有关事项进行查验的基础上，查验以下文件或事项：

(1)发行人就业务发展目标与主营业务是否一致所出具的书面确认文件；

(2)发行人就业务发展目标所作的相关董事会、股东大会决议文件原件；

(3)必要时,走访发行人董事、高级管理人员及发行人相关业务负责人,就业务发展目标制作访谈笔录。

三、诉讼、仲裁或行政处罚

(一)发行人及其境内全资子公司、控股子公司、持有发行人5%以上股份的股东、发行人实际控制人涉诉和行政处罚情况

律师需查验发行人及其控股子公司、发行人的主要股东、实际控制人不存在尚未了结的或可预见的重大诉讼、仲裁及行政处罚案件,具体应查验以下文件或事项:

(1)发行人实际控制人、董事、监事、高级管理人员关于是否存在重大诉讼、仲裁、行政处罚的书面说明,如存在,应提供全部相关文件;

(2)查询发行人实际控制人、董事长、总经理户籍所在地或经常居住地司法机关公告信息;

(3)通过包括但不限于网站在内的公开信息查询相关诉讼、仲裁及行政处罚案件情况;

(4)就发行人实际控制人、董事长、总经理可能涉及的重大诉讼、仲裁及行政处罚案件,走访发行人办公室的主管人员、邮件收发人员,并制作访谈笔录;

(5)审查发行人及其子公司主要合同条款及履行情况,如发现异常,应对合同相对方进行访谈并制作访谈笔录,或向合同相对方发出函证并取得其回执;

(6)核查过程中如发现异常情况,可走访发行人的实际控制人、董事长、总经理户籍所在地或经常居住地法院、仲裁委员会、公安机关,并制作访谈笔录或查验记录,或向上述机构发出函证并取得其回执。

(二)发行人董事长、总经理的涉诉和行政处罚情况

律师需查验发行人的董事长及总经理不存在尚未了结的或可预见的重大诉讼、仲裁及行政处罚案件,具体应查验以下文件或事项:

(1)发行人董事、监事、高级管理人员出具的无重大诉讼、仲裁、行政处罚的书面承诺;

(2)董事长、总经理住所地法院的相关公告,必要时走访发行人相关司法主管部门,并制作访谈笔录。

四、发行人招股意向书法律风险的评价

律师需说明是否参与招股说明书的编制及讨论,是否已审阅招股说明书,特别对发行人引用法律意见书和律师工作报告相关内容是否已审阅,发行人招股说明书及其摘要是否存在虚假记载、误导性陈述或重大遗漏引致的法律风险进行评价。律师需就发行人的招股意向书是否存在法律风险尽职查验以下文件或事项:

(1)发行人招股说明书(申报稿);

(2)如有券商律师的,应查验券商律师的验证笔录。

第五章 发行人律师关于北交所上市出具的法律文件

第一节 上市相关法律文件

2023 年 2 月 17 日，中国证监会发布实施《公开发行证券的公司信息披露内容与格式准则第 46 号——北京证券交易所公司招股说明书》（以下简称《北交所招股说明书准则》）及《公开发行证券的公司信息披露内容与格式准则第 47 号——向不特定合格投资者公开发行股票并在北京证券交易所上市申请文件》（以下简称《北交所上市文件格式准则》）等多项规范性文件。其中，《北交所上市文件格式准则》规定了股份有限公司申请在北交所上市需要提供的文件，主要包括发行文件、发行人关于本次发行上市的申请与授权文件、保荐人关于本次发行的文件、会计师关于本次发行的文件、律师关于本次发行的文件、关于本次发行募集资金运用的文件以及其他文件七大类文件。

中介机构应当各自准备负责的申报文件（包括但不限于招股说明书、发行保荐书、审计报告、法律意见书、律师工作报告、公司章程、股东大会决议等注册申请文件），同时须尽到谨慎合理的注意义务，做好工作底稿的收集整理工作。

本章主要对律师关于本次发行的文件这一类别的内容及注意事项展开详细讨论。律师关于本次发行上市的文件包括：(1)法律意见书；(2)律师工作报告;(3)关于发行人董事、监事、高级管理人员、发行人控股股东和实际控制人在相关文件上签名盖章的真实性的鉴证意见;(4)关于申请电子文件与预留原件一致的鉴证意见。

一、法律意见书

(一)法律意见书的主要内容

律师在制作法律意见书的过程中,应当形成的工作记录以及在工作中获取的所有文件、会议纪要、谈话记录等资料需要妥善保存,并制作工作底稿。法律意见书通常分为首部、引言、正文、结论及附录五个部分。

1. 第一部分——首部

法律意见书应当在开头载明,经办律师是否根据《证券法》《公司法》等有关法律、行政法规和中国证监会、北交所的有关规定,按照司法部、中国证监会联合发布的《律师事务所从事证券法律业务管理办法》《律师事务所证券法律业务执业规则(试行)》等有关规定,及律师行业公认的业务标准、道德规范和勤勉尽责精神,出具法律意见书。

2. 第二部分——引言

引言主要是出具法律意见书的声明事项,包括但不限于以下内容:

(1)律师承诺已根据我国现行有效的或发行人的行为、有关事实发生或存在时有效的法律、法规和中国证监会的有关规定和本法律意见书出具之日以前已经发生和存在的事实发表法律意见。

(2)律师承诺严格履行了法定职责,遵循了勤勉尽责和诚实信用原则,进行了充分的核查验证,保证本法律意见书和律师工作报告所认定的事实真实、准确、完整,所发表的结论性意见合法、准确,不存在虚假记载、误导性陈述或者重大遗漏,并愿意承担相应的法律责任。

(3)律师同意将本法律意见书作为发行人申请本次发行上市所必备的法定文件,随同其他申报材料提交北交所审核通过并报送中国证监会履行注册程序,并依法对所出具的法律意见书承担相应的法律责任。

(4)律师同意发行人在招股说明书中部分或全部自行引用或根据中国证监会、北交所审核要求引用本法律意见书的内容,但是发行人作上述引用时,不得因引用而导致法律上的歧义或曲解。

(5)经办律师仅就与本次发行上市有关的我国境内法律问题(以本法律意见书发表意见事项为准及为限)发表法律意见,本所及本所经办律师并不具备对有关财务、验资及审计、资产评估等专业事项和境外法律事项发表专业意见的适当资格。在本法律意见书中涉及评估报告、验资报告、审计报告、境外法律事项等内容时,均严格按照有关中介机构出具的专业文件和发行人出具的说明予以引述。

(6)本法律意见书仅供发行人为本次发行上市之目的使用,未经本所经办律师书面许可,不得用作任何其他目的或用途。

(7)律师可作出其他适当声明,但不得作出违反律师行业公认的业务标准、道德规范和勤勉尽责精神的免责声明。

3. 第三部分——正文

律师应在进行充分核查验证的基础上,对本次股票发行上市的以下(包括但不限于)事项逐项明确发表结论性意见,且所发表的结论性意见应包括是否合法合规、是否真实有效、是否存在纠纷或潜在风险,具体核查事项详见本书第四章相关内容。

4. 第四部分——结论

律师应对发行人是否符合股票发行上市条件、发行人行为是否存在违法违规,以及招股说明书及其摘要引用的法律意见书和律师工作报告的内容是否适当,发行人本次发行是否在形式和实质条件上符合《公司法》《证券法》《北交所不特定发行注册管理办法》《北交所上市规则(试行)》等法律规定,明确发表总体结论性意见。

律师已勤勉尽责仍不能发表肯定性意见的,应发表保留意见,并说明相应的理由及其对本次上市发行的影响程度。

5. 第五部分——附录

附录,是指提出的法律意见所依据的文字资料,不仅包括所有涉及事项的原始材料,而且包括依据的法律、法规检索资料等。

(二)法律意见书的注意事项

律师应在进行充分核查验证的基础上,对发行人委托的事项进行确认,并在确认的基本事实的基础上明确发表结论性意见。所发表的结论性意见包括是否合法合规、是否真实有效、是否存在纠纷或潜在风险。

律师签署的法律意见书提交发行人后,不得收回进行修改,如律师认为需要补充或更正,应另行出具补充法律意见书。法律意见书提交委托人后,律师应关注委托人的反馈意见。委托人对法律意见书提出疑问,律师认为有必要,可以出具补充法律意见书和补充报告。

提交北交所或中国证监会的法律意见书,应当是经两名以上具有执业资格的经办律师及其所在律师事务所的负责人签名,并经该律师事务所加盖公章、签署日期的正式文本。

二、律师工作报告

律师工作报告,是指详尽、完整地阐述所履行法律尽职调查的情况、在法律意见书中所发表意见或结论的依据、进行有关核查验证的过程、所涉及的必要资料或文件,记载律师工作过程及成果的报告。

律师工作报告分为首部、引言、正文及结论四个部分。

(一)律师工作报告的内容

1. 第一部分——首部

律师工作报告应当在首部载明,经办律师是否根据《证券法》《公司法》等有关法律、行政法规和中国证监会、北交所的有关规定,按照律师行业公认的业务标准、道德规范和勤勉尽责精神,出具律师工作报告。

2. 第二部分——引言

简单介绍律师事务所及经办律师,包括但不限于律师事务所的注册地点及时间、业务范围、证券执业律师人数,本次签名律师的证券业务执业记录及其主要经历、联系方式等。

律师工作报告引言部分应当说明律师制作律师工作报告的工作过程,包括但不限于与发行人相互沟通的情况,对发行人提供材料的查验、走访、谈话记录、现场勘查记录、查阅文件的情况,以及工作时间等。律师工作过程应当涵盖发行人改制设立、上市辅导、申报材料准备等各个阶段。

引言部分还应对律师工作报告中所使用的各项用语的特定含义进行说明。

3. 第三部分——正文

律师工作报告正文部分应当列明以下(包括但不限于)事项:(1)本次发

行上市的批准和授权;(2)发行人的主体资格;(3)本次发行上市的实质条件;(4)发行人的设立;(5)发行人的独立性;(6)发行人的发起人和股东(实际控制人);(7)发行人的股本及其演变;(8)发行人的业务;(9)关联交易及同业竞争;(10)发行人的主要财产;(11)发行人的重大债权债务;(12)发行人的重大资产变化及收购兼并;(13)公司章程的制定与修改;(14)发行人股东大会、董事会、监事会议事规则及规范运作;(15)发行人董事、监事和高级管理人员及其变化;(16)发行人的税务及财政补贴;(17)发行人的环境保护和产品质量、技术等标准及劳动用工;(18)发行人募股资金的运用;(19)发行人业务发展目标;(20)诉讼、仲裁或行政处罚;(21)发行人公开转让说明书法律风险的评价;(22)律师认为需要说明的其他问题。

具体核查事项详见本书第四章相关内容。

4. 第四部分——结论

经办律师应对发行人是否符合上市条件、发行人行为是否存在违法违规情况,以及公开转让说明书及其摘要引用的律师工作报告的内容是否适当明确发表总体结论性意见。

经办律师已勤勉尽责仍不能发表肯定性意见的,应当发表保留意见,并说明相应的理由及其对本次上市的影响程度。

(二)律师工作报告的注意事项

提交北交所或中国证监会的律师工作报告,应当是经两名以上具有执业资格的经办律师及其所在律师事务所的负责人签名,并经该律师事务所加盖公章、签署日期的正式文本。

三、鉴证意见

(一)发行人律师关于发行人董事、监事、高级管理人员、发行人控股股东和实际控制人在相关文件上签名盖章的真实性鉴证意见

发行人律师应就发行人董事、监事、高级管理人员、发行人控股股东和实际控制人在相关文件上签名盖章的真实性作出鉴证意见。《北交所上市文件格式准则》第7条第2款规定:“申请文件中需要由发行人律师鉴证的文件,发行人律师应当在该文件首页注明‘以下第×××页至第×××页与

原件一致'，并签名和签署鉴证日期，律师事务所应当在该文件首页加盖公章，并在第×××页至第×××页侧面以公章加盖骑缝章。"

（二）关于申请电子文件与预留原件一致的鉴证意见

《北交所上市文件格式准则》第6条规定："发行人应当确保申请文件的原始纸质文件已存档。发行人不能提供有关文件原件的，应当由发行人律师提供鉴证意见，或由出文单位盖章，以保证与原件一致。如原出文单位不再存续，由承继其职能的单位或作出撤销决定的单位出文证明文件的真实性。"根据该条要求，发行人律师应核查电子文件与原件的一致性，并就报送的电子文件与原件的一致性出具鉴证意见书。

第二节　申报及审核阶段律师的主要工作内容及方式

一、申报阶段律师开展工作的时间节点

拟上市企业按照保荐机构编写的上市计划时间表完成企业需完成的工作并完成证监局辅导验收后，向北交所提交相关文件。中介机构应各自准备其负责的申报文件（包括但不限于招股说明书、发行保荐书、审计报告、法律意见书、律师工作报告、公司章程、股东大会决议等注册申请文件），同时应尽到谨慎及合理的注意义务，做好工作底稿的收集整理工作。律师事务所的负责人、经办律师均需签字。工作底稿的正式文本应由两名以上律师签名，其所在的律师事务所加盖公章，其内容应真实、完整、记录清晰，并标明索引编号及顺序号码。

二、其他需要律师参与的事项

（一）各方签署承诺书

发行人控股股东、实际控制人、全体董事、监事、高级管理人员、保荐机构（主承销商）、律师事务所、承担审计业务的会计师事务所、承担评估业务的资产评估机构需要在招股说明书（申报稿）正文后附盖章、签字的承诺书，

确认招股说明书(申报稿)不存在虚假记载、误导性陈述或重大遗漏,并对其真实性、准确性、完整性承担连带责任。

(二)信息披露豁免申请及保荐人核查意见(如有)

按照《北京证券交易所向不特定合格投资者公开发行股票并上市业务办理指南第1号——申报与审核》(以下简称《北交所业务办理指南第1号》)的相关规定完整提交认定文件、声明文件和申请文件。如相关认定文件等本身涉密的,以保荐机构出具核查意见等替代。需要将发行人豁免信息披露的申请、保荐机构核查专项说明和会计师事务所及律师事务所核查意见(如有)拼接在一个文件里上传。

(三)“上会”前的准备工作

上市委员会召开审议会议,参会委员要求发行人及其保荐代表人、证券服务机构代表到会接受问询的,发行人在“上会”前要做好充分准备。

《北京证券交易所上市委员会和并购重组委员会管理细则》第27条第1款规定:“参会委员要求公司及其保荐机构、独立财务顾问、证券服务机构代表到会接受问询的,应当于审议会议召开三个工作日前提交问询问题清单。”第2款规定:“召集人应当于审议会议召开二个工作日前,合并、归纳、总结委员问询问题,形成并提交汇总问询问题清单,秘书处应当于当日通知相关人员到会接受问询,公司及其保荐机构、独立财务顾问、证券服务机构应当于审议会议召开一个工作日前提交书面回复。”《北交所业务办理指南第1号》第31条规定:“保荐机构应当最晚于上市委员会审议会议召开前两个工作日,通过审核系统‘发行上市项目管理—项目查看’模块查询现场问询问题清单,收到问题清单的,应当按照要求安排上会人员,并做好上会准备。”

虽然“上会”是开卷考试,但发行人也不可掉以轻心。在“上会”前,发行人与保荐代表人、会计师、律师应协同作战,可对“上会”过程进行适当模拟。

(四)招股说明书后的律师声明

发行人律师应在招股说明书正文后声明:“本所及经办律师已阅读招股说明书,确认招股说明书与本所出具的法律意见书和律师工作报告无矛盾之处。本所及经办律师对发行人在招股说明书中引用的法律意见书和律师工作报告的内容无异议,确认招股说明书不致因上述内容而出现虚假记载、误导性陈述或重大遗漏,并对其真实性、准确性、完整性承担连带责任。"声明应由经办律师及所在律师事务所负责人签名,并由律师事务所加盖公章。

三、提交文件的方式及格式

为了便于发行人申报,北交所目前仅要求发行人通过发行上市审核业务系统报送电子文件(申报扫描件以及可编辑的文件),但报送的电子文件应和预留原件(制作完成后由发行人以及各中介机构各保存一套原件,以备现场检查或者底稿抽查)一致。公司为上市聘请的律师,即发行人律师应对所报送电子文件与预留原件的一致性出具鉴证意见,报送的电子文件和预留原件具有同等的法律效力。对于律师事务所向北交所报送的各种文件,律师事务所应承诺相关信息的内容真实、准确、完整,并应承担相应的责任。对于文件编排的格式,北交所暂未发布详细规定,建议发行人按照中国证监会的统一要求进行制作,即:

1. 发行人向证券交易所发行上市审核业务系统报送的申请文件应采用标准".doc"".docx"或".pdf"格式文件,按幅面为209毫米×295毫米规格的纸张(标准A4纸张规格)进行排版,并应采用合适的字体、字号、行距,以便于投资者阅读。

2. 申请文件的正文文字应为宋体小四,1.5倍行距。一级标题应为黑体三号,二级标题应为黑体四号,三级标题应为黑体小四号,且各级标题应分别采用一致的段落间距。

3. 申请文件章与章之间、节与节之间应有明显的分隔标识。为便于阅读,".doc"".docx"文档应根据各级标题建立文档结构图,".pdf"文档应建立书签。

4. 申请文件中的页码应与目录中的页码相符。例如,第四部分4-1的页码标注为:4-1-1,4-1-2,4-1-3,…4-1-n。

发行人申请公开发行股票,应当按照中国证监会有关规定制作注册申请文件,依法由保荐人保荐并向北交所申报。北交所收到注册申请文件后,应当在5个工作日内作出是否受理的决定。北交所从诞生之日起就实施注册制,因此北交所上市也需履行北交所审核及中国证监会注册等程序。北交所审核过程中，主要通过向发行人提出审核问询、发行人回答问题的方式开展审核工作，自北交所受理至出具审核意见的时间不超过 2 个月。行业咨询委员会负责为发行上市审核提供专业咨询和政策建议，上市委员会负责对审核部门出具的审核报告和发行人的申请文件提出审议意见。中国证监会收到北交所报送的审核意见、发行人注册申请文件及相关审核资料后，履行发行注册程序。中国证监会将在 15 个工作日内对发行人的注册申请作出同意注册或不予注册的决定。

第六章 北交所上市审核主要法律规范关注要点及案例分析

第一节 出资问题

股东出资，是指股东在公司设立或者增加资本时，为取得股份或股权，根据相关法律法规以及章程和协议的约定，向公司交付财产或履行其他给付义务。拟上市企业在登陆北交所之前应当是全国股转系统创新层的挂牌公司，而股东出资问题一直是全国股转系统挂牌及北交所审核过程中的重点关注问题之一。

《股转系统股票挂牌规则》第 12 条规定："申请挂牌公司注册资本已足额缴纳，股东的出资资产、出资方式、出资程序等符合相关法律法规的规定，股东不存在依法不得投资公司的情形。申请挂牌公司股权权属明晰，控股股东、实际控制人持有或控制的股份不存在可能导致控制权变更的重大权属纠纷。"《挂牌规则指引第 1 号》第 1－5 条"股权形成及变动相关事项"规定："……历史上股东出资资产、出资程序等存在瑕疵的，申请挂牌公司应当充分披露出资瑕疵事项及采取的补救措施。……"《北交所业务规则指引第 1 号》第 1－26 条"共同投资"规定："……中介机构应当核查发行人与上述主体共同设立公司的背景、原因和必要性，说明发行人出资是否合法合规、出资价格是否公允。……"

可见，北交所关于出资问题的审核有着严格的要求和标准。

一、出资方式

国家主管部门及证券监管机构对拟上市企业在出资方面有许多相关的规定，在审核拟上市企业的申报材料时，关于股东出资的义务与方式主要依据以下规定：

《公司法》[1]第48条规定："股东可以用货币出资，也可以用实物、知识产权、土地使用权、股权、债权等可以用货币估价并可以依法转让的非货币财产作价出资；但是，法律、行政法规规定不得作为出资的财产除外。对作为出资的非货币财产应当评估作价，核实财产，不得高估或者低估作价。法律、行政法规对评估作价有规定的，从其规定。"《市场主体登记管理条例》第13条第2款明确规定："出资方式应当符合法律、行政法规的规定。公司股东、非公司企业法人出资人、农民专业合作社（联合社）成员不得以劳务、信用、自然人姓名、商誉、特许经营权或者设定担保的财产等作价出资。"

由此可见，股东出资是股东的基本义务，也是企业上市重要的核查要点，股东出资的方式有货币出资和非货币出资两种，货币出资包括人民币或其他外币出资，而非货币出资的体现形式较为多样，包括知识产权出资、实物出资、土地使用权出资等。

（一）货币

《公司法》第49条规定："股东应当按期足额缴纳公司章程规定的各自所认缴的出资额。股东以货币出资的，应当将货币出资足额存入有限责任公司在银行开设的账户；以非货币财产出资的，应当依法办理其财产权的转移手续。股东未按期足额缴纳出资的，除应当向公司足额缴纳外，还应当对给公司造成的损失承担赔偿责任。"

这里所说的货币，通常是指我国的法定货币，即人民币。设立公司必然需要一定数量的货币，用以支付创建公司的开支和公司设立后的生产经营费用。所以，股东可以用货币进行出资。股东是外国人的，也可以用外币出资。对于货币出资，中介机构应当注意必须以股东本人的户名出资，并且尽

---

〔1〕 为更好地与新法衔接，保证本书内容的适用性与实用性，若无特别注明，本书中引用的《公司法》相关规定均为2023年12月29日发布，2024年7月1日起正式施行的《公司法》的内容。

可能采用转账形式留存相关出资凭证,如转款收据、银行对账单等,出资留痕是为了提供充足有效的出资证明文件;此外,以货币出资存入的账户必须是公司的基本账户或验资账户,而非指定的其他名称账户。

(二)非货币财产

1. 实物

资产通常可以区分为有形资产和无形资产两大类,实物一般指有形物,属于有形资产的一部分。有形资产又可以分为动产和不动产。从法律角度考虑,不动产指不能自由移动或一旦移动会破坏其物质形态或经济价值的财产;动产指除不动产以外,可以移动且不因移动而破坏其原有经济价值和物质形态的财产。股东以实物出资一般应符合以下两个条件:第一,该实物原为股东所有;第二,该出资实物是公司生产经营所必需的,如以机器设备、原料、零部件、货物、建筑物和厂房等实物作为出资。

2. 知识产权

知识产权是民事主体对智力劳动成果依法享有的专有权利,它通常分为两类:一类是著作权(也称版权、文学产权,主要包括著作权及与著作权有关的邻接权),另一类是工业产权(也称产业产权,主要包括专利权与商标权)。对于知识产权出资,需要关注两个方面:一是要进行评估作价,核实财产,不得高估或者低估作价;二是要将该出资知识产权的所有权从股东转移到公司名下。这两个方面出现问题,都会导致出资不实的法律后果。

(三)土地使用权

公司开展生产经营活动需要一定的场所,公司股东可以以土地使用权作价出资。一般来说,股东以土地使用权作价后向公司出资从而使公司取得土地使用权,必须符合国家有关法律、行政法规的规定,并要履行有关法律手续。

(四)股权、债权出资

《市场主体登记管理条例实施细则》第 13 条第 3 款规定:“依法以境内公司股权或者债权出资的,应当权属清楚、权能完整,依法可以评估、转让,符合公司章程规定。”

二、出资瑕疵

对于拟上市公司而言，公司历史上存在出资瑕疵较为常见，公司或多或少都会涉及出资方面的问题，主要表现为出资不到位、抽逃出资、资产价值不实、出资程序不规范等。那么，应当如何处理股东出资瑕疵问题？挂牌/上市辅导机构核查应重点关注哪些方面？基于新三板挂牌、北交所上市及被终止的相关案例，常见的出资瑕疵情形主要包括以下几种。

（一）注册资本未足额缴纳

自 2014 年修订后的《公司法》均实行注册资本认缴登记制，除针对特定行业有最低注册资本要求外，对其他多数行业取消了最低注册资本限制。但是在新三板及北交所审核时，要求拟上市公司在发行和上市时缴足全部注册资本，即使认缴注册资本未到缴纳期限也应足额缴纳。同时，已有的法院判例显示，在公司财务状况发生重大变化且有金额较大债务需要偿还的情况下，法院倾向于保护中小投资者及债权人的利益，判令未足额缴纳出资且注册资本缴纳期限尚未届满的股东提前出资，以清偿公司债务。由此可见，我国现行法律环境注重股份公司的资本充盈性，公司在挂牌和上市时应当足额缴纳注册资本。

（二）出资不实

1. 非货币财产未办理财产转移手续

根据《公司法》的规定，以非货币财产出资的，应当依法办理其财产权的转移手续。如果用于出资的非货币财产归属于股东，股东将该资产提供给公司实际使用但未办理产权转移手续的，通常不构成出资不实的实质性障碍，股东可以将该部分用于出资的资产的产权有效转移给公司，再由会计师事务所进行验资复核，同时由当时全体出资人一致同意即可；如果出资的非货币财产未办理财产转移手续，也未实际交付公司使用，那么应认定为股东出资不实，后续需要补足未到位的出资，或做减资处理。

2. 非货币财产的实际价值显著低于出资额

《公司法》第 50 条规定："有限责任公司设立时，股东未按照公司章程规定实际缴纳出资，或者实际出资的非货币财产的实际价额显著低于所认缴的出资额的，设立时的其他股东与该股东在出资不足的范围内承担连带责任。”

非货币财产的实际价值显著低于出资额，通常表现为用于出资的非货币资产评估值显著低于出资额，这样的情形下，无论是故意“搞定”了评估机构以高估资产价值，还是无意为之，如资产投入公司未达到预期的价值收益，都会被认为出资不实。

3. 出资财产存在权属瑕疵

这里主要指以不属于股东自己的财产或权属不明，存在争议的财产出资，从而构成的出资不实。如股东在上一家单位工作期间的职务发明、股东法人财产混同用于出资、股东用于出资的资产为非法所得。

（三）抽逃出资

《公司法》第253条规定：“公司的发起人、股东在公司成立后，抽逃其出资的，由公司登记机关责令改正，处以所抽逃出资金额百分之五以上百分之十五以下的罚款；对直接负责的主管人员和其他直接责任人员处以三万元以上三十万元以下的罚款。”

抽逃出资主要指股东出资后又将其出资通过各种形式抽回的行为，如股东借款、虚构债权债务关系、利用关联交易转移资金等。

三、解决思路

在审核实践中，通常会关注发行人是否存在股东未全面履行出资义务、抽逃出资、出资方式等存在瑕疵的情形。公司在历史上存在出资瑕疵的，应当在申报前依法采取补救措施，并充分披露存在的出资瑕疵事项、采取的补救措施，保荐机构和发行人律师应当对出资瑕疵事项的影响及发行人或相关股东是否因出资瑕疵受到过行政处罚、是否构成重大违法行为及本次发行的法律障碍、是否存在纠纷或潜在纠纷进行核查，并发表明确意见。

（一）出资不实

如上所述，出资不实主要表现为财产权转移手续未办理完毕（不仅包括以实物出资的动产和不动产的转移手续未办妥，还包括以货币资金出资时货币的出资手续是否办理完毕），非货币财产的实际价值显著低于出资额，以及出资财产存在权属瑕疵。解决思路通常有如下几种：

1. 补足出资

无论出资不足还是出资不实，为了确保出资到位，需要相应股东进行补足出资，可以用货币补足，也可以用货币以外的合法方式补足，但是需要注意程序上的完备性；相较于非货币资产，最佳选择为货币资金补足的方式，因为非货币资产出资仍会涉及评估、权属清晰等可能再次出现出资瑕疵的情形。

2. 出资置换/转让

公司股东以权属存在瑕疵的资产出资，可以将该瑕疵资产作价转让或由原股东用等额的资产置换。需要明确的是，采取置换出资的前提是原瑕疵资产的权属存在无法解决的问题，如果仅是价值高估的问题，则直接补足出资即可；而关于瑕疵资产转让作价，通常也不应低于原出资作价，否则依旧会被认定为出资不实，需要补足出资。

3. 减资

针对股东出资不实，除了可以补足未到位的出资，还可以选择做减资处理。减资需要遵循《公司法》程序上的相关规定，《公司法》第224条规定："公司减少注册资本，应当编制资产负债表及财产清单。公司应当自股东会作出减少注册资本决议之日起十日内通知债权人，并于三十日内在报纸上或者国家企业信用信息公示系统公告。债权人自接到通知之日起三十日内，未接到通知的自公告之日起四十五日内，有权要求公司清偿债务或者提供相应的担保。公司减少注册资本，应当按照股东出资或者持有股份的比例相应减少出资额或者股份，法律另有规定、有限责任公司全体股东另有约定或者股份有限公司章程另有规定的除外。"

案例1 | 冠中生态(834265)——实物出资未评估

冠中生态主要从事生态环境建设业务，具体包括以植被恢复为主的生态修复业务以及部分园林绿化和市政公用等城市环境建设业务，属于"生态保护与环境治理行业"。历经多年的行业深耕和研发积累，公司已成为集技术研发、关键材料生产、关键装备研制、项目设计、施工、管护为一体的专业性生态修复企业。

报告期内(2017年~2020年上半年)，公司营业收入分别为9,138.85万元、32,364.59万元、27,803.67万元和16,862.031万元;扣除非经常性损益后的净利润分别为3,499.83万元、5,641.62万元、5,954.82万元和4,165.38万元。

【关注问题】冠中生态在公司设立时,有凯捷科技使用计算机10套作为出资。但上述实物出资未进行评估,该等行为不符合当时适用的《公司法》的规定。全国股转公司针对冠中生态出资问题的部分反馈问题如下,并要求主办券商、律师补充核查以下事项并发表明确意见:"实物出资的具体内容,与公司生产经营的关联性,权属转移情况,使用和处置情况;实物出资的合法合规性;出资的真实性、充实性,是否存在出资不实、向关联方输送利益等损害公司利益的情形。"

【解决建议】针对上述出资瑕疵问题,主办券商及律师需要重点关注公司的实物出资是否依照法律法规的规定履行评估程序,用于出资的实物资产是否办理转移手续、是否交付公司使用,相关实物资产的价值是否发生重大变化等。针对公司历史沿革的出资瑕疵,如果不会导致出资不实的情况,股东之间未因此事发生过任何争议、纠纷、诉讼或仲裁,亦未损害任何债权人的利益,通常来说,不会对公司发行上市构成实质性法律障碍。同时,发行人实际控制人可以出具兜底承诺,承诺若因股东实物出资未经评估导致公司出资不实或与其他人产生任何纠纷,给公司造成任何费用支出或经济损失,将无条件承担全部赔偿责任。

(二)抽逃出资

《最高人民法院关于适用〈中华人民共和国公司法〉若干问题的规定(三)》(以下简称《〈公司法〉司法解释(三)》)第12条规定:"公司成立后,公司、股东或者公司债权人以相关股东的行为符合下列情形之一且损害公司权益为由,请求认定该股东抽逃出资的,人民法院应予支持:(一)制作虚假财务会计报表虚增利润进行分配;(二)通过虚构债权债务关系将其出资转出;(三)利用关联交易将出资转出;(四)其他未经法定程序将出资抽回的行为。"以上规定明确了抽逃出资的常见表现形式。

案例2 | 博迅生物(836504)——股东用借款出资又由公司归还

博迅生物公司是一家专业从事实验室设备及生命科学仪器研发、生产、销售及服务的高新技术企业,致力于为科研人员进行生命科学实验提供性能稳定、操作安全、节能环保的温湿度控制系列产品、高压灭菌系列产品及净化安全系列产品，其产品广泛运用于医药、食品、检验检测、检验检疫、农林牧渔、环境保护、科学研究等诸多领域。

报告期内(2019 年～2022 年上半年)，公司营业收入分别为 130,932,913.61 元、139,862,545.43 元、159,443,570.22 元和 56,022,255.89 元；扣除非经常性损益后的净利润分别为 11,664,849.86 元、19,853,810.05 元、26,986,665.90 元和 6,222,344.81 元。

【关注问题】博迅生物关联方即经销商上海道基系由发行人实际控制人的父亲吕某华和妹妹吕某媚各持股 50% 设立，吕某华和吕某媚对上海道基的初始出资资金源于强民咨询提供的过桥资金，上海道基设立后将 50 万元通过银行本票方式偿还于强民咨询。针对上述出资问题，中介机构从以下角度论述了股东借款又由公司归还的行为不属于抽逃出资：吕某媚从上海道基借款用于归还对强民咨询的借款，构成吕某媚与上海道基之间的借贷关系。2005 年 8 月偿还强民咨询的资金源于吕某媚自上海道基借款、并于财务账簿中体现为其他应收—吕某媚款项，并最终以历年盈利留存方式实现吕某媚对上海道基该笔借款的偿还；上海道基存续期间正常经营，不存在上海道基任一股东或上海道基的债权人向法院请求认定吕某华或吕某媚存在抽逃出资的情形。因此，吕某华、吕某媚与上海道基之间的借贷关系被认定为抽逃出资的风险较低。

【解决建议】在实践中，股东出资后又借出出资款的情况并不少见。针对这类问题，监管机构在上市审核过程中主要问询的重点为：借款的性质；是否构成抽逃出资或虚假出资；该行为是否符合《公司法》的规定；是否构成重大违法违规行为等。而解决方案通常是统一的，即归还借款，论述不构成抽逃出资或虚假出资。

（三）知识产权出资瑕疵

1. 权属问题

对于知识产权出资，发行人以及中介机构不仅要关注上文所述的权属转移问题，即该项知识产权的权属是否由股东转移到公司名下，前提是该股东要对所出资的知识产权拥有完整的权属，该项知识产权不存在潜在权属争议或纠纷。对于知识产权的权属问题不仅要关注现状，还应当关注其形成过程中的合法性与规范性。股东以知识产权出资,应当排除任何第三方可能提出的对该项权利的诉求,特别应当注意是否构成职务发明,无论是股东在现任职公司还是原任职公司的发明,只要是有可能被认定为职务发明的,都会影响股东该项出资的真实性、合法性。此外,用于出资的知识产权是否侵犯他人知识产权或商业秘密,也是认定该项知识产权出资是否存在问题的关键。

2. 价值问题

知识产权出资除了可能存在权属争议,还可能存在股东利用知识产权出资时该项知识产权的评估价值与股东的出资比例相符,但后来随着市场变化及新技术成果的研发问世,股东用作出资的知识产权大幅减值,导致股东出资不实的情况。此外,也存在股东利用知识产权出资时未评估或高估、低估价值的情况,都会影响出资的真实、合法、有效,实务中公司因知识产权价值问题导致出资瑕疵,通常会采取股东补足或减资的方式来解决。

案例3 | 联合永道(430664)——非专利技术出资,出资资产存在减值迹象

2009年股东以知识产权——非专利技术"中小企业在线学习引擎"评估价值为700万元对联合永道进行出资。后联合永道于2013年将上述出资全部进行减资处理,减资原因为:2009年股东投入的非专利技术"中小企业在线学习引擎"可用于开发符合中小型企业培训特征及信息技术系统建设特点的远程培训系统,由于公司在实际经营中确立以职业教育软件产品的研发与销售为战略方向,未取得针对中小型企业的在线学习软件产品和服务的相关收入,可能存在减值迹象,因此对该无形资产进行减值处理并进行减资。

上述减资后,联合永道仍持有上述非专利技术,且该技术可以在联合永道网上教学系统等系统中得以继承和发展,并在市场中推广使用。

案例4 | 今泰科技(430655)——股东以四项专利出资,专利存在被认定为职务发明的可能性

2013年3月,今泰科技召开临时股东大会并审议通过《关于审议〈今泰股份出资方式变更方案的议案〉》,同意出于审慎性原则,由股东苏某艺、苏某池、黄某章将原2009年10月的四项专利出资按原评估价值360.09万元变更为以等额货币出资方式重新出资,并将四项专利继续作为公司资产使用。中介机构披露,由于四项专利技术与公司的生产经营相关,股东为排除出资的无形资

产为职务发明的嫌疑，杜绝可能的潜在纠纷，决定以现金对该部分出资予以置换。变更出资方式后，原有四项专利技术仍然由公司继续持有并使用。

案例5 | 蓝科泰达（430643，已终止挂牌）——股东两次以非专利技术出资，第一次未评估，第二次涉嫌出资不实

2002年9月公司设立时，股东田某远以非专利技术"PlusWell HA容错软件"作为对蓝科泰达的出资，经全体股东确认，价值20万元，占比40%，未办理财产转移。2002年10月，股东田某远与蓝科泰达签订财产权转移协议书，将其认缴的出资非专利技术20万元转移至蓝科泰达。中介机构注意到，蓝科泰达成立时，未根据当时的《公司法》的规定对出资的无形资产进行评估，出资程序存在法律瑕疵，但符合北京市地方规定，且出资真实并全部缴足，因而其设立时作为出资的无形资产未进行评估并不构成公开转让的实质性法律障碍。

2012年9月，蓝科泰达召开股东会形成决议如下：同意将注册资本由原来的2000万元减少至620万元（其中股东林某兰减少非专利技术出资552万元，田某远减少非专利技术出资828万元）。2013年9月，蓝科泰达与股东田某远、林某兰达成备忘录，明确非专利技术"PlusWell虚拟备份系统"的所有权归蓝科泰达所有，蓝科泰达拥有使用及开发该技术的各项权利，因使用及开发该技术形成的专利等知识产权归蓝科泰达享有。

第二节　股东和股权问题

一、股东问题

（一）股东资格

根据《监管规则适用指引——法律类第2号：律师事务所从事首次公开发行股票并上市法律业务执业细则》（以下简称《监管规则适用指引——法律类第2号》）第13条第2款规定："律师应当查验新股东是否具备法律法规规定的股东资格。如新股东为法人的，律师应当查验其股权结构及实际控制人。如新股东为自然人的，律师应当查验其基本信息。如新股东为合伙企业的，律师应当查验合伙企业的普通合伙人及其实际控制人、有限合伙人的基本信息。"

关于股东是否具备法律法规规定的股东资格，应当特别注意股东资格的限制性条件，相关法律法规及规范性文件的规定如下：

1. 自然人股东

(1)公务员、党政干部/辞去公职或退休的公务员、党政干部

根据《公务员法》第59条、第107条的规定，公务员应当遵纪守法，不得违反有关规定从事或者参与营利性活动，在企业或者其他营利性组织中兼任职务；公务员辞去公职或者退休的，原系领导成员、县处级以上领导职务的公务员在离职3年内，其他公务员在离职2年内，不得到与原工作业务直接相关的企业或者其他营利性组织任职，不得从事与原工作业务直接相关的营利性活动。

中共中央、国务院《关于严禁党政机关和党政干部经商、办企业的决定》第2条第1款规定："乡(含乡)以上党政机关在职干部(包括退居二线的干部)，一律不得以独资或合股、兼职取酬、搭干股分红等方式经商、办企业；也不允许利用职权为其家属、亲友所办的企业谋取利益。"

中共中央办公厅、国务院办公厅《关于县以上党和国家机关退(离)休干部经商办企业问题的若干规定》第1条规定："党和国家机关的退休干部，不得兴办商业性企业，……"

《关于进一步规范党政领导干部在企业兼职(任职)问题的意见》第2条规定："对辞去公职或者退(离)休的党政领导干部到企业兼职(任职)必须从严掌握、从严把关，确因工作需要到企业兼职(任职)的，应当按照干部管理权限严格审批。辞去公职或者退(离)休后三年内，不得到本人原任职务管辖的地区和业务范围内的企业兼职(任职)，也不得从事与原任职务管辖业务相关的营利性活动。辞去公职或者退(离)休后三年内，拟到本人原任职务管辖的地区和业务范围外的企业兼职(任职)的，必须由本人事先向其原所在单位党委(党组)报告，由拟兼职(任职)企业出具兼职(任职)理由说明材料，所在单位党委(党组)按规定审核并按照干部管理权限征得相应的组织(人事)部门同意后，方可兼职(任职)。辞去公职或者退(离)休后三年后到企业兼职(任职)的，应由本人向其原所在单位党委(党组)报告，由拟兼职(任职)企业出具兼职(任职)理由说明材料，所在单位党委(党组)按规定审批并按照干部管理权限向相应的组织(人事)部门备案。"

(2)现役军人

根据《中国人民解放军内务条令(试行)》第105条、第198条的规定,军人不得经商;对在部队驻地附近从事经商和劳务活动的军人亲友,不得留营住宿,不得为其经商和劳务活动提供方便。

《中国人民解放军纪律条令(试行)》第152条规定:“参与经商或者逃税漏税,以及参加以营利为目的的商业广告活动、文艺演出、企业形象代言和教学科研活动,情节较轻的,给予警告、严重警告处分;情节较重的,给予记过、记大过处分;情节严重的,给予降职(级)、降衔(级)、撤职处分。”

(3)高等院校及高校领导干部

教育部《关于积极发展、规范管理高校科技产业的指导意见》(以下简称《教育部指导意见》)第2条第1款第7项规定:“高校除对高校资产公司进行投资外,不得再以事业单位法人的身份对外进行投资。高校以出资人身份向高校资产公司派出董事会和监事会成员,董事会和监事会依据《公司法》的规定行使相应职权。”

根据《直属高校党员领导干部廉洁自律“十不准”》第5条、第6条的规定,高校领导干部不准违反规定在校内外经济实体中兼职或兼职取酬,以及从事有偿中介活动;不准以本人或者借他人名义经商、办企业。

(4)处级以上领导干部配偶、子女

根据《关于“不准在领导干部管辖的业务范围内个人从事可能与公共利益发生冲突的经商办企业活动”的解释》的规定,省(部)、地(厅)级领导干部(以下简称领导干部)的配偶、子女,不准在该领导干部管辖的业务范围内个人从事可能与公共利益发生冲突的经商办企业活动。具体包括:①主管行业的部门和行政机构的领导干部,党委、政府领导班子成员中分管上述部门和行政机构的领导干部,其配偶、子女不准在该领导干部管辖的业务范围内,从事与该领导干部管辖的行业业务相同的经商办企业活动;不准与该领导干部管辖的部门、行政机构、行业内的机关、社会团体、国有企业、事业单位直接发生商品、劳务、经济担保等经济关系。②主管教育、文化、体育、卫生、民政等事业的部门和行政机构的领导干部,党委、政府领导班子成员中分管上述部门和行政机构的领导干部,其配偶、子女不准在该领导干部管辖的业务范围内,从事属于该领导干部管辖的部门和行政机构管理的经营性活动;不准与该领导干部管辖的部门和行政机构及其所属的机关、社会团体、事业单位直接发生商品、劳务、经济担保等经济关系。③除前2项以外的其他党政机关的领导干部,其配偶、子女不准从事向该领导干部管辖的业务范围内的党政机关、社会团体提供商品、劳务等经营活动;不准在该领导干部管辖的业务范围内从事由政府投资或审批的项目的投标、承包等活动。④领导干部的配偶、子女不准在该领导干部任职单位管辖的地区内从事营业性歌厅、舞厅、夜总会等娱乐业,洗浴按摩等行业的经营活动。

(5)国有企业领导人及其配偶、子女与其他特定关系人

根据《国有企业领导人员廉洁从业若干规定》第5条、第6条的规定,国有企业领导人员应当忠实履行职责,不得有从事营利性经营活动和有偿中介活动,或者在本企业的同类经营企业、关联企业和与本企业有业务关系的企业投资入股的行为。国有企业领导人员应当正确行使经营管理权,防止可能侵害公共利益、企业利益行为的发生,离职或者退休后3年内,不得有在与原任职企业有业务关系的私营企业、外资企业和中介机构担任职务、投资入股,或者在上述企业或者机构从事、代理与原任职企业经营业务相关的经营活动的行为。

(6)国有企业职工

《关于规范国有企业职工持股、投资的意见》第4条规定:"严格控制职工持股企业范围。职工入股原则限于持有本企业股权。国有企业集团公司及其各级子企业改制,经国资监管机构或集团公司批准,职工可投资参与本企业改制,确有必要的,也可持有上一级改制企业股权,但不得直接或间接持有本企业所出资各级子企业、参股企业及本集团公司所出资其他企业股权。科研、设计、高新技术企业科技人员确因特殊情况需要持有子企业股权的,须经同级国资监管机构批准,且不得作为该子企业的国有股东代表。……"

第8条规定:"关联企业指与本国有企业有关联关系或业务关联且无国有股份的企业。严格限制职工投资关联关系企业;禁止职工投资为本企业提供燃料、原材料、辅料、设备及配件和提供设计、施工、维修、产品销售、中介服务或与本企业有其他业务关联的企业;禁止职工投资与本企业经营同类业务的企业。国有企业中已投资上述不得投资的企业的中层以上管理人员,自本意见印发后1年内转让所持股份,或者辞去所任职务。在股权转让完成或辞去所任职务之前,不得向其投资企业增加投资。已投资上述不得

投资的企业的其他职工晋升为中层以上管理人员的，须在晋升后6个月内转让所持股份。”

(7)银行工作人员

《银行业金融机构从业人员职业操守指引》第9条规定：“从业人员应当公私分明，秉公办事，不得谋取非法利益。从业人员应当遵守国家和本单位防止利益冲突的规定，在办理授信、资信调查、融资等业务涉及本人、亲属或其他利益相关人时，主动汇报和提请工作回避。从业人员未经批准不得在其他经济组织兼职。从业人员应当有效识别现实或潜在的利益冲突，并及时向有关部门报告。”

2. 法人及非法人股东

(1)事业单位

《中央行政事业单位国有资产管理暂行办法》第29条规定：“各部门行政单位和参照公务员法管理的单位，不得将国有资产用于对外投资。其他事业单位应当严格控制对外投资，不得利用国家财政拨款、上级补助资金和维持事业正常发展的资产对外投资。”

(2)高校

《教育部指导意见》第7条规定：“高校除对高校资产公司进行投资外，不得再以事业单位法人的身份对外进行投资。高校以出资人身份向高校资产公司派出董事会和监事会成员，董事会和监事会依据《公司法》的规定行使相应职权。”

(3)商业银行

《商业银行法》第43条规定：“商业银行在中华人民共和国境内不得从事信托投资和证券经营业务，不得向非自用不动产投资或者向非银行金融机构和企业投资，但国家另有规定的除外。”

(4)员工持股会及工会

中国证监会《关于职工持股会及工会能否作为上市公司股东的复函》答复如下：“根据国务院《社会团体登记管理条例》……的精神，职工持股会属于单位内部团体，不再由民政部门登记管理。对此前已登记的职工持股会在社团清理整顿中暂不换发社团法人证书。因此，职工持股会将不再具有法人资格。在此种情况改变之前，职工持股会不能成为公司的股东。另外，根据中华全国总工会的意见和《中华人民共和国工会法》的有关规定，工会作为上市公司的股东，其身份与工会的设立和活动宗旨不一致，可能会对工会正常活动产生不利影响。因此，我会也暂不受理工会作为股东或发起人的公司公开发行股票的申请。”

（二）特殊问题

1. 股东超过200人

（1）相关规定

《证券法》明确规定，“向特定对象发行证券累计超过二百人”属于公开发行，须依法报经中国证监会注册；《监管规则适用指引——法律类第2号》第14条规定：“律师应当查验发行人的股东人数是否累计超过二百人。如发行人的股东人数超过二百人，律师应当按照《证券法》及中国证监会的相关规定，查验发行人是否依法设立并合法存续，股权是否清晰，经营是否规范以及公司治理与信息披露制度是否健全，是否存在未经批准擅自公开发行或者变相公开发行股票的情况。”

基于上述情况，《非上市公众公司监管指引第4号——股东人数超过二百人的未上市股份有限公司申请行政许可有关问题的审核指引》（以下简称《监管指引第4号》）规定，对股东人数已经超过200人的未上市股份有限公司（以下简称200人公司）合规性的审核纳入行政许可过程中一并审核，不再单独审核。审核标准如下：

①公司依法设立且合法存续。200人公司的设立、增资等行为不违反当时法律明确的禁止性规定，目前处于合法存续状态。城市商业银行、农村商业银行等银行业股份公司应当符合《关于规范金融企业内部职工持股的通知》。200人公司的设立、历次增资依法需要批准的，应当经过有权部门的批准。存在不规范情形的，应当经过规范整改，并经当地省级人民政府确认。200人公司在股份形成及转让过程中不存在虚假陈述、出资不实、股权管理混乱等情形，不存在重大诉讼、纠纷以及重大风险隐患。

②股权清晰。200人公司的股权清晰，是指股权形成真实、有效，权属清晰及股权结构清晰。具体要求包括：股权权属明确。200人公司应当设置股东名册并进行有序管理，股东、公司及相关方对股份归属、股份数量及持股比例无异议。股权结构中存在工会或职工持股会代持、委托持股、信托持股，以及通过“持股平台”间接持股等情形的，应当按照《监管指引第4号》的

相关规定进行规范。《监管指引第 4 号》所称“持股平台”是指单纯以持股为目的的合伙企业、公司等持股主体；股东与公司之间、股东之间、股东与第三方之间不存在重大股份权属争议、纠纷或潜在纠纷；股东出资行为真实，不存在重大法律瑕疵，或者相关行为已经得到有效规范，不存在风险隐患。申请行政许可的 200 人公司应当对股份进行确权，通过公证、律师见证等方式明确股份的权属。申请公开发行并在证券交易所上市的，经过确权的股份数量应当达到股份总数的 90% 以上（含 90%）；申请在全国股转系统挂牌公开转让的，经过确权的股份数量应当达到股份总数的 80% 以上（含 80%）。未确权的部分应当设立股份托管账户，专户管理，并明确披露有关责任的承担主体。

③经营规范。200 人公司持续规范经营，不存在资不抵债或者明显缺乏清偿能力等破产风险的情形。

④公司治理与信息披露制度健全。200 人公司按照中国证监会的相关规定，已经建立健全了公司治理机制和履行信息披露义务的各项制度。

（2）审核要点

1994 年 7 月 1 日《公司法》实施前，公司可能存在按照当时的规定发行公众股，或者公司内部职工股超范围或超比例发行、法人股向社会个人发行等不规范情形。另外，新三板挂牌公司通常因做市交易、定向发行或协议转让导致股东人数超 200 人，要注意其是否应当取得证券监管部门的批准。

案例 6 ｜圣泉集团（605589）——内部职工股超范围、超比例发行

圣泉集团系由济南市圣泉化工实业总公司进行整体改制，成立于 1992 年 5 月，组建单位为章丘市[1]刁镇人民政府，公司性质为集体所有制企业，历史上存在发行内部职工股、委托持股和股东数量超过 200 人的情况。

为满足在全国中小企业股份转让系统挂牌公开转让的要求，圣泉集团根据《监管指引第 4 号》的要求进行了股份确权，并由山东省政府出具了确认文件，对公司历史沿革有关事项进行了确认：“经审核，圣泉集团在公司设立及内部职工股股权形成、变化过程中存在的不规范行为均依法得以整改并经有关部门确认，现为依法设立并合法存续的股份有限公司。经过确权后，该公司股

〔1〕 现为济南市章丘区。

权清晰,不存在重大权属纠纷或风险隐患。公司控股股东、实际控制人已就承担相关后果作出了承诺。为此,我省对该公司内部职工股股份形成、变化及规范等情况予以确认,并承担相应管理或处置责任。"

案例7 | 江苏铁发(430659)——按照当时的规定发行公众股

江苏铁发成立于1989年5月,1989年、1990年根据当时的试点规定发行社会公众股,导致股东人数大大超过200人。

江苏省人民政府在《江苏省人民政府关于确认江苏省铁路发展股份有限公司历史沿革及产权界定等事项合规性的函》中确认:"公司股东超过200人的情形为依法形成,合法合规;公司国有股权的设置、转让和管理符合国有股权管理相关法律法规;公司的设立、公开发行股票、股权托管登记、股份制试点、股权转让、历次增资、重大资产重组等事项均按照当时的法律法规要求,取得相应的批准和授权,合法有效。如有争议,我省将依法承担相应责任,并将指定相关部门妥善处理。"

案例8 | 确成股份(605183)——做市转让导致股东超200人

确成股份曾为新三板挂牌企业,股票转让方式为做市转让,通过股转系统交易取得公司股份的股东数量较多,导致公司股东人数超过200人。发行人已于2016年11月2日在全国股转系统发布《关于股东人数超过200人的提示性公告》,无须另行履行相关审批程序的规定。

2. "三类股东"

"三类股东"是新三板的产物,一般指契约型私募基金、资产管理计划、信托计划。由于"三类股东"不具有独立法人资格,这与IPO中股权清晰稳定的审核要求存在冲突,因此受到监管层的重点关注。

(1)相关规定

根据中国证监会发布的《监管规则适用指引——发行类第4号》第4-4条"资产管理产品、契约型私募投资基金投资发行人的核查及披露要求"的规定,银行非保本理财产品,资金信托,证券公司、证券公司子公司、基金管理公司、基金管理子公司、期货公司、期货公司子公司、保险资产管理机构、金融资产投资公司发行的资产管理产品等《关于规范金融机构资产管理业务的指导意见》规定的产品(以下统称资产管理产品),以及契约型私募投资基金，直接持有发行人股份的，中介机构和发行人应从以下方面核查披露相关信息：

①中介机构应核查确认公司控股股东、实际控制人、第一大股东不属于资产管理产品、契约型私募投资基金。

②资产管理产品、契约型私募投资基金为发行人股东的，中介机构应核查确认该股东依法设立并有效存续，已纳入国家金融监管部门有效监管，并已按照规定履行审批、备案或报告程序，其管理人也已依法注册登记。

③发行人应当按照首发信息披露准则的要求对资产管理产品、契约型私募投资基金股东进行信息披露。通过协议转让、特定事项协议转让和大宗交易方式形成的资产管理产品、契约型私募投资基金股东，中介机构应对控股股东、实际控制人、董事、监事、高级管理人员及其近亲属，本次发行的中介机构及其负责人、高级管理人员、经办人员是否直接或间接在该等资产管理产品、契约型私募投资基金中持有权益进行核查并发表明确意见。

④中介机构应核查确认资产管理产品、契约型私募投资基金已作出合理安排，可确保符合现行锁定期和减持规则要求。

(2)审核要点

若发行人直接股东层面有三类股东，建议在申报前进行清理；如果是穿透后的间接股东，应当做好相应的核查。在实践中，存在“三类股东”而成功上市的案例并不少见，只要按照上文所述的规定满足核查要求，充分披露，不影响发行人股权清晰，“三类股东”就不再是公司上市的实质性障碍。通常需要注意以下几个方面：

首先，穿透核查，核查内容包括“三类股东”管理人的营业执照、公司章程及经营证券期货业务许可证；“三类股东”调查表及相关减持承诺函；是否在证券投资基金业协会备案，如已备案需提供相关备案证明；“三类股东”的资产管理合同；“三类股东”的最新投资者明细表，包括投资时间、投资人姓名、投资人身份证号、对应持有份额、出资证明文件等，并加盖管理人公章；“三类股东”穿透后的股权结构等。

其次，“三类股东”需确保符合现行锁定期和减持规则要求。公司直接股东中不得存在“三类股东”，核查公司直接股东是否已出具《关于股份锁定、减持意向及股份减持的承诺函》，确保符合现行锁定期和减持规则的要求。

3. 证监会系统离职人员

根据《监管规则适用指引——发行类第 2 号》的相关规定，中介机构应按照该指引的要求，做好证监会系统离职人员入股的核查工作。具体如下：

（1）中介机构依据《监管规则适用指引　关于申请首发上市企业股东信息披露》、向不特定合格投资者公开发行并进入新三板精选层等规则对股东信息进行核查时，应当关注是否涉及离职人员入股的情况，并出具专项说明。中介机构应全面核查离职人员入股情况，发行人及离职人员应当配合中介机构尽职调查。

（2）发行人及中介机构在提交发行申请文件时，应当提交专项说明，专项说明包括以下内容：①是否存在离职人员入股的情形；②如果存在离职人员入股但不属于不当入股情形的，应当说明离职人员基本信息、入股原因、入股价格及定价依据、入股资金来源等以及离职人员关于不存在不当入股情形的承诺；③如果存在离职人员不当入股情形的，应当予以清理，并说明离职人员基本信息、入股原因、入股价格及定价依据、清理过程、是否存在相关利益安排等。

（3）不当入股情形包括但不限于：①利用原职务影响谋取投资机会；②入股过程存在利益输送；③在入股禁止期内入股；④作为不适格股东入股；⑤入股资金来源违法违规。

（4）提交申请文件后，发行人和中介机构发现与专项说明不一致的情况，应及时报告。

（5）中介机构应持续关注涉及离职人员入股的重大媒体质疑，及时进行核查并提交核查报告。

（6）中国证监会对离职人员入股发行人进行核查，对审核过程进行复核，确保审核过程公平公正、依法合规，发现违法违纪线索的，移交有关部门处理。

（7）该指引规范的离职人员，是指发行人申报时相关股东为离开证监会系统未满 10 年的工作人员，具体包括从中国证监会机关、派出机构、沪深证券交易所、全国股转公司离职的工作人员，从证监会系统其他会管单位离职的会管干部，在发行部或公众公司部借调累计满 12 个月并在借调结束后 3 年内离职的中国证监会系统其他会管单位的非会管干部，从会机关、派出机构、沪深证券交易所、全国股转公司调动到中国证监会系统其他会管单位并在调动后 3 年内离职的非会管干部。

(8)该指引所称入股禁止期,是指副处级(中层)及以上离职人员离职后 3 年内、其他离职人员离职后 2 年内。

(9)离职人员入股属于发行人在全国中小企业股份转让系统挂牌期间通过集合竞价、连续竞价、做市交易等公开交易方式、参与向不特定合格投资者公开发行股票配售增加的股东,以及因继承、执行法院判决或仲裁裁决取得发行人股份的股东,不适用该指引。

(10)通过上市公司、新三板挂牌企业入股发行人的,不适用该指引。

二、股权问题

股权即股东权利,对于公司和股东都很重要,北交所 IPO 审核过程中尤其关注股东就其持有股份是否对发行人享有特殊的股东权利,发行人、股东、第三方之间是否存在可能影响发行人控制权稳定、股权权属清晰、发行人持续经营能力的特殊约定,该等约定是否符合法律法规的规定,是否可能导致发行人控制权变化,是否会影响发行人的持续经营能力,是否会对发行人、其他中小股东的合法权益构成重大不利影响等问题。

(一)股权质押

1. 相关规定

北交所上市公司由新三板挂牌企业过渡而来,根据《股转系统股票挂牌规则》第 12 条的规定,申请挂牌公司应股权权属明晰,控股股东、实际控制人持有或控制的股份不存在可能导致控制权变更的重大权属纠纷。从上述规定可以看出,法律规定和监管层面并不禁止申报企业有股份冻结、质押或其他权利受限的情况,只要求控制权实际控制人和控股股东所持的股权清晰且控制权无不确定性。可见,对于小股东的股权质押没有任何限制,小股东股权质押在 IPO 之前也不要求一定要解除。需要重点关注的是控股股东、实际控制人股权质押是否影响股权权属清晰和控制权稳定的问题。

2. 审核要点

即使股权质押不必然构成发行上市的实质障碍,判断其影响的关键在于是否影响实际控制权的清晰和稳定。为此,应当重点关注以下方面:

(1)质押比例

如果股权质押比例很低且在可预期的时间内能够顺利解除冻结、质押或受限的,通常如实披露后不构成发行上市的重大影响。如果达到了较高的比例且控股股东、实控人没有清偿能力,则会因为该事项影响股权权属清晰和控制权稳定而构成上市障碍。

(2)解决措施

股份受限是否存在合理、有效且可预期的解决措施,亦会对审核结果有所影响。解决措施包括:在可预期时间内解除质押,以降低负面影响;持有人具有充足的资产用于偿还;实际控制人、控股股东出具兜底承诺等。

案例9 | 华恒生物(831088)——实际控制人股权受限

华恒生物于2016年向中国证监会提交了IPO申请,2017年2月~8月,实际控制人郭某华所持华恒生物41.61%的股份被多次司法冻结。华恒生物于2017年12月29日收到了中国证监会出具的《中国证监会行政许可申请终止审查通知书》,决定终止对其上市申请的审查。2018年2月,华恒生物股票终止在全国中小企业股份转让系统挂牌。

(二)股权代持

股权代持又称股份代持、委托持股、隐名股东,是指实际出资人(委托人、被代持人)与他人(被委托人、代持人)签署代持协议或者口头约定,以代持人的名义代替实际出资人显名并名义履行股东权利义务的一种股权处置方式。

虽然股权代持的现象非常普遍,特别是在公司发展初期,总会因为各种原因存在股权代持现象。但是鉴于监管部门对股权清晰的要求,为避免股东之前的股权权属纠纷等潜在风险,拟上市公司上市前必须达到股权明晰,不存代持问题。审核实践中,如果拟上市公司未如实进行信息披露,隐瞒股权代持的事实,不仅无法成功上市,还面临被监管部门处罚的风险。

1. 代持风险

股权代持形成的背景和原因有很多,无法规避的是,无论当时出于什么目的设立代持,代持关系中的实际出资人、代持人以及公司本身都可能存在法律风险。

首先，股权代持协议属于委托合同，只能约束实际出资人和名义股东双方，而不能对公司或善意第三人产生法律效力，因此如果名义股东享受股东收益或未经同意将股权进行转让、质押，实际持有人只能向名义股东追偿，而不能向公司或善意第三人主张权利。

其次，当名义股东因负债被起诉或执行，该部分代持股权很有可能被查封冻结或被执行，虽然实际出资人可以提出异议，但仍然存在被执行的风险。

最后，根据《〈公司法〉司法解释（三）》的相关规定，实际出资人未经公司其他股东半数以上同意，请求公司变更股东、签发出资证明书、记载于股东名册、记载于公司章程并办理公司登记机关登记的，法院不予支持。因此，实际出资人有不被接纳成为显名股东的可能。

2. 核查方式

核查股东之间是否存在股权代持的证据和方式包括三个方面：(1)最直接且有效的证据就是支付凭证/银行流水，通过核查，真正出钱的一方就是股权的实际持有人；(2)双方签署的代持协议，但是协议可以补签甚至造假，只能作为辅助，并应结合代持双方都对股权代持事实予以认可的说明；(3)根据历史分红和其他决策程序来判断。

3. 解决措施

股权代持的解决措施非常统一，即代持还原。中介机构需要对股权代持及还原过程真实、不存在其他利益安排进行核查和披露，具体包括：(1)代持关系的形成、解除的背景原因和书面协议、资金流水和工商档案；(2)代持双方关于代持期间分红、决策的确认，不存在纠纷或潜在纠纷的确认；(3)公司其他股东对于代持还原事项及股权代持期间分红决策事项的确认等。

案例 10 | 东方碳素(832175)——股权代持与解除的真实合法有效性

东方碳素专业从事特种石墨材料的研发、生产和销售，主要产品广泛用于光伏、半导体、新能源电池、机械、电子、航空航天、军事工业、核工业等领域，为工信部第四批专精特新“小巨人”企业、国家级高新技术企业。

报告期内(2020年～2022年)，公司营业收入分别为208,660,033.75元、324,798,210.47元和356,381,611.33元；扣除非经常性损益后的净利润分别为27,835,577.33元、44,359,409.15元和96,844,751.34元。

【关注问题】(1)2003 年 11 月,杨某运、张某民和陈某政发起设立欣鑫碳素,初始注册资本为 100 万元;2006 年 2 月,杨某运和张某民发起设立东方碳素,初始注册资金为 80 万元。因欣鑫碳素与东方碳素初始设立和运营所需资金量较大,实际控制人杨某运以个人借款的方式拆借给东方碳素和子公司欣鑫碳素(2014 年 7 月并入东方碳素)使用。(2)2004 年年初和 2006 年年初,刘某运、姚某洋(实际控制人配偶的父亲除外)等人以 3 万元至 10 万元不等的现金方式,入股款的名义拆借给实际控制人杨某运,以获取投资收益。上述入股款项双方未约定具体的代持数量和金额,2004 年 ~ 2012 年,以年化 25% ~ 50% 不等的比例给予分红。(3)2022 年 6 月实际控制人以现金回购的方式解除上述代持关系,现金回购并解除代持的对价为欣鑫碳素初始投资额的 5 倍、公司初始投资额的 10 倍。北交所针对上述股权代持与解除问题的部分反馈问题如下,并要求主办券商、律师补充核查以下事项并发表明确意见:

"(1)股权代持的真实有效性。请发行人:①说明该等股权代持的原因、背景及合理性,是否通过代持规避相关法律法规或监管要求。②结合被代持人出资的时间、资金来源、分红情况、入股情况等,说明该等股权代持的真实性,说明拆借资金定义为'入股款'的合理性、合规性,相关股东所持股权权属是否清晰。"

"(2)股权代持解除的合法有效性。请发行人:①说明解除代持协议的相关约定,代持人处置存在代持关系股票的过程是否符合法律法规的规定,代持双方解除协议关系是否存在纠纷或潜在纠纷,是否存在相关法律风险。②发行人目前是否仍存在股份代持、信托持股等情形,发行人实际控制人与其他股东是否存在其他协议安排。③说明现金回购并解除代持的对价的定价依据,结合 2004 年至 2012 年期间的分红情况及苏某、刘某科等人出资情况和登记为实际股东的持股情况,说明现金回购定价的合理性,是否存在与相关方的纠纷或利益输送的情况。"

【回复要点】针对上述问题,主办券商及律师履行了如下核查程序:获取并查阅入股金收据、分红收据、分红明细表、《解除代持协议书》、解除代持收据及现金回购流水等资料;访谈代持人、被代持人和持股比例在 5% 以上的股东并获取相关访谈资料;取得 14 位被代持人关于股权代持事宜的确认函;获取并查阅仍持有公司定增原始股的投资者出具的关于资金来源系自有资金的声明;查阅东方碳素和欣鑫碳素的历次工商变更底档;获取并查阅发行人截至

2022 年 12 月 31 日的全体股东持有人名册。

公司代持事项解除的方式为 5 人登记为显名股东,另外 9 人代持的股权由实控人回购。主办券商及律师从以下几个方面进行了论证:发行人历史上的股权代持情况具有合理性,不存在通过代持规避相关法律法规或监管要求的情形;发行人股权代持情况具有真实性,将拆借资金定义为“入股款”具有合理性及合规性,相关股东所持股权权属清晰;代持人处置存在代持关系股票的过程符合法律法规的规定,代持双方解除协议关系不存在纠纷或潜在纠纷,不存在相关法律风险;发行人目前不存在股份代持或信托持股等情形,发行人实际控制人与其他股东不存在其他协议安排;实际控制人现金回购并解除代持的定价具有合理性,不存在与相关方的纠纷或利益输送的情况。

(三)突击入股

《监管规则适用指引——法律类第 2 号》第 13 条规定:“发行人在申报首发申请文件前十二个月内通过增资或者股权转让引入新股东的,律师应当查验新股东的基本情况、引入新股东的原因、股权转让或者增资的价格及定价依据,有关股权变动是否是双方真实意思表示,是否存在争议或者潜在纠纷,以及新股东与发行人其他股东、董事、监事、高级管理人员、本次发行中介机构及其负责人、高级管理人员、经办人员是否存在亲属关系、关联关系、委托持股、信托持股或者其他利益输送安排。律师应当查验新股东是否具备法律法规规定的股东资格。如新股东为法人的,律师应当查验其股权结构及实际控制人。如新股东为自然人的,律师应当查验其基本信息。如新股东为合伙企业的,律师应当查验合伙企业的普通合伙人及其实际控制人、有限合伙人的基本信息。”

三、实际控制人

关于实际控制人的认定,一直都是 IPO 审核关注的要点,中国证监会和北交所发布了一系列的规定予以规范,既给予了企业和中介机构一定的自主权,又要求中介机构在实质核查的基础上发表意见。

(一)实际控制人的认定

实际控制人,是指通过投资关系、协议或者其他安排,能够支配、实际支配公司行为的自然人、法人或者其他组织。《公司法》第 265 条规定："本法下列用语的含义：……（三）实际控制人，是指通过投资关系、协议或者其他安排，能够实际支配公司行为的人。……"

《北交所上市规则（试行）》第 12.1 条规定："……（九）实际控制人，是指通过投资关系、协议或者其他安排，能够支配、实际支配公司行为的自然人、法人或者其他组织。……（十一）控制，是指有权决定一个企业的财务和经营政策，并能据以从该公司的经营活动中获取利益。有下列情形之一的，为拥有上市公司控制权（有确凿证据表明其不能主导公司相关活动的除外）：1. 为上市公司持股 50% 以上的控股股东；2. 可以实际支配上市公司股份表决权超过 30%；3. 通过实际支配上市公司股份表决权能够决定公司董事会半数以上成员选任；4. 依其可实际支配的上市公司股份表决权足以对公司股东大会的决议产生重大影响；5. 中国证监会或者本所认定的其他情形。"同时，《北交所上市规则（试行）》对公司的经营稳定性要求也进行了规定，具体在第 2.1.4 条："发行人申请公开发行并上市，不得存在下列情形：……（六）中国证监会和本所规定的，对发行人经营稳定性、直接面向市场独立持续经营的能力具有重大不利影响，或者存在发行人利益受到损害等其他情形。"

《北交所业务规则指引第 1 号》第 1 -5 条"经营稳定性"规定："……最近 24 个月内实际控制人未发生变更；最近 24 个月内董事、高级管理人员未发生重大不利变化。……如果最近 24 个月内发行人上述人员变动人数比例较大或上述人员中的核心人员发生变化，进而对发行人的生产经营产生重大不利影响的，应视为发生重大不利变化。实际控制人为单名自然人或有亲属关系多名自然人，实际控制人去世导致股权变动，股份受让人为继承人的，通常不视为公司控制权发生变更。其他多名自然人为实际控制人，实际控制人之一去世的，保荐机构及发行人律师应结合股权结构、去世自然人在股东大会或董事会决策中的作用、对发行人持续经营的影响等因素综合判断。"

从上述规定可知，对于实际控制人的认定要坚持实事求是的原则，既要审查相应的股权投资关系，也要关注发行人的实际经营管理情况，中介机构要在对发行人深入核查的基础上发表明确意见。实际控制人掌握着发行人的控制权，由于公司控制权往往能够决定和实质影响公司的经营方针、决策和经营管理层的任免，一旦公司控制权发生变化，公司的经营方针和决策、组织机构运作及业务运营等都可能发生重大变化，给发行人的持续发展和持续盈利能力带来重大不确定性。由此可知，实际控制人的认定，即认定谁是发行人的实际控制人，是北交所发行上市的必备工作，应当得到审慎对待和统筹考虑。

（二）关于实际控制人的关注要点

1. 实际控制人认定是否准确

关于实际控制人的认定，存在三种情形：单一实际控制人、共同实际控制人（多个实际控制人）、无实际控制人。无论认定何种情形，均要结合公司章程、协议安排、发行人股东大会（股东大会出席会议情况、表决过程、审议结果、董事提名和任命等）、董事会（重大决策的提议和表决过程等）、发行人经营管理的实际情况，说明将相关人员认定/不认定为实际控制人的理由是否充分、合理。

若将相关人员认定为共同实际控制人，除前述要求外，还需结合相关人员与实际控制人的亲属关系、在发行人的任职情况、持股比例情况和协议安排情况等方面来进行说明。

2. 发行人在无实际控制人情形下的应对情况

无实际控制人通常发生在公司股份非常分散的情况下。若认定发行人无实际控制人，应关注发行人是否存在日常经营活动中出现重大分歧难以解决、严重影响公司治理机制有效运行的情形，是否对公司经营造成不利影响；公司主要股东意见不一致情形下的解决机制如何，发行人保持经营稳定性和公司治理有效性的具体安排有哪些。

3. 实际控制人是否发生变更

报告期内发行人实际控制人是否发生变化，发行人是否符合《北交所业务规则指引第 1 号》关于最近 24 个月内实际控制人未发生变更的要求。

（三）实际控制人的具体认定

1. 单一实际控制人

根据《〈首次公开发行股票注册管理办法〉第十二条、第十三条、第三十一条、第四十四条、第四十五条和〈公开发行证券的公司信息披露内容与格式准则第57号——招股说明书〉第七条有关规定的适用意见——证券期货法律适用意见第17号》(以下简称《证券期货法律适用意见第17号》)关于实际控制人认定的规定,发行人股权较为分散但存在单一股东控制比例达到30%的情形的,若无相反的证据,原则上应将该股东认定为控股股东或实际控制人。

2. 共同实际控制人

《证券期货法律适用意见第17号》对共同实际控制人的规定如下:

(1)发行人主张多人共同拥有公司控制权的,应符合以下条件:

①每人都必须直接持有公司股份或者间接支配公司股份的表决权。

②发行人公司治理结构健全、运行良好,多人共同拥有公司控制权的情况不影响发行人的规范运作。

③多人共同拥有公司控制权的情况,一般应当通过公司章程、协议或者其他安排予以明确。公司章程、协议或者其他安排必须合法有效、权利义务清晰、责任明确,并对发生意见分歧或者纠纷时的解决机制作出安排。该情况发生在最近36个月(主板)或者24个月(科创板、创业板)内且在首发后的可预期期限内是稳定、有效存在的,共同拥有公司控制权的多人没有出现重大变更。

④发行审核部门根据发行人的具体情况认为发行人应该符合的其他条件。

(2)法定或者约定形成的一致行动关系并不必然导致多人共同拥有公司控制权,发行人及中介机构不应为扩大履行实际控制人义务的主体范围或者满足发行条件而作出违背事实的认定。主张通过一致行动协议共同拥有公司控制权但无第一大股东为纯财务投资人等合理理由的,一般不能排除第一大股东为共同实际控制人。共同实际控制人签署一致行动协议的,应当在协议中明确发生意见分歧或者纠纷时的解决机制。

(3)实际控制人的配偶、直系亲属,如持有公司股份达到5%以上或者虽未达到5%但是担任公司董事、高级管理人员并在公司经营决策中发挥重要作用,保荐机构、发行人律师应当说明上述主体是否为共同实际控制人。

3. 无实际控制人

无实际控制人,一般源于股东的持股比例相对分散,导致没有一方股东能够控制主导公司的生产经营活动。相比于存在实际控制人的公司,无实际控制人的公司虽然避免了一股独大情况下大股东对中小股东利益的侵害问题,但在无实际控制人的情况下,大股东控制力不足,容易导致股东内部对控制权的争夺,从而进一步影响公司的持续经营能力。因此,对于无实际控制人的公司,监管部门将着重关注公司的内部争议解决机制等问题。

根据《上市公司收购管理办法》第 84 条的相关规定,可以反向推论出,认定上市公司“无实际控制人”需同时满足以下条件:(1)不存在持股 50% 以上的控股股东;(2)不存在实际支配上市公司股份表决权超过 30% 的情况;(3)公司的股东之间和董事之间均无一致行动安排;(4)单一股东无法支配董事会和股东大会决议。

一般情况下,认定拟上市公司无实际控制人最主要原因是拟上市公司股权极为分散且股东众多,但是均为小股东,大多数股东的持股比例在 5% 上下,且没有持股比例超过 20% 的股东,各股东持股比例都极小,公司没有控股股东。若中介机构认定拟上市公司无实际控制人,则监管部门一般会针对以下方面进行问询,以综合判断是否存在通过特殊的股权安排以规避实际控制人、关联方及关联交易等情况:(1)发行人不存在实际控制人的认定依据/第一大股东未作为实际控制人的原因;(2)发行人是否符合《证券期货法律适用意见第 17 号》关于公司控制权没有发生变更的情形的规定,具体如下:“发行人不存在拥有公司控制权的主体或者公司控制权的归属难以判断,如果符合以下情形,可视为公司控制权没有发生变更:1. 发行人的股权及控制结构、经营管理层和主营业务在首发前三十六个月(主板)或者二十四个月(科创板、创业板)内没有发生重大变化;2. 发行人的股权及控制结构不影响公司治理有效性;3. 发行人及其保荐机构和律师能够提供证据充分证明公司控制权没有发生变更。相关股东采取股份锁定等有利于公司股权及控制结构稳定措施的,可将该等情形作为判断公司控制权没有发生变更的重要因素。”

案例 11 | 凯雪冷链(831463)——实际控制人的直系亲属

凯雪冷链的共同实际控制人为冯某君、杜某花,冯某超为共同实际控制人冯某君、杜某花之子,冯某超持有发行人 11.81% 的股份,但未被认定为共同实际控制人。北交所在审核中问询发行人实际控制人认定的准确性,发行人的中介机构解释冯某超从持有发行人股份至今，一直在外求学和工作，并未参与发行人的经营和管理。

案例12 | 青岛积成(872230)——无实际控制人

青岛积成被认定为无实际控制人的公司。监管部门在问询函中要求青岛积成说明认定无实际控制人的依据是否充分合理，并补充披露无实际控制人状态下，其是否曾经存在日常经营活动中出现重大分歧难以解决、严重影响公司治理机制有效运行的情形，是否对公司经营造成不利影响，及其保持经营稳定性和公司治理有效性的具体安排。

青岛积成是上市公司积成电子的子公司。针对上述问询，律师在补充法律意见中详细披露了青岛积成股东的持股数量和持股比例，并根据《公司法》对控股股东和实际控制人的相关规定，结合积成电子公开披露的年报信息，最终得出积成电子各股东股权分散，持股比例均较低，任意单一股东实际支配的积成电子股份表决权均无法满足对积成电子实际控制的要求，因此，积成电子不存在实际控制人，青岛积成亦不存在实际控制人的结论。

公司经营方面，律师在补充法律意见书中详细披露了公司历届董事会、监事会、股东大会会议召开的出席人数、出席人数占全体的比例、会议召开方式、表决结果等信息，最终得出青岛积成在无实际控制人的状态下，公司日常经营活动中未出现过重大分歧难以解决、严重影响公司治理机制有效运行的情形，对公司经营未造成不利影响。

案例13 | 壹创国际(839120)——实际控制人认定标准

针对壹创国际的上市申请，监管部门观察到，壹创国际拟通过定向增发、委托投票权转让等方式，实现天健地产对其的控制。但后期该收购事项终止，仅保留定向发行事宜。股票发行完成后，天健集团全资子公司天健地产持有壹创国际20%的股份。监管部门遂在问询函中要求壹创国际、保荐人和律师事务所对天健地产是否曾实际控制壹创国际进行说明。

补充法律意见书中，律师除说明收购事项终止，股票定向增发程序未履行完毕，天健地产实际未持有壹创国际的股权外，还着重说明："且此期间天健地产其未出席公司的股东大会，未代表前海添富在公司行使投票表决权，亦未提名公司董事、监事、高级管理人员，公司的管理经营事宜仍由严定刚(真实实际控制人)决定。"并最终得出天健地产并不曾作为壹创国际实际控制人的认定。

综上所述，对于实际控制人的认定，有必要分别从持股期限和比例，以及是否行使相关权利（包括出席股东大会、行使投票表决权、提名董事、监事、高级管理人员，以及其他公司日常管理事宜）两个方面进行论证，以确保公司控制权责一致性。

第三节　资 产 问 题

在IPO审核过程中，资产的完整性、合法合规性、权属的清晰等是重要关注问题。这很容易理解，如果一个企业的重要资产所有权不完整、权属不清晰或存在其他权利受限的情形，那么企业的经营稳定性必然会受到影响，可持续经营能力也会受到质疑。

一、知识产权

知识产权是企业无形资产的重要组成部分，更是企业未来发展的重要基石，知识产权的合法、完整、独立是每个拟IPO企业都应该关注的问题。其中，受关注较多的知识产权主要包括商标权和专利权。

（一）商标权

商标权有很强的地域属性，公司在经营过程中，需要及时地在各个生产经营及销售地域的国家及时注册商标，毕竟，商标的合法持有直接决定了公司的生产经营和销售的可持续性。在实践中比较常见的需要注意的情形是商标注册过程中的异议，以及商标权诉讼纠纷。

1. 商标异议

商标异议是《商标法》及《商标法实施条例》明确规定的对初步审定商标公开征求社会公众意见的法律程序，其目的在于监督商标局公正、公开地进行商标确权。权利人可以在侵权商标初审公告发布后通过商标异议程序来进行商标保护。

自相关商标初审公告发布日起的3个月内被称为异议期，这3个月的时间内，异议人可以对侵权商标提出异议。未发布商标初审公告的商标不允许提出异议。

对于商标异议,公司可能面临两种情况:一是申请注册的商标侵害了公司的商标优先权;二是公司自己在注册商标的过程中遭遇其他权利人的异议和阻拦。对于前者,公司需要注意在异议期内积极提出异议;对于后者,公司申请的商标遭遇异议,会面临权利流失的风险,建议在答辩期内积极进行答辩,答辩没有受到采纳的也要积极采取其他措施,如购买所需的商标、调整商标申请方案等。

2. 商标诉讼

在审核实践中,商标诉讼并没有专利诉讼那么普遍,但是商标权的纠纷依然会对IPO造成负面影响,因为如果商标权利是有争议的,公司的销售和稳定经营必然会受到质疑。毕竟某些专利或许只是涉及某种产品甚至是某种产品的某个环节,而商标很有可能会涉及发行人的整体声誉甚至生产经营。

商标诉讼的典型情形是,发行人已经合法注册商标且进行了大规模的销售,这时候其他权利人以商标侵权为由提出诉讼对发行人的影响非常大,尤其是在直接向终端客户交易的对商标依赖度比较高的行业。根据《首次公开发行股票注册管理办法》(以下简称《首发管理办法》)第12条的规定,发行人应业务完整,具有直接面向市场独立持续经营的能力。不存在涉及主要资产、核心技术、商标等的重大权属纠纷,重大偿债风险,重大担保、诉讼、仲裁等或有事项,经营环境已经或者将要发生重大变化等对持续经营有重大不利影响的事项。故监管部门一般会针对以下方面进行问询:发行人涉诉商标的取得及使用情况,是否属于重要商标,停止使用涉诉商标是否对发行人的生产经营造成重大不利影响。

针对监管部门的问询,律师可以充分披露商标诉讼的诉讼情况,目前所处阶段和案件的最新进展。对涉诉商标是否侵权进行评估研究,并出具法律意见书论证发行人拥有涉案商标权,符合《商标法》的相关规定。从涉案商标未侵犯原告商标权,涉案商标不为核心商标,潜在赔偿风险小,即使停用商标也不影响产品销售和业务开拓,不会对发行人未来生产经营造成重大不利影响几个方面来论证不会构成本次发行上市的障碍。

案例14 | 爱迪特(870132,现已终止挂牌)——商标诉讼

2022年9月24日,爱迪特、科美科技收到北京市海淀区人民法院送达的

民事起诉状，科美诊断再次因侵害商标权及不正当竞争纠纷，向海淀区人民法院提起民事诉讼。诉讼请求如下：判令爱迪特、科美科技立即停止侵害“科美诊断”“科美医疗”系列注册商标专用权的行为，以及停止侵害原告字号等不正当竞争行为；判令科美科技立即停止使用“科美（秦皇岛）科技开发有限公司”企业名称，并变更为不含“科美”的企业名称；……判令5名被告连带赔偿科美诊断经济损失及其为制止侵权行为所支付的合理费用共计3500万元。该案诉讼律师认为，本案中公司是否需承担赔偿责任具有不确定性，即使产生赔偿责任，适用法定赔偿限额500万元的可能性比较大；若非适用法定赔偿，经测算，预计赔偿金额亦不超过500万元。

【关注问题】深交所下发的问询函提出如下问题：(1)说明爱迪特涉诉商标的取得及使用情况，是否属于重要商标，停止使用涉诉商标是否对发行人生产经营造成重大不利影响。(2)说明预计赔偿金额不超过500万元的原因及合理性，该项诉讼预计对发行人的影响，是否会对发行人财务状况产生重大不利影响；发行人是否符合发行上市条件。

【回复要点】针对上述问题，保荐人和发行人律师根据诉讼律师出具的诉讼法律意见书、科美诊断的民事起诉状及其提交的证据材料，对发行人的注册商标进行了研究梳理，得出爱迪特具有使用“科美”商标的合法权利，爱迪特持有的“科美”商标均为原始取得，产权清晰，不存在质押或其他权利受到限制的情况的结论。并指出爱迪特的核心品牌为“爱迪特”，“科美”相关商标不属于重要商标，其对“科美”商标不存在重大依赖。即使停止使用“科美”商标/标识，不会对公司未来生产经营造成重大不利影响：收入和利润占比很低，即使更换所有标识也不影响产品销售和业务开拓。本次诉讼不属于公司主要资产、核心技术、商标等的重大权属纠纷；不会导致公司存在重大偿债风险；不属于重大担保、诉讼、仲裁等或有事项；本次诉讼结果不构成公司所处行业经营环境已经或将要发生重大变化，亦不构成对公司持续经营的重大不利影响，公司符合《首发管理办法》第12条第3项规定的上市条件。

案例15 | 常辅股份(871396)——商标诉讼

根据公开发行说明书显示，发行人常辅股份作为原告，于2019年7月25日诉至常州市中级人民法院，请求依法判令被告一施博尔集团、被告二常州施耐德立即停止实施侵害原告注册商标专用权的行为。同时，发行人的5项商标被施博尔集团申请无效宣告。

【关注问题】全国股转公司出具问询函，请发行人补充披露：(1)发行人与施博尔集团商标纠纷的背景原因，上述商标诉讼、纠纷的进展情况，是否存在权利提前终止等异常情况；(2)上述事项对发行人生产经营的影响，相关风险是否充分揭示。

【回复要点】针对上述问题，律师查阅了发行人与施博尔集团、常州施耐德商标诉讼案件的起诉状、立案通知书、法院传票、发行人委托律师与发行人之间的工作联系函，发行人关于商标被申请宣告无效的答辩状、证据清单等涉诉材料，发行人商标注册证书，域名注册证书等，得出发行人对前述商标均具有专有权利，不存在权利提前终止等异常情形的结论。

发行人披露了商标纠纷的背景、原因和商标诉讼、纠纷的进展情况。被告方施博尔集团、常州施耐德在生产经营活动中，涉嫌侵害发行人商标专用权利及不正当竞争，发行人因此起诉被告停止实施侵害原告注册商标专用权的行为。商标诉讼、纠纷受新冠疫情影响，案件仍在审理过程中。施博尔集团针对发行人2项注册商标的撤销申请已被驳回。该申请对发行人注册商标不存在任何影响。

律师认为，发行人已提交证据证明其作为商标权人，对商标具有合法权益，前述无效申请获得支持的可能性较低。发行人对前述商标均具有专有权利，不存在权利提前终止等异常情形。上述事项对发行人日常生产经营活动未造成重大不利影响，对发行人生产经营的影响已揭示。

综上所述，面对商标诉讼问题。企业或中介机构应充分披露商标诉讼的纠纷背景、诉讼情况、目前所处阶段和案件的最新进展。通过梳理商标诉讼的案件材料，如向国家知识产权局提交的答辩书，论证发行人对商标具有合法权益，不存在权利提前终止等异常情形，对发行人日常生产经营活动未造成重大不利影响。

（二）专利权

随着我国专利权保护力度的加强，专利权已成为企业发展战略的重要组成部分，是既可能提高企业技术壁垒、增加资产估值，也可能阻碍企业发展的"双刃剑"。在企业上市过程中，监管机构会重点关注企业是否存在专利权风险以及是否会对企业的未来发展产生重大不利影响。在实践中比较常见的需要注意的是专利诉讼和职务发明问题。

1. 专利诉讼

IPO 上市的关键节点，企业有可能遭遇来自核心技术人员曾就职的前单位、竞争对手和第三方权利人的专利权诉讼，以阻碍拟上市企业的上市进程或者给拟上市企业施加更大压力，以便在和解谈判中获得更为有利的地位和条件。与常规的知识产权诉讼不同，企业 IPO 阶段的专利权诉讼已经不仅限于专利权诉讼本身，其工作重点也应当包括专利权诉讼与 IPO 上市过程的协同，包括诉讼结果评估，诉讼对企业主营业务和核心产品的影响，企业是否已采取措施来进行技术更新和产品迭代，如何回复监管机构针对诉讼的问询以及应对媒体的报道等。

在我国的司法体系中，知识产权权利人可以要求追究侵权人的民事责任、刑事责任或行政责任，具体救济途径包括禁令、损害赔偿、财产保全等。其中，禁令是威慑力较大的救济方式，若最终认定侵权成立，拟上市企业将被禁止使用相关技术，导致相关部门及生产线被关闭。在 IPO 进程中，拟上市企业可能在短时间内面临多起知识产权诉讼，分别涉及不同的案由，包括专利侵权、专利无效、商业秘密侵权、专利权属纠纷、计算机软件著作权侵权等，并且以技术类案件为主，案件难度较大。因此，企业应当了解我国知识产权诉讼和专利无效的程序、审判规则和法律后果，并关注不同类型案件之间的协同，以及案件进程和结果对 IPO 进程的影响。

在面临专利侵权诉讼时，企业应当在专业律师的协助下对涉案专利和相关产品进行对比，判断是否存在侵权的可能性。若企业侵权的可能性较小，则可以主张不侵权抗辩，由专业的律师事务所出具法律意见书并提交监管机构；若涉案专利和相关产品较为相似，而经现有技术检索后认为对方的专利不具备新颖性或创造性，则可以针对对方专利提起无效宣告请求。一旦成功无效对方专利，便从根本上推翻了对方提起侵权诉讼的基础。

相较于知识产权诉讼本身，实际上，监管机构更加重视诉讼是否会对企业的核心技术、主营业务、日常经营产生重大不利影响。因此，若涉案技术并非公司的核心技术或与主营业务关联较小，则可以提交相关资料和文件证明其竞争对手提起的诉讼并不会对企业的主营业务产生不利影响。若企业对自身技术实力及知识产权储备信心较强，可以采取反诉的方式向对方施加压力，推动谈判进程，尽早达成和解。

2. 职务发明

核心技术人员曾在同行业公司或高校任职,或拟上市公司与高校存在合作关系,都会引起监管机构对知识产权是否属于核心技术人员在原单位任职时的职务发明,是否存在纠纷的关注。涉及职务发明的界定,特别是应归属于拟上市公司的职务发明以发明人个人名义申请,或是拟上市公司使用的发明专利可能会被认定为第三方的职务发明而归属于其所在单位,均会对拟上市公司的资产和技术独立完整产生影响,后一种情况还可能涉及侵犯第三方的合法权益。

因此,在IPO的审核过程中,若企业存在其主要人员同时在高校任职的情况,则上市监管部门关于职务发明事项的问询通常是不可避免的,具体内容包括:(1)相关人员在高校任职期间是否有职务发明;(2)相关人员是否与高校签订竞业限制协议和保密协议,或有其他关于职务发明的约定;(3)发行人的核心技术及相关专利是否涉及前述职务发明,发行人是否与高校存在纠纷或潜在纠纷。

对于前述问题,实践中可行的解释思路如下:首先,企业或中介机构应核查相关人员在高校的职务发明情况、企业的核心技术及相关专利情况,并如实披露。其次,企业或中介机构应核查相关人员是否同高校签订竞业限制协议和保密协议,或存在其他关于职务发明的约定。最后,经比对,若企业的核心技术及相关专利涉及相关人员在高校任职期间的职务发明,建议企业通过受让或授权使用的方式解决权属清晰问题;若企业的核心技术及相关专利不涉及相关人员在高校任职期间的职务发明,则建议由高校类科研人员所在单位出具情况说明,载明:"该高校类科研人员在兼职期间取得的专利为发行人作为专利人单独享有专利,不存在应当认定而未被认定为本单位职务发明的情形。该高校类科研人员或发行人与本单位间亦不存在涉及知识产权方面的任何潜在争议或纠纷。"

案例16 | 德源药业(832735)——知识产权

2021年2月19日,德源药业成功登陆北交所。其在申请股票在全国股转系统挂牌时,全国股转公司下发《关于江苏德源药业股份有限公司挂牌申请文件的反馈意见》问询:"公司所取得的技术的明细,以及是否存在侵犯他人知识产权情形。公司应区分技术的不同取得形式进行披露:①若是原始取得,应披露是否存在其他单位的职务发明问题、是否侵犯他人知识产权、是否存在竞业禁止问题;②若是合作研发取得,应披露合作概况、相关权属和利益分配的约定;③若是受让取得,应披露受让的原因、受让概况、技术是否存在权属瑕疵。”

【关注问题】公司所取得的技术的明细,以及是否存在侵犯他人知识产权情形。公司应区分技术的不同取得形式进行披露。

【回复要点】发行人律师通过与德源药业管理人员访谈、查看公司的专利登记证书及专利申请材料、专利受让合同、专利许可使用合同,并在国家知识产权局网站上进行查询,截至上述补充法律意见书出具之日,对公司的专利情况分类进行了补充。对原始取得专利、合作申请专利、受让取得专利、正在申请的专利分情况进行了补充梳理。经查阅公司董事、监事、高级管理人员及核心技术人员的简历,并通过对公司董事、监事、高级管理人员及核心技术人员的访谈,确认公司全体董事、监事、高级管理人员在原单位从未签署竞业禁止相关协议。公司的高级管理人员均不存在违反关于竞业禁止的约定情形,亦不存在侵犯原任职单位知识产权、商业秘密的纠纷或潜在纠纷情形。同时,公司的技术不存在侵犯他人知识产权、商业秘密的情形。公司现任董事、监事、高级管理人员及核心技术人员均出具了《关于无竞业禁止及知识产权、商业秘密纠纷的声明》。同时,公司高级管理人员、核心人员均与公司签署了保密协议,其中涉及竞业禁止条款。截至补充法律意见书出具之日,涉及公司知识产权、商业秘密等保密制度已能够有效执行。

据此,发行人律师认为,公司董事、监事、高级管理人员及核心技术人员不存在违反竞业禁止的约定、法律规定的情形,不存在涉及侵犯原任职单位知识产权、商业秘密的纠纷或潜在纠纷的情形,合作开发的技术权属清晰,受让取得专利及非专利技术均已按照合同约定支付对价,不存在纠纷或潜在纠纷。

案例 17 | 昆工科技(831152)——职务发明

根据申请文件,昆工科技共有 64 项发明专利,其中 26 项继受取得、38 项原始取得,在原始取得的发明专利中有 18 项自主研发、19 项与关联方昆明理工大学(以下简称昆工大)合作研发、1 项与紫金矿业合作研发;2021 年上半年增加 26 项发明专利。合作研发方面,昆工科技与昆工大于 2015 年、2019 年、2020 年及 2021 年先后签署合作协议、补充协议,实际控制人郭某诚于 1994 年 9 月至 2019 年 11 月担任昆工大教授;发行人与中南大学于 2017 年签订协议,约定就锌等有色金属电积使用的新型阳极相关专利及产业化合作。

【关注问题】北交所下发的问询函，要求昆工科技结合相关法律法规、昆工大等单位对职工兼职及投资等的规定，说明郭某诚的任职及投资等行为是否符合相关规定，是否已履行相应程序，发行人当前技术或专利等是否涉及实际控制人在昆工大任职的职务发明等情形，是否存在争议纠纷或潜在争议纠纷。

【回复要点】针对上述问题，保荐人和发行人律师根据《中共昆明理工大学委员会关于印发〈昆明理工大学领导干部兼职管理规定〉的通知》，昆工大仅对学校处级及以上领导干部[包含退（离）休]对外投资和兼职有所规定。

在昆工大任职期间，郭某诚未担任学校各级行政职务，不属于院系、校级的党员领导或处级领导干部。结合相关法律法规、昆工大等单位对职工兼职及投资等的规定，普通高等院校的教职工经征得单位同意，可以兼职到企业等从事科技成果转化活动或者离岗创业。

昆工大和昆工资产于2021年12月出具《情况说明及确认函》，确认发行人及附属公司拥有的知识产权（包括专利权、专利申请权或专有技术、非专利技术等核心技术等），与郭某诚在昆工大任职时参与的科研课题或项目无关，昆工科技及附属企业拥有的知识成果不存在利用昆工大的科研课题或项目成果完成的发明创造，不存在执行昆工大的工作任务、利用昆工大名义，或者主要利用昆工大的物质条件和技术条件的情形，不属于职务发明。

故发行人当前技术或专利等不涉及实际控制人在昆工大任职的职务发明等情形，不存在争议纠纷或潜在争议纠纷。

综上所述，面对职务发明问题，企业或中介机构应核查相关人员在高校的职务发明情况、企业的核心技术及相关专利情况，并如实披露。若企业的核心技术及相关专利不涉及相关人员在高校任职期间的职务发明，则建议由高校类科研人员所在单位出具情况说明。

二、土地房产

我国土地所有权属于国家或集体，企业可以通过获得土地使用权的方式合法使用土地，并进行建设、生产和经营活动。在IPO审核实践中，通常会对土地的取得、使用过程中的合规问题进行关注。

（一）无产权证书问题

我国不动产实施审批登记制，若公司相关不动产没有产权等级证书，如属于临时建筑或其他历史遗留问题，会涉及无房屋产权证书又开展经营活动的情况，无论该瑕疵房产是自有房产还是租赁房产，都可能对公司持续经营产生不利影响。

针对该类问题的解决思路如下：

（1）披露尚未取得产权证书的原因，产权证书办理进度、预计取得时间，取得产权证书是否存在实质性障碍；是否存在未批先建的情形，如是，论述是否存在被拆迁或行政处罚风险，是否属于重大违法违规。

（2）取得相关部门出具的证明文件，证明不存在重大行政处罚的风险，或未来暂不存在拆迁计划。

（3）提前寻找可替代的生产经营场所并预估搬迁成本。

（4）实际控制人出具专项承诺，对使用违规建筑承担经济损失和赔偿责任。

（5）分析对公司生产经营造成的影响。

（二）抵押担保问题

公司以房屋、土地使用权抵押借款的情况在日常经营中较为常见，财产出现担保的，需要公司以货币资金及净资产等资产作为具有足够偿债能力的证明，不会对生产经营造成重大影响。

案例18 | 美之高（834765）——无产权证书且存在抵押担保

美之高作为专业的收纳用品提供商，专注于金属置物架收纳用品的研发、设计、生产和销售，产品主要应用于家居收纳、工业及商业仓储等领域。自成立以来美之高一直专注于收纳用品领域，借助多年积累的行业经验及研发能力，为客户提供一系列以“DIY”概念主导的置物架收纳用品及空间资源利用解决方案。

报告期内（2018年～2020年），公司营业收入分别为631,540,617.17元、459,194,522.46元和463,577,407.79元；扣除非经常性损益后的净利润分别为40,680,602.35元、29,123,916.55元和23,373,187.13元。

【关注问题】1. 无产权证书。2021年11月15日，美之高成功登陆北交所，根据《关于深圳市美之高科技股份有限公司向不特定合格投资者公开发行股票并在精选层挂牌的补充法律意见书（一）》披露，美之高由于资产权属瑕疵问题受到问询:"根据申报材料,发行人目前有四处建筑物未取得建筑工程规划许可证和房产权利证书;三处租赁房产未取得产权证书;部分房产、土地使用权存在抵押情形。请发行人:(1)在公开发行说明书中以列表形式补充披露前述未取得产权证书建筑物的位置、面积、权属性质、主要用途、是否存在抵押或其他权利受限等情况。(2)补充披露尚未取得产权证书的原因,产权证书办理进度、预计取得时间,取得产权证书是否存在实质性障碍;是否存在未批先建的情形,如是,请补充披露是否存在被拆迁或行政处罚风险,是否属于重大违法违规。……"对此,美之高解释公司及子公司无房产证建设房屋属于深圳城镇化过程中的历史遗留问题,且不存在被拆迁或行政处罚风险,不属于重大违法违规。

除此之外,针对无产权证问题,美之高还被问询无产权证书对公司的生产经营以及财务的影响:"结合上述无产权证书的建筑物、租赁房屋面积及各自占发行人所有房屋面积的比例,报告期内无产权证书建筑物、租赁房屋内开展的业务及相应收入利润情况,量化分析并补充披露上述未取得产权证书事项对发行人生产经营和财务状况的影响、发行人的应对措施及有效性,并充分揭示风险、作重大事项提示。"对此,美之高计算了如届时需要迁址的金钱成本,以及制定了文件《厂区违建房产存在的风险及应对方案》进行应对,实际控制人也对此风险出具了书面承诺。

2. 抵押担保。美之高因在报告期内存在房屋、土地使用权抵押借款的情形而被问询:"请发行人:……(3)补充披露房屋、土地使用权抵押的基本情况,包括被担保债权情况、担保合同规定的抵押权实现情形、抵押权人是否可能行使抵押权及其对发行人经营的影响。……"对此,美之高通过将公司的净资产以及货币资金余额与其担保金额做比较,说明公司经营情况,证明其具有足够的偿债能力。

综上所述,监管机构关于资产瑕疵的关注问题虽然无法用列举法完全覆盖,但可以从中看出监管机构的审核方向,即资产瑕疵是否会对拟 IPO 企业未来的生产经营造成影响、是否存在重大违法违规、拟 IPO 企业是否能对瑕疵问题进行解释披露,是否能够进行清理整改等。资产瑕疵问题是企业需要连同中介机构齐心解决的问题。

第四节　公司合规运行

一、关联交易

关联交易，是指公司控股股东、实际控制人、董事、监事、高级管理人员与其直接或者间接控制的关联方之间，以及可能导致公司利益转移的其他关联方之间进行的交易。关联交易作为市场经济中普遍存在的经济现象，关系发行人独立性和持续经营能力，在北交所上市审核中属于重点关注对象。

（一）关联方的认定

识别关联交易的首要问题就是要摸清关联方认定的界限。如果关联方认定界限不明，很容易导致财务报表重大错报风险及关联交易披露遗漏风险。

北交所上市审核中要求公司应按照《公司法》《企业会计准则——基本准则》《北交所上市规则（试行）》等相关规定披露关联方和关联交易，同时挂牌公司、主办券商或监管部门根据实质重于形式原则进行认定。

《公司法》第 265 条第 4 款通过对关联关系的定义规定了关联方的认定，即“关联关系，是指公司控股股东、实际控制人、董事、监事、高级管理人员与其直接或者间接控制的企业之间的关系，以及可能导致公司利益转移的其他关系。但是，国家控股的企业之间不仅因为同受国家控股而具有关联关系。”《企业会计准则第 36 号——关联方披露》第 2 条规定了企业财务报表中应当披露所有关联方关系及其交易的相关信息，并在第 3 条和第 4 条对关联方的范围进行了规定。《北交所上市规则（试行）》在第 12.1 条对于关联方的具体含义做了详细的规定，“关联方，是指上市公司的关联法人和关联自然人”。北交所上市审核中的关联方的认定范围详见表 6 - 1。

表 6－1　北交所关联方认定范围规定

关联方	认定要求
关联法人	(1)直接或者间接控制上市公司的法人或其他组织。 (2)由前项所述法人直接或者间接控制的除上市公司及其控股子公司以外的法人或其他组织;上市公司与本项所列法人或其他组织受同一国有资产管理机构控制的,不因此构成关联关系,但该法人或其他组织的董事长、经理或者半数以上的董事兼任上市公司董事、监事或高级管理人员的除外。 (3)关联自然人直接或者间接控制的,或者担任董事、高级管理人员的,除上市公司及其控股子公司以外的法人或其他组织。 (4)直接或者间接持有上市公司 5% 以上股份的法人或其他组织。 (5)在过去 12 个月内或者根据相关协议安排在未来 12 个月内,存在上述情形之一的。 (6)中国证监会、北交所或者上市公司根据实质重于形式的原则认定的其他与上市公司有特殊关系,可能或者已经造成上市公司对其利益倾斜的法人或其他组织
关联自然人	(1)直接或者间接持有上市公司 5% 以上股份的自然人; (2)上市公司董事、监事及高级管理人员; (3)直接或者间接地控制上市公司的法人的董事、监事及高级管理人员; (4)上述第 1、2 项所述人士的关系密切的家庭成员,包括配偶、父母、年满 18 周岁的子女及其配偶、兄弟姐妹及其配偶,配偶的父母、兄弟姐妹,子女配偶的父母; (5)在过去 12 个月内或者根据相关协议安排在未来 12 个月内,存在上述情形之一的; (6)中国证监会、北交所或者上市公司根据实质重于形式原则认定的其他与上市公司有特殊关系,可能或者已经造成上市公司对其利益倾斜的自然人

北交所关于关联方的上述认定范围的规定,与上交所及深交所关于科创板、创业板、中小板等其他板块设定的关联方认定规则存在一定的差异。相比于北交所,上交所和深交所对关联方认定的差异具体如下:

(1)关于"间接持股 5% 以上的法人股东"的规定。根据《上海证券交易所科创板股票上市规则(2023 年 8 月修订)》(以下简称《科创板上市规则》)第 15.1 条的规定,上交所科创板和北交所一样将"间接持有上市公司 5% 以上股份的法人或其他组织"认定为关联法人,但是深交所创业板规则中并未提及间接持股的法人是否属于关联方。

(2)关于"独立董事对外担任董事、高级管理人员的企业"的规定。根据

《科创板上市规则》第 15.1 条和《深圳证券交易所创业板股票上市规则(2023 年 8 月修订)》第 7.2.3 条的规定,上交所科创板及深交所创业板均将独立董事对外担任董事、高级管理人员的法人或其他组织排除在关联法人之外,但北交所相关规则中未明确排除。所以,在北交所上市申报审核中,就从严认定的角度来说,可能还是需要将独立董事相关主体也列为关联方予以披露。

(3)关于“间接控股股东董监高关系密切的家庭成员”的规定。根据《科创板上市规则》第 15.1 条的规定,上交所科创板明确将直接或者间接控制发行人的法人的董事、监事及高级管理人员关系密切的家庭成员列为关联自然人,并将该等关联自然人控制或担任董事、高级管理人员的企业列为关联法人的范畴。但是,北交所相关规则中未明确要求。不过在实务操作中,也可能会参考科创板关于关联自然人的认定。

案例 19 | 佳先股份(430489)——关联方认定

在 2020 年 5 月精选层首轮问询时,佳先股份被明确问及:“根据公开发行说明书,关联方认定中未包含以下各方:‘发行人董事、监事、高级管理人员关系密切的家庭成员控制或担任董事、高级管理人员的除发行人及其子公司之外的其他企业,发行人母公司关键管理人员的关系密切的家庭成员’,补充说明关联方认定及关联交易披露是否存在遗漏。”

从上述案例可知,上交所相关规则中虽然并未对间接控股股东的董事、监事、高级管理人员关系密切的家庭成员作明确规定,但是在项目审核过程中,也存在参考科创板相关规则将关联自然人范围进行扩大的可能性。

(二)关联交易审议程序和披露

关联交易是判断发行人是否满足北交所发行上市条件的重要审核内容之一。很多发行人因关联交易问题被否,是由于关联交易存在粉饰业绩、侵害小股东权益、影响公司独立性的可能。在北交所上市申报中,需要特别关注关联交易审议程序和披露。

《公司法》第 22 条和第 139 条分别从实体和程序上对关联交易行为进行了规范,根据是否可能导致公司利益转移的实质来认定是否具有关联交易。为了防范关联方利用关联关系转移公司利益,最终侵害股东或债权人利益，一方面，规定不能利用关联交易损害公司利益；另一方面，规定了董事会回避表决程序。第 182 条至第 185 条则进一步对董事会回避程序进行了细化的规定。《北交所上市规则(试行)》在第七章第二节对关联交易的审议程序和披露进行了详细规定，其主要内容如下：

(1)关于关联董事及关联股东的回避表决制度。发行人董事会审议关联交易事项时，关联董事应当回避表决，也不得代理其他董事行使表决权；发行人股东大会审议关联交易事项时，关联股东应当回避表决。发行人应当在公司章程中规定关联交易的回避表决要求，规范履行审议程序，并在董事会、股东大会决议公告中披露关联交易的表决情况及表决权回避制度的执行情况。

(2)关于独立董事事前认可制度。关联交易事项提交董事会审议前，应当取得独立董事事前认可意见。独立董事事前认可意见应当取得全体独立董事的半数以上同意，并在关联交易公告中披露。

(3)关于重大关联交易的披露。发行人与关联自然人发生的成交金额在 30 万元以上的关联交易(除提供担保外)，应当及时披露；发行人与关联法人发生的成交金额占公司最近一期经审计总资产 0.2% 以上的交易，且超过 300 万元的(除提供担保外)，应当及时披露。

(4)关于重大关联交易的评估审计。与关联方发生的成交金额(除提供担保外)占公司最近一期经审计总资产 2% 以上且超过 3000 万元的交易，应当提供评估报告或者审计报告，提交股东大会审议。与日常经营相关的关联交易可免于审计或者评估。

(5)关于股东大会审议关联担保以及反担保规定。发行人为关联方提供担保的，应当具备合理的商业逻辑，在董事会审议通过后及时披露，提交股东大会审议。发行人为控股股东、实际控制人及其关联方提供担保的，控股股东、实际控制人及其关联方应当提供反担保。

(6)关于免予按照关联交易的方式进行审议和披露的例外规定。上市公司与关联方进行下列关联交易时，可以免予按照关联交易的方式进行审议和披露：①一方以现金方式认购另一方公开发行的股票、公司债券或者企业债券、可转换公司债券或者其他衍生品种；②一方作为承销团成员承销另一方公开发行股票、公司债券或者企业债券、可转换公司债券或者其他衍生品种；③一方依据另一方股东大会决议领取股息、红利或者报酬；④一方参与另一方公开招标或者拍卖,但是招标或者拍卖难以形成公允价格的除外;⑤上市公司单方面获得利益的交易,包括受赠现金资产、获得债务减免、接受担保和资助等;⑥关联交易定价为国家规定的;⑦关联方向上市公司提供资金,利率水平不高于中国人民银行规定的同期贷款基准利率,且上市公司对该项财务资助无相应担保的;⑧上市公司按与非关联方同等交易条件,向董事、监事、高级管理人员提供产品和服务的;⑨中国证监会、北交所认定的其他交易。

案例 20 | 硅烷科技(838402)——关联交易占比过高

硅烷科技成立于 2012 年,是一家从事氢硅材料产品研发、生产、销售和技术服务的专业公司,目前主要产品为氢气(工业/高纯氢)与电子级硅烷气。2019 年~2021 年,公司关联销售金额占营业收入总额的比例超过 70% 且占比逐年上升。因关联交易占比过高,独立持续经营能力被质疑,在北交所 2022 年第 22 次审议会议上,硅烷科技的 IPO 申请被暂缓审议。后该公司在北交所成功上市。

案例 21 | 博芳环保(837879)——关联资金往来是否涉嫌利益输送

博芳环保的公司主营业务为依托上升流污水碳氧化处理技术、双膜法(生物膜及膜生物)技术、微电解消毒技术、危险废物资源化利用技术等核心技术及工艺,专业从事水处理剂的研发、生产和销售,智能化污水处理设备的研发、集成和销售,污水处理工程服务及污水处理设施运营服务。根据申请文件,2008 年 8 月,杨某、马某芳、李某玉设立广州中洁。2017 年 2 月,为方便转贷,杨某、马某芳、李某玉将广州中洁的股权转让给高某鸣、李某,杨某和马某芳委托高某鸣、李某代为持有广州中洁的股权。2018 年~2019 年,关联方广州中洁分别为发行人第一、第三大供应商,占当期采购金额的 21.18%、3.73%,主要原因为发行人开展污水处理设施投资运营业务时部分小规模供应商无法开具增值税专用发票或普通发票,故发行人统一向广州中洁采购、签订合同、结算货款、取得发票,广州中洁再向供应商采购、签订合同、结算货款、取得发票或收据。2021 年 4 月,发行人董事会及股东大会对 2018 年~2019 年与广州中洁及其子公司的关联关系及交易进行了追认,并遵循"平进平出"的价格原则。监管部门在审核中重点关注了博芳环保的资金往来是否涉嫌利益输送,后其 IPO 申请被终止。

因此，在北交所上市审核的实务操作中，需要审核的内容包括：关联交易信息披露的完整性、真实性、准确性，关联交易的必要性、公允性和真实性，是否存在形式重于实质的情况，是否存在关联交易非关联化、隐藏关联交易等情形；关联交易占比是否过高，对关联方是否存在重大依赖，是否严重影响公司独立性，是否构成对控股股东或实际控制人的依赖，是否存在通过关联交易调节发行人收入利润或成本费用、对发行人利益输送的情形，是否可能对发行产生重大不利影响；发行人披露的未来减少关联交易的具体措施是否切实可行。此外，关于关联交易的审议程序，监管部门审核时会关注发行人是否披露章程对关联交易决策程序的规定，已发生关联交易的决策过程是否与章程相符，关联股东或董事在审议相关交易时是否回避，以及独立董事和监事会成员是否发表不同意见等。

对于律师而言，在核查关联交易时，不应仅限于查阅书面资料，还应当采取实地走访，核对市场监管、税务、银行等部门提供的资料，甄别客户和供应商的实际控制人及关键经办人员与发行人是否存在关联方关系。

二、同业竞争

（一）同业竞争的概念

同业竞争，是指公司所从事的业务与其控股股东或实际控制人所控制的其他企业所从事的业务相同或近似，双方构成或可能构成直接或间接的竞争关系。一般情况下，在公司上市时，因发起人未能将构成同业竞争关系的相关资产、业务全部装入上市公司，最终导致上市公司现有的经营业务与控股股东形成竞争关系。

根据《北交所招股说明书准则》第 58 条的规定，发行人应当披露是否存在与控股股东、实际控制人及其控制的其他企业从事相同、相似业务的情况，如存在的，应当对不存在对发行人构成重大不利影响的同业竞争作出合理解释，并披露发行人防范利益输送、利益冲突及保持独立性的具体安排。发行人控股股东、实际控制人作出规范或避免同业竞争承诺的，发行人应当披露承诺的履行情况。根据《北交所业务规则指引第 1 号》在第 1 - 12 条中对同业竞争进行了具体规定，发行人与控股股东、实际控制人及其控制的其他企业间如存在同业竞争情形，认定同业竞争是否对发行人构成重大不利影响时，保荐机构及发行人律师应结合竞争方与发行人的经营地域、产品或服务的定位，同业竞争是否会导致发行人与竞争方之间的非公平竞争、是否会导致发行人与竞争方之间存在利益输送、是否会导致发行人与竞争方之间相互或者单方让渡商业机会情形，对未来发展的潜在影响等方面，核查并出具明确意见。发行人应在招股说明书中，披露保荐机构及发行人律师针对同业竞争是否对发行人构成重大不利影响的核查意见和认定依据。

案例 22 | 富士达(835640)——同业竞争

富士达申报精选层因同业竞争问题被问询，根据公开发行说明书，发行人与控股股东中航光电均属于连接器行业，发行人主营业务为射频同轴连接器、射频同轴电缆组件、射频电缆等产品的研发、生产和销售，中航光电及其控制的其他企业的连接器及组件产品包括低频电连接器、光连接器、流体连接器及组件产品；由于客户品牌认可及防务产品特殊性等原因，中航光电及其控制的其他企业存在少量射频连接器业务。为减少和避免同业竞争，中航光电在实际业务执行过程中，已在客户同意和确认的基础上将部分采购订单移交给发行人，即从发行人处采购射频连接器等产品并向客户交付，采购价格均按照市场价格执行，不存在利益输送情况。问询函要求富士达补充说明中航光电是否在生产与其类似的产品，双方之间是否存在同业竞争。结合中航光电及其控制的其他企业射频连接器业务的开展情况，包括但不限于采购销售渠道、供应商、主要客户、营业收入和毛利率情况等，补充披露发行人是否存在与中航光电及其控制的其他企业从事相同、相似业务的情况，如存在，请补充披露与中航光电及其控制的其他企业间是否存在同业竞争。请保荐机构、发行人律师进一步核查下列事项并发表明确意见：(1)在判断发行人与中航光电及其控制的其他企业间是否存在同业竞争时，是否已经审慎核查中航光电直接或间接控制的全部企业；(2)是否简单依据经营范围对发行人与中航光电及其控制的其他企业间是否存在同业竞争做出判断，是否仅以经营区域、细分产品、细分市场的不同来判断发行人与中航光电及其控制的其他企业间是否存在同业竞争；(3)发行人与中航光电及其控制的其他企业间是否存在同业竞争，若存在,是否符合《全国中小企业股份转让系统精选层挂牌审查问答(一)》[1]问题11的相关要求;(4)中航光电及其控制的其他企业在历史沿革、资产、人员、业务和技术等方面与发行人的关系,采购销售渠道、客户、供应商等方面是否影响发行人的独立性,是否符合《全国中小企业股份转让系统精选层挂牌审查问答(一)》问题6的相关要求。

结合上述案例可知,同业竞争问题在上市前必须解决规范。同业竞争因竞争方与发行人从事相同或相近似业务,可能存在利益冲突、影响发行人的独立性、损害其他中小股东利益的风险。因此,相比关联交易,同业竞争是禁止的、需要被清理的,无论是中国证监会还是北交所,对同业竞争一直持"否定"态度,如被发现会面临被劝退要求清理或者被否决的结果。

(二)同业竞争的判断核查

实务中,在北交所上市审核中,对于同业竞争的核查应特别注意。对于如何核查判断同业竞争事项,《证券期货法律适用意见第17号》进行了具体的规定,发行人及中介机构在核查判断同业竞争事项时,应当主要关注以下两个方面:

1. 判断原则

(1)同业竞争的"同业",是指竞争方从事与发行人主营业务相同或者相似的业务。核查认定该相同或者相似的业务是否与发行人构成"竞争"时,应当按照实质重于形式的原则,结合相关企业历史沿革、资产、人员、主营业务(包括但不限于产品服务的具体特点、技术、商标商号、客户、供应商等)等方面与发行人的关系,以及业务是否有替代性、竞争性,是否有利益冲突,是否在同一市场范围内销售等,论证是否与发行人构成竞争;不能简单以产品销售地域不同、产品的档次不同等认定不构成同业竞争。竞争方的同类收入或者毛利占发行人主营业务收入或者毛利的比例达30%以上的,如无充分相反证据,原则上应当认定为构成重大不利影响的同业竞争。

(2)对于控股股东、实际控制人控制的与发行人从事相同或者相似业务

---

〔1〕 此问答已于2021年11月12日被《关于废止〈全国中小企业股份转让系统股票向不特定合格投资者公开发行并在精选层挂牌规则(试行)〉等13件业务规则的公告》(股转系统公告〔2021〕1010号)所废止。

的企业,发行人还应当结合目前自身业务和关联方业务的经营情况、未来发展战略等,在招股说明书中披露未来对于相关资产、业务的安排,以及避免上市后出现构成重大不利影响的同业竞争的措施。

2. 核查范围

(1)中介机构应当针对发行人控股股东、实际控制人及其近亲属全资或者控股的企业进行核查。

(2)如果发行人控股股东、实际控制人是自然人,其配偶及夫妻双方的父母、子女控制的企业与发行人存在竞争关系的,应当认定为构成同业竞争。

(3)发行人控股股东、实际控制人的其他亲属及其控制的企业与发行人存在竞争关系的,应当充分披露前述相关企业在历史沿革、资产、人员、业务、技术、财务等方面对发行人独立性的影响,报告期内交易或者资金往来,销售渠道、主要客户及供应商重叠等情况,以及发行人未来有无收购安排。

三、违法违规行为

合法合规是公司经营需要遵守的一条基本要求,在实务中,常见的合规性问题如处罚、环保、产品质量、安全生产等,公司在上市前的违法违规行为无疑会影响公司的上市。

案例 23 | 汇通控股(831204. NQ)——环保处罚

汇通控股主要从事汽车高端饰件,噪声、振动和声振粗糙度(Noise、Vibration、Harshness,NVH)产品的研发、生产、销售。曾因违规排污被处以罚款以及查封扣押的行政处罚。公司在 2020 年 6 月申请挂牌精选层,在经过一轮问询后便于 2021 年 1 月撤回材料,终止上市。

北交所上市审核对重大违法违规企业采取零容忍的态度,明确规定不得公开发行。根据《北交所上市规则(试行)》第 2.1.4 条的规定,发行人不得存在以下违法违规情形:

(1)违法犯罪。最近 36 个月内,发行人及其控股股东、实际控制人,存在贪污、贿赂、侵占财产、挪用财产或者破坏社会主义市场经济秩序的刑事犯罪,存在欺诈发行、重大信息披露违法或者其他涉及国家安全、公共安全、生态安全、生产安全、公众健康安全等领域的重大违法行为。

(2)行政处罚和纪律处分。最近12个月内,发行人及其控股股东、实际控制人、董事、监事、高级管理人员受到中国证监会及其派出机构行政处罚,或因证券市场违法违规行为受到全国股转公司、证券交易所等自律监管机构公开谴责。

(3)刑事调查。发行人及其控股股东、实际控制人、董事、监事、高级管理人员因涉嫌犯罪正被司法机关立案侦查或涉嫌违法违规正被中国证监会及其派出机构立案调查,尚未有明确结论意见。

(4)失信名单。发行人及其控股股东、实际控制人被列入失信被执行人名单且情形尚未消除。

(5)信披违规。最近36个月内,未按照《证券法》和中国证监会的相关规定在每个会计年度结束之日起4个月内编制并披露年度报告,或者未在每个会计年度的上半年结束之日起2个月内编制并披露中期报告。

(6)其他影响稳定性、持续经营能力的事件。中国证监会和北交所规定的,对发行人经营稳定性、直接面向市场独立持续经营的能力具有重大不利影响,或者存在发行人利益受到损害等其他情形。

四、社保、公积金缴纳合规性

发行人缴纳社保、公积金应当符合《社会保险法》《劳动法》《劳动合同法》《住房公积金管理条例》等法律法规的规定,应审查其与员工签订的劳动合同的相关条款是否符合劳动法律相关规定,其劳动用工是否构成重大违法违规,面临被处罚的风险等。

在北交所对社保、公积金的合法合规性的审查实务中,对发行人进行了多次问询。例如,根据北交所官网公布的《北京德恒律师事务所关于深圳市鑫汇科股份有限公司向不特定合格投资者公开发行股票并在北京证券交易所上市的补充法律意见(一)》显示,其问询要求包括"请发行人说明未全员缴纳社保、公积金是否符合相关法律法规的规定,是否存在构成重大违法违规以及被处罚的风险"及"按照未缴纳社保公积金的原因补充披露对应的人数、占比,说明发行人可能补缴的金额以及可能对经营业绩产生的影响"。根据《浙江天册律师事务所关于杭州立方控股股份有限公司向不特定合格投资者公开发行股票并在北京证券交易所上市的补充法律意见书(一)》显示,其问询要求包括"请发行人说明未全员缴纳社保公积金等情形是否符合相关法律法规的规定,并结合发行人与员工签订劳动合同相关条款,说明发行人用工是否符合劳动法律相关规定,是否存在第三方代缴情形,是否构成重大违法违规以及被处罚的风险”及“请发行人按照未缴社保公积金原因补充披露对应的人数、占比,测算发行人可能补缴的金额以及对报告期内发行人业绩的具体影响”。根据《关于恒进感应科技(十堰)股份有限公司公开发行股票并在北交所上市申请文件的审核问询函》显示,其问询要求:“①请发行人说明未全员缴纳社保公积金等情形是否符合《社会保险法》《劳动法》《劳动合同法》《住房公积金管理条例》等法律法规的规定,并结合发行人与员工签订劳动合同相关条款,说明发行人用工是否符合劳动法律相关规定,是否构成重大违法违规以及被处罚的风险;②请发行人按照未缴社保公积金原因补充披露对应的人数、占比,测算发行人可能补缴的金额以及对报告期内发行人业绩的具体影响。”

从上述案例可见,发行人在北交所申报上市,应特别关注未全员缴纳社保、公积金等情形是否违反法律法规,面临相应的法律风险;未缴纳社保、公积金的人数和占比,及对发行的影响;对于未缴纳社保、公积金问题的补救措施。实务中一般应重点核查是否存在法律法规范围内允许不缴纳的情形、不缴纳的理由是否存在合理性,以及是否采取了补缴等相应的补救措施。根据《劳动合同法》《社会保险法》及相关的法律法规,若发行人未缴纳社保、公积金属于劳务派遣、在校实习生、劳务外包、退休返聘、港澳台员工在港澳台当地已参加社会保险或者外籍员工无法参保等情形时,不违反法律法规的规定。此外,在实务中,若发行人未缴纳社保、公积金的理由为因员工新入职导致社保、公积金手续尚未办理完成,或者已缴纳城乡居民养老保险(新农保)和城乡居民医疗保险(新农合)的农民工不愿意再缴纳其他社会保险且发行人已经为其报销新农保和新农合费用等,可以作为未缴纳社保、公积金的合理理由。而对于实在没有合法合理的理由不缴纳社保、公积金的员工,发行人可以进行补缴并由其控股股东和实际控制人承诺个人承担未缴纳社保、公积金的处罚和补缴费用等的全部责任,不对上市造成影响。

五、税务合规

根据财政部、国家税务总局《关于北京证券交易所税收政策适用问题的公告》的明确规定,按照平稳转换、有效衔接的原则,新三板精选层公司转为北交所上市公司,以及创新层挂牌公司通过公开发行股票进入北交所上市后,投资北交所上市公司涉及的个人所得税、印花税相关政策,暂按照现行新三板适用的税收规定执行。

实务中,北交所上市审核中,律师需要重点核查发行人最近 3 年是否能够履行纳税义务,是否存在严重违反相关法律法规的行为,主要包括以下几个方面:

(1)发行人及其子公司目前执行的主要税种、税率是否符合法律法规的规定。

(2)发行人及其子公司享受的税收优惠是否符合法律法规的规定。

(3)发行人享受的财政补贴是否具有相应的政策依据,合法有效。

(4)发行人及其子公司最近 3 年是否能够履行纳税义务,是否存在严重违反相关法律法规的行为。

六、对外担保

(一)发行人对外担保的披露要求

北交所上市审核中,发行人应当按照规定对其对外担保内容进行披露,根据《北交所招股说明书准则》第 80 条的规定,发行人应当披露的对外担保内容主要包括:

(1)被担保人的名称、注册资本、实收资本、住所、生产经营情况、与发行人的关系以及最近一年及一期末的总资产、净资产和最近一年及一期的净利润,并标明有关财务数据是否经过审计及审计机构名称;

(2)主债务的种类、金额和履行债务的期限;

(3)担保方式:采用保证方式还是抵押、质押方式;采用抵押、质押方式的,应当披露担保物的种类、数量、价值等相关情况;

(4)担保范围;

(5)担保期间;

(6)争议解决安排;

(7)其他对担保人有重大影响的条款;

(8)担保履行情况;

(9)如存在反担保的,应当简要披露相关情况;

(10)该等担保对发行人业务经营与财务状况的影响。

根据《公开发行证券的公司信息披露内容与格式准则第 53 号——北京证券交易所上市公司年度报告》第 26 条的规定,公司应当披露报告期内履行的及尚未履行完毕的对外担保合同,包括担保金额、担保期限、担保对象、担保类型、担保的决策程序,以及对公司的影响等;对于未到期担保合同,如有明显迹象表明有可能承担连带清偿责任,应明确说明。应当披露公司及其控股子公司为股东、实际控制人及其关联方提供担保的金额,公司直接或间接为资产负债率超过 70%(不含本数)的被担保对象提供的债务担保金额,公司担保总额超过净资产 50%(不含本数)部分的金额,以及对公司的影响。应当说明本年度公司及其控股子公司是否存在未经内部审议程序而实施的担保事项,如有应说明具体情况,包括但不限于担保对象、提供担保的发生额和报告期末的担保余额,以及对公司的影响。

(二)违规对外担保

北交所上市审核中,对违规对外担保进行了具体规定。根据《北交所上市规则(试行)》第 12.1 条的规定,违规对外担保,是指上市公司及其控股子公司未经公司章程等规定的审议程序而实施的对外担保事项。

根据《北交所上市规则(试行)》第 8.3.8 条的规定,发行人发生违规对外担保,或者资金、资产被控股股东、实际控制人及其关联方占用的,应当披露相关事项的整改进度情况。

第五节 募集资金的管理

一、募集资金的专户存储及内部制度

根据《北交所上市规则(试行)》第 2.3.1 条和第 2.3.2 条的规定,发行人应当建立募集资金存储、使用、监管和责任追究的内部制度,明确募集资金使用的分级审批权限、决策程序、风险防控措施和信息披露要求;发行人募集资金应当存放于募集资金专项账户,该账户不得存放非募集资金或用

作其他用途。发行人应当与保荐机构、存放募集资金的商业银行签订三方监管协议。

根据《北交所持续监管办法》第 8 条的规定，上市公司应当建立完善募集资金管理使用制度。募集资金的存放、使用、变更和持续披露等具体规则由北交所制定。

根据《上市公司监管指引第 2 号——上市公司募集资金管理和使用的监管要求（2022 年修订）》第 4 条的规定，上市公司应当建立并完善募集资金存储、使用、变更、监督和责任追究的内部控制制度，明确募集资金使用的分级审批权限、决策程序、风险控制措施及信息披露要求。

可见，北交所上市审核中，要求发行人对募集资金进行专户存储并建立募集资金管理使用制度，如申请、分级审批权限、决策程序、风险控制措施、信息披露程序等制度条款应当完整。

二、募集资金的使用

（一）闲置募集资金的使用

根据《北交所上市规则（试行）》第 2.3.3 条和第 2.3.5 条的规定，发行人募集资金应当用于主营业务及相关业务领域，暂时闲置的募集资金可用于如下用途：

（1）进行现金管理：在理财产品对象上，应投资于安全性高、流动性好、可以保障投资本金安全的理财产品；在程序上，使用闲置募集资金投资理财产品的，应当经公司董事会审议通过并披露，保荐机构应当发表明确同意意见并披露；在禁止范围上，除金融类企业外，募集资金不得用于持有交易性金融资产、其他权益工具投资、其他债权投资或借予他人、委托理财等财务性投资，不得直接或间接投资于以买卖有价证券为主营业务的公司，不得用于股票及其衍生品种、可转换公司债券等高风险投资，不得通过质押、委托贷款或其他方式变相改变募集资金用途。

（2）补充流动资金：在使用限制上，暂时补充流动资金，仅限于与主营业务相关的生产经营使用，不得直接或间接用于股票及其衍生品种、可转换公司债券等高风险投资；在使用程序上，闲置募集资金暂时用于补充流动资金的，应当经发行人董事会审议通过并披露，保荐机构应当发表明确同意意见并披露。单次补充流动资金最长不得超过12个月。补充流动资金到期日之前,发行人应当将该部分资金归还至募集资金专户,并在资金全部归还后及时公告。

(二)超募资金的使用

《北交所上市规则(试行)》第2.3.6条对发行人实际募集资金净额超过计划募集资金金额的部分(超募资金)的使用进行了具体的规定:用于永久补充流动资金和归还银行借款的,应当经公司董事会、股东大会审议通过并披露,保荐机构应当发表明确同意意见并披露。发行人应当公开承诺,在补充流动资金后的12个月内不进行股票及其衍生品种、可转换公司债券等高风险投资,或者为他人提供财务资助。

(三)置换自筹资金

《北交所上市规则(试行)》第2.3.7条对发行人置换自筹资金进行了具体的规定:发行人以自筹资金预先投入公开披露的募集资金用途后,以募集资金置换自筹资金的,应当经公司董事会审议通过并披露,保荐机构应当发表明确同意意见并披露。发行人应当及时披露募集资金置换公告以及保荐机构关于发行人前期资金投入具体情况或安排的专项意见。

三、募集资金用途的变更

《北交所上市规则(试行)》第2.3.4条对发行人募集资金用途的变更作了具体规定。在程序上,发行人应当按照公开披露的用途使用募集资金;改变募集资金用途的,应当经公司董事会、股东大会审议通过并披露,保荐机构应当发表明确同意意见并披露。发行人仅改变募集资金投资项目实施地点的,可免于提交股东大会审议。存在下列情形的,视为募集资金用途变更:(1)取消或者终止原募集资金项目,实施新项目;(2)变更募集资金投资项目实施主体(实施主体在发行人及其全资子公司之间变更的除外);(3)变更募集资金投资项目实施方式;(4)北交所认定为募集资金用途变更的其他情形。

案例24 | 思源股份(870040)——变更募集资金投向

思源股份专注视频信息系统专网建设和运营服务,包括系统方案咨询与设计、软件定制化开发、设备供应、系统集成、系统运营和维护等，在北交所上市审核中被问询募投项目的合理性，根据申请文件，申报时发行人拟将本次募集资金全部用于补充流动资金；申报后发行人变更了募集资金投向，拟将本次募集资金中的1亿元用于补充流动资金、4200万元用于偿还银行贷款。后思源股份于2022年1月6日终止申请。

实务中，在北交所上市审核中，发行人募集资金的使用应当具备可行性、必要性和合理性，具备明确的使用方向，用于发行人的主营业务，不得擅自改变募集资金用途。发行人募集资金投资项目已履行现阶段必要的批准、备案手续，符合国家产业政策、投资管理、环境保护以及其他法律、法规和规范性文件的规定。募集资金投资项目一般应由发行人独立实施，不存在与他人进行合作的情形。发行人实施上述募集资金项目，不会导致同业竞争或对发行人的独立性产生不利影响。

第六节 信息披露

一、信息披露的基本原则

信息披露应当遵循及时、公平、真实、准确、完整的基本原则，《北交所上市规则（试行）》第五章第一节规定了信息披露基本原则，上市公司及相关信息披露义务人应当及时、公平地披露所有可能对公司股票交易价格、投资者投资决策产生较大影响的信息，并保证信息披露内容的真实、准确、完整，不存在虚假记载、误导性陈述或重大遗漏。

二、信息披露的内容要求

（一）需要披露的内容

上市公司及相关信息披露义务人需要披露的信息包括定期报告和临时报告，具体如下：

1. 定期报告

定期报告包括年度报告、中期报告和季度报告。时间要求如下：在每个会计年度结束之日起4个月内编制并披露年度报告，在每个会计年度的上半年结束之日起2个月内编制并披露中期报告，在每个会计年度前3个月、9个月结束后的1个月内编制并披露季度报告，第一季度报告的披露时间不得早于上一年的年度报告。

在定期报告披露前，还应根据情况披露业绩预告和业绩快报。上市公司在年度报告披露前，预计上一会计年度净利润发生重大变化的，应当在北交所规定的时间内进行业绩预告；预计半年度和季度净利润发生重大变化的，可以进行业绩预告，重大变化的情形包括年度净利润同比变动超过50%且大于500万元、发生亏损或者由亏损变为盈利。如果定期报告披露前出现业绩泄露，或者出现业绩传闻且公司股票交易出现异常波动的，应当及时披露业绩快报。预计不能在会计年度结束之日起2个月内披露年度报告的，应当在该会计年度结束之日起2个月内披露业绩快报。业绩快报的主要财务数据和指标同比增减变动幅度达30%以上的，应当说明增减变动的主要原因。

2. 临时报告

《北交所上市规则（试行）》第5.2.2条规定，发生可能对公司股票交易价格、投资者投资决策产生较大影响的重大事件，上市公司及相关信息披露义务人应当及时披露临时报告。

（二）自愿披露的内容

除依法或者按照北交所业务规则需要披露的信息外，上市公司及相关信息披露义务人可以自愿披露与投资者作出价值判断和投资决策有关的信息，要求如下：

（1）应当遵守公平信息披露原则，保持信息披露的完整性、持续性和一致性。

（2）避免选择性信息披露。

（3）不得与依法披露的信息相冲突。

（4）不得误导投资者。

（5）不得利用自愿性信息披露从事市场操纵、内幕交易或者其他违法违规行为。

（6）已披露的信息发生重大变化，有可能影响投资决策的，应当及时披露进展公告，直至该事项完全结束。

(7)上市公司及相关信息披露义务人自愿披露信息的,在发生类似事件时,应当按照同一标准予以披露。

(三)暂缓或者豁免披露

上市公司和相关信息披露义务人应当审慎确定信息披露暂缓、豁免事项,不得随意扩大暂缓、豁免事项的范围。暂缓披露信息的,相关内幕信息知情人应当书面承诺做好保密;已经泄露的,应当及时披露。主要包括以下两方面信息:

(1)商业秘密、商业敏感信息。按照北交所规则披露或者履行相关义务可能引致不当竞争、损害公司及投资者利益或者误导投资者的,可以按照北交所相关规定暂缓或者豁免披露该信息。

(2)国家秘密。按北交所规则披露或者履行相关义务可能导致其违反法律法规或危害国家安全的,可以按照北交所相关规定豁免披露。

(四)行业及风险因素披露

(1)行业经营信息。上市公司应当结合所属行业的特点,按照中国证监会和北交所相关规定,充分披露行业经营信息,便于投资者合理决策。

(2)风险因素信息。上市公司应当充分披露可能对公司核心竞争力、经营活动和未来发展产生重大不利影响的风险因素。公司尚未盈利的,应当充分披露尚未盈利的成因,以及对公司现金流、业务拓展、人才吸引、团队稳定性、研发投入、战略性投入、生产经营可持续性等方面的影响。

三、内幕信息的管理

上市公司应当加强对内幕信息的管理,在制定信息披露事务管理制度时应当包括未公开信息的保密措施,内幕信息知情人的范围和保密责任;应当特别建立内幕信息管理制度,应当将内幕信息知情人控制在最小范围,内幕信息知情人在内幕信息公开前,不得买卖公司股票、泄露内幕信息或者建议他人买卖公司股票;应当对内幕信息知情人进行登记管理,并应当在重大事项披露前,报备内幕信息知情人档案。

四、信息披露的责任人

信息披露的责任人主要涉及以下三类：

(1)公司信息披露责任人。上市公司董事、监事、高级管理人员应当对公司信息披露的真实性、准确性、完整性、及时性、公平性负责，但有充分证据表明其已经履行勤勉尽责义务的除外。

(2)临时报告责任人。上市公司董事长、经理、董事会秘书，应当对公司临时报告的真实性、准确性、完整性、及时性、公平性承担主要责任。

(3)公司财务会计报告责任人。上市公司董事长、经理、财务负责人应当对公司财务会计报告的真实性、准确性、完整性、及时性、公平性承担主要责任。

案例 25 | 奥迪威(823491)——信息披露违规

奥迪威于2022年1月25日和3月11日分别收到北交所上市申请文件的审核问询函，均涉及“信息披露准确性”的问题，包括奥迪威的主要产品相关信息披露是否准确、充分，披露与前次申报存在较大差异，以及董事、高级管理人员离职事项等。当时，北交所要求其补充披露产品相关信息。2022年5月11日，因信息披露违规，该拟上市公司、董事、高级管理人员及保荐代表人均被北交所采取“口头警示”的监管措施。

自北交所开市以来，已有几十家上市公司因违规而被采取“口头警示”“出具警示函”等监管措施，其违规事由主要集中在信息披露违规方面。上市委员会坚持以信息披露为核心，登陆北交所的企业，在享受上市带来的红利同时，更要严格遵守北交所规则关于信息披露的相关规定，及时、公平、真实、准确、完整地履行好信息披露义务，保护投资者利益，降低交易成本，提高资本市场运行效率，促进资本市场良性发展。

第七章 北交所上市各行业审核要点及案例分析

第一节 各行业企业审核要点及案例分析

有关在北交所上市的不同行业企业的审核要点，总体而言，第六章所提及的北交所上市审核主要法律规范的关注要点亦同样适用。除上述通用的关注要点外，就发行申请人所在行业而应特别关注的问题，《北交所业务规则指引第1号》第1－9条"行业相关要求"指出："发行人应当结合行业特点、经营特点、产品用途、业务模式、市场竞争力、技术创新或模式创新、研发投入与科技成果转化等情况，在招股说明书中充分披露发行人自身的创新特征。保荐机构应当对发行人的创新发展能力进行充分核查，在发行保荐书中说明核查过程、依据和结论意见。发行人属于金融业、房地产业企业的，不支持其申报在本所发行上市。发行人生产经营应当符合国家产业政策。发行人不得属于产能过剩行业（产能过剩行业的认定以国务院主管部门的规定为准）、《产业结构调整指导目录》中规定的淘汰类行业，以及从事学前教育、学科类培训等业务的企业。"

就具体行业的审核关注要点，北交所目前尚未出台具体指引。考虑证券发行上市审核的共性特点以及新三板挂牌公司与北交所转板制度的安排，以下结合深交所、新三板有关行业信息披露指引以及北交所有关行业发行申请人的审核案例，就部分重点行业的审核关注要点进行简要分析。

一、制造业审核要点及案例

(一)以汽车制造业为例

1. 审核要点

(1)行业发展状况与公司行业地位相关信息。

(2)公司的主要经营模式(如采购模式、生产模式、销售模式等)、变化情况(如有)及原因,以及上述变化对公司经营效率的影响。

(3)公司的产能状况(已披露的产能扩张、资产收购等重大投资计划在报告期发生较大变化的,应当披露变化的具体情况和原因)。鼓励以列表方式披露公司主要工厂的设计产能、产能利用率、在建产能及其投资建设情况等。

(4)相应制造业务达到相应财务标准时涉及的生产经营情况信息。

(5)公司日常生产经营中出现下列情形之一的,应当及时披露相关情况,充分提示风险并说明对公司生产经营的影响、公司后续处理措施等,具体包括:①行业影响因素发生重大变化,或发生对公司有重大影响的行业性重大事件;②公司因生产或销售的产品质量、提供的服务等存在问题受到投诉、起诉或媒体质疑,或出现产品召回情况,可能对公司产生重大影响的;③发生重大安全、质量、环保事故,或被相关部门要求进行安全、环保整改,影响重大的。

2. 相关案例

案例 26 | 骏创科技(833533)——生产运营情况

骏创科技为在全国股转公司精选层挂牌转北交所上市的公司。骏创科技以汽车零部件的研发、生产、销售为核心业务,为汽车制造商及其零部件制造商等核心客户群体提供符合行业发展趋势及满足应用需求的零部件产品。

报告期内(2019 年~2021 年),公司营业收入分别为 155,974,926.66 元、179,051,093.71 元、345,404,864.01 元;扣除非经常性损益后的净利润分别为 16,489,492.37 元、15,852,122.04 元、25,886,281.96 元。

【关注问题】骏创科技经历了两轮的问询与回复、一轮上市委员会审议会议意见与回复。

(1)2021 年 12 月 10 日,北交所对骏创科技发出第一轮问询,问询内容主要涵盖四大类共18项问题:一是基本情况;二是业务与技术;三是财务会计信息与管理层分析;四是募集资金运用及其他事项。

(2)2022年1月24日,北交所发出第二轮问询,问询内容主要包括6个问题:①毛利率下滑风险;②主要客户销售可持续性及新客户开拓;③受让子公司骏创模具股权的公允性;④募集资金使用的合理性;⑤信息披露豁免的合理性;⑥关于信息披露质量及中介机构勤勉尽责。

(3)2022年3月23日,北交所上市委员会就下列3个问题提出了进一步落实意见:①请发行人进一步说明2021年员工持股计划的交易价格公允性,相关会计处理是否符合企业会计准则关于股份支付的要求。②请发行人结合发行人及其实际控制人与苏州释欣及其实际控制人之间交易的业务合作、资金往来等情况,说明对苏州释欣、盖尔领应收账款坏账准备计提是否谨慎,补充披露苏州释欣、盖尔领的还款计划。③请发行人进一步说明2020年销售费用下降的原因及合理性,并结合销售人员变动情况说明销售费用中员工工资变动的合理性。

【处理情况】针对主管机构关注的问题,特别是生产运营情况,公司、保荐机构、申报会计师、发行人律师对于相关问题进行回复,发表核查意见,向主管机构反馈。

3. 应对建议

除了常规的历次股权变动、关联交易、同业竞争、环保、税收等问题,汽车制造业企业更应注意下游的大客户是否过于集中,持续盈利能力是否存在不确定性;同时应注意上游供应商是否存在外协加工,外协加工单位是否存在关联关系或其他利益安排;此外,还应注意核查发行人的核心技术是否存在重大不利变化。

(1)针对外协加工问题,监管机构较关注包括外协加工的必要性以及模式;外协加工内容、加工定价、加工价格的公允性;主要委托加工商的基本情况(包括但不限于注册时间、注册资本、注册地址及实际经营地址,股权结构等),是否与公司存在关联关系(或曾经存在);外协生产环节是否涉及发行人产品的核心技术或核心生产环节,发行人对外协厂商是否构成重大依赖等在内的相关内容。发行人应从实行外协加工是行业普遍情况还是发行人特有情况说明外协加工的必要性以及基础材料采购等方面的加工模式,在外协加工合同或委托加工合同中增加保密条款,以防止发行人产品核心技术或关键工序泄漏。通过与市场公允价格对比或比较自产成本和外协成本、量化主要产品中外协成本占产品总成本的比例、分析采购成本和自身加工成本的差异情况，多方面重点及详细地说明外协加工价格的形成机制、定价依据及外协成本的占比。

（2）针对安全生产问题，监管机构较关注包括发行人是否发生过安全生产事故；发行人的安全生产及质量控制措施是否完善、有效；发行人生产费用是否与之相匹配等在内的相关内容。没有发生过事故的公司，要严格排查生产中的各项隐患，制定预防措施并从严落实；发生过安全生产事故的公司，应构建相应的安全生产管理制度，并使新的生产线履行合法合规的程序，积极配合履行各项整改规定，减少对公司持续经营能力的影响。

（3）针对环保问题，监管机构较关注包括报告期内是否出现过因环保问题而产生的罚款；募投项目环保投入与排污量的匹配情况；有关污染处理设施的运转是否正常有效等在内的相关内容。拟上市公司应明确各项业务项目是否构成污染，办理好企业环保所需的相关证书及资料，健全企业环境保护方面的管理制度及内控资料，做到收入与环保费用相匹配，募投项目涉及环保项目的企业需结合自身所采取的措施全面说明资金来源、环保投入与排污量的匹配情况。

综上所述，由于汽车制造业为资产密集型行业，公司运营需要大量的生产、研发设备以及遍布各地区的销售人员，审核过程中监管机构的关注要点可能更多放在公司的生产经营运行情况。例如，各主要固定资产是否正常运行、产能变动情况与固定资产的变动情况的匹配度、外协加工是否涉及利益输送、安全生产和环保消防是否符合相关规定等，公司应当按照监管要求披露相关情况并对存在瑕疵的部分进行合理解释，以求取得监管机构的认可。

（二）以计算机、通信和其他电子设备制造业为例

1. 审核要点

（1）影响公司经营活动的重大风险因素及其变化情况。

（2）对公司生产经营可能产生重大影响的国内外产业发展政策、财政税收政策、贸易政策等的变化情况，及对公司当期和未来发展的具体影响、公司已经或计划采取的应对措施。

(3)公司所处细分行业的发展情况,市场竞争格局、技术水平或特点的变化情况。公司应当结合产业链上下游市场的发展状况披露上下游市场的价格波动情况,并说明对其当期生产经营的影响。

(4)公司主要产品的核心竞争力及迭代情况、产能情况。

(5)公司通过招投标获得生产订单的,应当披露通过招投标获得的主要订单数量、金额及占当期销售收入的比重。公司存在未按规定实施招投标的,还应当披露相关风险及已采取或拟采取的整改措施。

(6)公司的研发模式,包括研发方式(自主研发、合作研发、外包研发等)、研发机构设置、研发人员构成,在研项目、已取得研发成果及权属等方面的情况。

(7)公司的研发支出情况。

(8)公司对专利或非专利技术所采取的保护措施。对公司产品有重要影响的专利或非专利技术出现权利瑕疵或法律争议的,应当披露该专利或非专利技术的产品应用情况及对公司生产经营的影响。

(9)公司从事不同细分行业的有不同关注重点。

(10)披露财务报告附注时同时披露:①存货或核心生产设备等重要资产科目发生减值的,应当结合自身技术水平、市场行情、产品销售等情况,分析并披露上述减值的具体情况和依据;②收到的政府补助金额明细,结合政府补助占同期利润总额的占比情况和行业特点说明其对政府补助的依赖情况。公司业绩对政府补助存在较大依赖的,还应当进行重大风险提示,分析并披露对公司持续经营能力的影响。

2. 相关案例

案例 27 | 则成电子(837821)——研发与知识产权

则成电子系由全国股转系统精选层挂牌转北交所上市的公司。则成电子主要从事基于柔性应用的定制化智能电子模组及印制电路板的设计、研发、生产和销售,拥有印制电路板生产线与模组生产线,为客户提供柔性应用方案设计、线路板定制化制造、电子装联、模组装配和高质量保证等全价值链服务。

报告期内(2019 年~2021 年),公司营业收入分别为 292,567,696.42 元、242,775,723.86 元、331,984,547.69 元;扣除非经常性损益后的净利润分别为 43,832,582.92 元、38,475,694.93 元、31,462,454.59 元。

【关注问题】则成电子经历了三轮问询与回复、一轮上市委员会审议会议意见与回复。

(1)2021年7月23日,全国股转公司对则成电子股票在精选层挂牌的申请文件提出问询,问询内容主要涵盖五大类共25项问题:一是基本情况;二是业务与技术;三是公司治理与独立性;四是财务会计信息与管理层分析;五是募集资金运用及其他事项。

(2)2021年12月28日,北交所发出了第二轮问询,问询内容主要涵盖4个问题:①收入集中于贸易商客户FCT;②终端销售实现情况核查不充分;③毛利率高于可比公司的原因及合理性;④其他问题(包括实际控制人存在大额取现、原材料供应不足的风险、提升申报文件质量等)。

(3)2022年1月28日,北交所发出了第三轮问询,问询内容主要涵盖2个问题:①根据问询回复补充披露有关FCT的相关内容;②根据问询回复说明与FCT在知识产权方面的有关约定及相关事宜(请发行人说明与FCT在有关商标、商号、专利等知识产权方面的具体约定、支付对价,FCT的其他供应商是否存在同样授权;是否存在知识产权侵权风险,是否存在相关诉讼、仲裁或潜在纠纷,上述事项对发行人独立性的影响)。

(4)2022年3月18日,北交所上市委员会发出审议会议意见,就则成电子与FCT的合作情况要求则成电子进一步落实如下问题:①就与FCT合作的稳定性、可持续性及未来如不能持续合作对发行人生产经营产生的风险作重大事项提示;②补充披露FCT以外新增客户的开发情况。

【处理情况】针对主管机构关注的问题,特别是主管机构几轮问询中均提及的"FCT"客户相关问题,公司、保荐机构、申报会计师、发行人律师从不同角度予以回复,发表核查意见,向主管机构反馈。

3. 应对建议

除了基本的公司控股信息、公司治理、同业竞争、环保等问题,计算机、通信和其他电子设备制造业更应根据其行业特点、细分领域,重点关注其主要产品的核心竞争力、研发模式、知识产权保护、主要产品认证及资质情况、客户集中度较高等问题。

(1)针对影响公司业务经营的重大风险因素,监管机构较为关注包括行业政策风险、产品或技术研发风险、原材料价格波动风险、关键原材料和零部件进口依赖风险、核心资产大额减值风险、人才流失风险、高新技术企业资格丧失风险、重大知识产权争议风险、技术泄密风险等在内的相关内容。

（2）针对知识产权保护问题，监管机构较为关注公司对专利或非专利技术所采取的保护措施；如果对公司产品有重要影响的专利或非专利技术出现权利瑕疵或法律争议的，公司应当披露该专利或非专利技术的产品应用情况及对公司生产经营的影响。

（3）针对研发模式及技术先进性问题，监管机构较为关注包括公司的研发方式（如自主研发、合作研发、外包研发等）、研发机构设置、研发人员构成，在研项目、已取得研发成果及权属等在内的相关内容，要求公司说明行业的技术迭代路线及先进性、核心研发人员资料等。同时，如果公司存在合作或外包研发的情形，公司应当披露合作或外包研发对公司核心技术的贡献情况，并说明对合作方或外包方是否存在技术依赖。

（4）针对客户集中度较高问题，监管机构比较关注包括公司前五大客户的稳定性及是否存在不确定性风险、公司获得主要客户业务的具体形式（是否涉及招投标程序）、是否存在大客户严重依赖情形，客户集中能否对公司持续经营能力构成重大不利影响在内的相关内容。

（5）针对各细分领域，如公司从事通用计算机、计算机外围设备或相关零部件制造的，应当披露相关产品的品牌种类（包括自主品牌和代加工品牌），相关产品在产品定位、外观设计、性能提升或者功耗等方面具备的特性或竞争优劣势。如公司从事安防、金融、医疗卫生、税务等特定行业相关计算机设备或其零部件制造的，应当结合所处细分市场情况披露相关产品的主要客户群体、特定行业准入的门槛或资质条件等情况。如公司从事通信系统设备制造的，应当披露主要终端客户的行业地位、公司在终端客户供应链体系中的位置或级别，并按照具体要求披露相关信息。如公司从事通信终端设备制造的，应当披露相关产品的应用领域以及在外观设计、产品性能提升、功耗等方面的竞争优劣势。如公司从事半导体分立器件、光电子器件、显示器件或组件制造的，应当结合用途或应用领域披露相关产品在关键性能上的优劣势或特点，如最大整流电流、最大耗散功率、发光强度、像素点间距、衰减特性、能耗等。公司从事集成电路制造的，应当披露主要产品的类型（逻辑电路、存储电路、微处理器等）、用途及应用领域、晶圆尺寸，产品良品率和重要性能指标（特征尺寸、功耗水平等）等（公司从事集成电路封装业务的，若相关封装技术发生重大变化，应当披露具体变化情况，如芯片粘接方法、引线键合方法、封装材料、封装形式、密封方法、芯片面积与封装面积之比、封装薄厚与散热情况等)。如公司从事电子元件或组件、印制电路板或者其他电子设备制造的,应当披露公司主要产品的关键性能指标,并结合主要客户类别及所属应用领域,披露其对上游供应商或下游客户的依赖情况。

综上所述,计算机、通信和其他电子设备制造业属技术密集型行业,其发展与知识产权、研发密不可分;监管机构审核过程中的关注要点可能更多在于公司的研发模式及核心技术先进性、知识产权的保护等方面。公司应当按照监管机构要求披露相关情况、作出充分且合理的说明,以求取得监管机构的认可。

二、计算机软件行业审核要点及案例

(一)审核要点

(1)影响公司业务经营活动的行业重大风险因素。

(2)公司的知识产权及其保护措施情况。

(3)公司的研发模式,包括研发方式(自主研发、合作研发、外包研发等)、研发机构设置情况以及研发平台等。

(4)公司的业务模式与资源要素、产品、会计数据和财务指标之间的对应关系(包括各类业务的主要客户及供应商类型,各类业务所应用的主要知识产权及其在业务开展过程中的作用,从事各类业务的主要人员构成,开展各类业务取得的收入、投入的成本以及毛利率情况)。

(5)公司应当说明客户所处行业相关的宏观经济形势、行业政策环境和信息化投资需求等外部因素的变化情况,并说明对公司当期及未来发展的影响,以及公司已经或计划采取的应对措施。公司应当结合客户所处行业和自身实际情况,对占公司营业收入或营业利润达到一定程度的行业,分项列示该行业营业收入、营业成本、毛利率,并分析其变动情况。

(6)公司业务中包括不同细分领域的有不同关注要点。公司经营存在季节性或周期性特征的,应当结合公司经营模式说明经营季节性(或周期性)发生的原因,量化说明经营的季节性(或周期性),并提示经营季节性(或周期性)波动风险。

(7)公司的研发支出情况。公司的职工薪酬总额(计入成本部分)及占公司成本总额的比重,分析公司利润对职工薪酬总额变化的敏感性;披露核心技术人员数量占比和薪酬占比以及变动情况。披露实施股权激励计提的费用及对上市公司净利润的影响,披露核心技术人员的股权激励费用及占公司当期股权激励费用的比重。

(8)披露财务报告附注时应按要求披露相应的收入确认会计政策、成本构成情况及成本核算方法、公司享受的税收优惠政策等。

(9)涉及为政府、企事业单位等客户提供相应服务的相关数据情况。

(10)公司新取得的对公司经营有重要影响的业务许可资格或资质、认证。

(11)重大合同进展情况。

(二)相关案例

案例 28 | 天润科技(430564)——知识产权

天润科技系由全国股转系统精选层挂牌转北交所上市的公司。天润科技的主营业务包括遥感与测绘地理信息数据服务和空间信息系统开发应用集成服务两类。公司为空间信息技术服务解决方案供应商,以地理信息开发应用为核心,利用现代遥感(RS)技术、卫星定位(GNSS)技术、先进的数据处理技术以及信息化技术,为新型智慧城市建设、自然资源调查监测、生态环境保护、国土空间规划、公共安全与应急保障、社会基层治理、能源开发利用等领域的各类应用提供高质量的空间信息产品和系统开发技术服务。

报告期内(2019 年~2021 年),公司营业收入分别为 118,370,410.75 元、173,182,394.87 元、197,457,620.27 元;扣除非经常性损益后的净利润分别为 13,576,692.85 元、28,131,746.66 元、31,042,630.74 元。

【关注问题】天润科技经历了二轮问询与回复、一轮上市委员会审议会议意见与回复。

(1)2021 年 10 月 29 日,全国股转公司对天润科技股票在精选层挂牌的申请文件提出问询,问询内容主要涵盖四大类共 21 项问题:一是业务与技术;二是公司治理与独立性;三是财务会计信息与管理层分析;四是募集资金运用及其他事项。

(2)2021 年 12 月 24 日,北交所发出第二轮问询,问询内容主要涵盖 8 个问题:①收入确认合规性及政策变更的影响未充分披露;②数据获取对外购的依赖程度披露不充分;③是否具有自主数据分析处理能力披露不充分;④是否具备系统开发与集成服务能力;⑤毛利率变动趋势与同行业变动趋势不一致;⑥外协供应商所在区域与项目所在区域差异较大;⑦其他问题;⑧执业质量问题。

(3)2022 年 3 月 11 日,北交所上市委员会审议会议意见指出:①请发行人补充披露无偿租赁多处房产的用途及合理性,请保荐机构核查并发表意见。②请发行人补充测算募投项目净现值、投资收益率等指标,说明募投项目资金经济效益测算是否合理。③招股说明书中存在多处披露错误或表述矛盾,请保荐机构核对后更正并准确披露差错产生的原因,并请发行人和保荐机构就会计核算和信息披露的准确性出具专项承诺。

【处理情况】针对主管机构关注的问题,特别是信息披露相关问题,公司、保荐机构、申报会计师、发行人律师从不同角度予以回复,发表核查意见,补充披露,向主管机构反馈。

(三)应对建议

除了常规的公司基本情况、公司治理、关联交易、税收等,计算机软件行业企业更应注意自身的知识产权、研发模式、业务许可资格/资质/认证、核心技术人员情况,并对涉及公司业务经营、可持续发展的相关内容密切关注。

1. 针对影响公司业务经营活动的行业重大风险因素,监管机构重点关注包括研发风险、市场风险、行业政策风险、人才流失风险、知识产权相关风险、高新技术企业资格丧失风险、信息安全与隐私保护风险等在内的相关内容。该等内容是计算机软件行业公司的重中之重。

2. 针对公司竞争力的具体体现问题,如业务许可资格/资质/认证,监管机构比较关注对公司经营有重要影响的内容,包括但不限于业务经营许可、行业准入许可、其他开展业务所需的资质等,如国家规划布局内的重点软件企业证书、高新技术企业证书、系统集成资质证书、武器装备质量管理体系认证等的获得情况,和现有资质的变动情况(如证书已到期),披露内容包括许可证类型、有效期、取得主体、适用范围以及对公司经营的影响等,如资质发生不利变化,应同时提示相关风险。

针对公司技术水平的先进性体现问题，监管机构比较关注公司所拥有的核心技术、研发项目技术性能指标处于国内领先的依据、与行业竞争对手相比存在哪些竞争优劣势等。另外，公司技术团队稳定性和持续研发能力、公司是否具备所需的业务支持能力，也是监管机构关注的要点。

3. 针对各细分领域，如公司业务中包括通信工程、安防工程、电子与智能化工程、系统集成等工程咨询、设计、施工安装的，应披露公司与发包方及分包方是否存在纠纷，分包方（包括劳务分包方）拥有资质的情况以及与公司的关联关系，违规发包、转包、分包及挂靠（如有）的规范情况。如公司从事数据处理和存储服务的，应披露公司获取数据的方式、渠道及数据类型及公司应用数据的方式及关于数据保密的措施，分析是否存在数据侵权情形及风险，保密措施是否完备、有效。如公司从事信息技术外包业务的，应披露信息技术外包业务的内容、客户群体、服务区域；涉及互联网众包或再分包业务的，应披露知识产权权利约定、利益分配机制以及公司对项目质量的控制措施。如公司从事呼叫中心业务并提供外呼服务的，应披露人员变动及培训情况（存在临时用工、劳务派遣用工的，应披露合同签订情况、劳务派遣公司相关资质情况），存在被主管机关责令整改情况的，应披露整改原因及整改完成情况。如公司从事银行卡或其他支付机构收单外包业务的，应结合消费者使用 POS 机刷卡消费的资金流走向分析公司业务是否涉及交易管理、资金清算、风险监控等内容。如公司从事集成电路设计业务的，应披露公司集成电路设计、晶圆制造、封装测试等环节自主完成及委托加工情况，分析对委托加工方及供应商（如有）是否存在依赖。如公司从事教育信息化业务的，应披露公司与教育机构的合作方式及变化情况，与学校、教师、学生、家长之间的对接方式，公司服务平台注册用户数量及保有情况，公司产品的推广方式及变化情况。如公司为证券公司、期货公司、保险公司、银行、小额贷款公司、担保公司、融资租赁公司、众筹公司等金融机构及具有金融属性的机构提供软件和信息技术服务的，应披露公司从事上述业务的专项规定（如有）、报告期内新增客户按照相关行业规定向金融监管机构备案并取得相应经营资质的情况（如有）、报告期内客户所处行业与公司业务相关的国家宏观政策和行业监管政策及其变化情况，分析上述政策对公司业务经营的影响以及公司是否存在因客户监管政策变动导致业绩不稳定甚至丧失持续经营能力的风险。

4. 针对研发支出问题,监管机构比较关注公司的研发支出达到一定标准的研发项目名称、研发费用明细及其占营业收入的比重;公司存在研发投入资本化情形的,所涉及研发资本化的金额、相关项目的基本情况、实施进度、对公司损益的影响、研发投入资本化的依据及相关内控制度的内容和执行情况。

5. 针对经营稳定性及公司治理问题,监管机构较为关注公司设立大量分公司、子公司的合理性、股份质押及权利质押对公司经营稳定性的影响。

综上所述,计算机软件行业作为技术密集型行业,与计算机、通信和其他电子设备制造业有一定相关性;除了一些共性的问题,计算机软件行业更侧重于“软件”;监管机构对其知识产权、研发模式、业务模式、业务许可将更为关注。公司应根据监管要求充分、详细披露相关内容,以满足监管机构的要求。

三、节能环保行业审核要点及案例

(一)审核要点

节能环保服务业务,是指上市公司通过工程承包(EPC、EP)、建设—转让(BT)等方式承建节能环保工程(以下简称节能环保工程类业务),或者通过合同能源管理(EMC)、建设—运营—转让(BOT)、运营维护(O & M)、建设—拥有—经营(BOO)等方式提供节能环保特许经营服务(以下简称节能环保特许经营类业务)等业务活动。监管机构的审核要点包括:

(1)影响公司业务经营活动的各项重大风险因素。

(2)公司采用的新技术或新工艺情况,包括技术优势、技术原理、知识产权、风险因素、发展前景等内容。

(3)公司的业务类型情况,包括盈利模式、发展前景、核心优势、风险因素等内容。

(4)与公司环保业务相关的国家或地方政府制定的污染物排放标准或者其他相关标准(如环境质量标准、技术标准等)的情况及其影响等。

(5)国家或公司业务所在地区相关的产业发展政策、环保政策、政府补贴和税收优惠等政策,及相应政策所发生的重大变化及其影响。

(6)公司的期末应收账款详细信息。注意披露财务报告附注时应按不同业务要求披露相应的具体信息（如收入确认方式、会计处理政策）。

（7）公司的节能环保服务相关资质情况。

（二）相关案例

案例 29 | 中航泰达（836263）——节能环保特点

中航泰达系由全国股转系统精选层挂牌转北交所上市的公司。中航泰达是国内领先的工业烟气治理领域综合服务商，致力于为钢铁、焦化等非电行业提供工业烟气治理全生命周期服务，具体包括工程设计、施工管理、设备成套供应、系统调试、试运行等工程总承包服务以及环保设施专业化运营服务。

报告期内（2017 年～2019 年），公司营业收入分别为 155,123,738.79 元、434,725,871.79 元、463,707,850.18 元；扣除非经常性损益后的净利润分别为 9,576,303.34 元、39,815,088.22 元、39,247,581.78 元。

【关注问题】中航泰达经历了一轮问询与回复、一轮挂牌委员会审议会议意见与回复、一轮挂牌申请会后事项审查问询与回复。

（1）2020 年 5 月 27 日，全国股转公司对中航泰达股票在精选层挂牌的申请文件提出问询，问询内容主要涵盖四大类共 37 项问题：一是规范性问题；二是信息披露问题；三是与财务会计资料相关的问题；四是其他问题。

（2）2020 年 7 月 1 日，全国股转系统挂牌委员会发出审议会议意见，提出：①请发行人进一步披露完善会计基础的措施和整改效果、预计成本与实际成本差异的会计处理方法、未计提质保金预计负债是否符合行业惯例，并请发行人就前述事项作风险提示；②请发行人结合毛利率情况、资产负债率、资金安排等分析并补充披露持续获取项目的能力。

（3）2020 年 7 月 2 日，全国股转公司发出中航泰达精选层挂牌申请会后事项的审查问询函，问询内容主要涵盖 4 个问题：①关于销售合同披露错误；②关于同业竞争；③关于信息披露准确性、完整性；④关于中介机构。

【处理情况】针对主管机构关注的问题，特别是信息披露、财务会计资料相关问题，公司、保荐机构、申报会计师、发行人律师从不同角度进行回复，发表核查意见，补充披露，向主管机构反馈。

（三）应对建议

对于节能环保行业而言，除了常规的公司基本情况、公司治理、关联交易、税收及政府补贴问题，相关公司更应关注该行业的核心问题——节能环保。因此，监管机构重点关注的内容亦侧重于节能环保。

1. 针对风险因素，监管机构比较关注包括公司相关的行业政策风险、业务占用资金较大且现金流紧张的风险、项目运营风险、重大合同履约风险、合同数量及金额大幅波动的风险、下游客户或其行业分布较为集中的风险、市场开拓面临障碍的风险、杠杆较高且融资不足的风险等在内的相关内容。

2. 针对环保问题，监管机构比较关注与公司环保业务相关的污染物排放标准或者其他相关标准的情况及其影响等相关内容。如果公司运营的节能环保项目出现污染物排放超标，或者发生重大环保事故等可能对公司股票及其衍生品种交易价格产生重大影响的事件，公司应当及时进行披露并揭示风险；因环保问题被主管部门处以重大行政处罚的，应当及时披露处罚原因、内容，以及对公司未来业务的影响。

3. 针对相关业务资质问题，监管机构比较关注公司就其节能环保服务相关业务经营所需的资质（如环保工程专业承包资质等）、许可具体情况，包括但不限于：所持证书的名称/许可证类型、编号、核定范围、级别、颁发单位、有效期、取得主体、适用范围、变动情况；资质申请条件依据、申请条件。公司实际情况是否符合资质条件，是否存在续期障碍等，以及相关业务资质所对应的具体业务、业务开展范围、开展地域等；公司持有相关专业资质的人员姓名、证书名称、证书编号、有效期等；公司是否存在其他工程类单位通过挂靠公司承接项目的情形，是否存在通过专业人员挂靠使公司取得并持有相关工程资质的情形；超资质承接项目的具体情况，工程项目的完工进度情况，工程的实施过程、实施结果；公司是否存在因超资质承接项目被相关主管部门处罚的情形，未被处罚的，是否存在被处罚的风险或者被认定为合同无效的风险；前述违规行为是否构成重大违法行为；公司的规范解决措施及有效性，工程质量是否存在纠纷或潜在纠纷，超资质承接项目对公司经营的影响。

4. 针对专利及核心技术问题，监管机构比较关注包括公司的专利来源、取得方式、权属是否清晰/是否存在争议或纠纷；公司核心技术的竞争力，及国家相关政策变化、行业技术发展趋势等对公司经营的影响等在内的相关内容。

5. 针对细分领域的订单情况，如公司从事节能环保工程类业务的，监管机构比较关注不同业务类型的报告期内新增订单（以收到《中标通知书》或签订《框架性协议》等文件为准）的详细信息、达到一定标准的正在履行的订单情况；如公司从事节能环保特许经营类业务的，监管机构比较关注不同业务类型的报告期内新增订单的详细信息、达到一定标准的处于施工期阶段的订单情况、达到一定标准的已进入运营期阶段的订单履行情况。

综上所述，节能环保行业有其特殊性，其对节能环保的要求是重中之重，监管机构亦会将监管重点放在此处。公司应结合自身特点、业务模式，根据监管要求充分披露相关内容。

四、新能源行业审核要点及案例

（一）审核要点

（1）影响公司经营活动的重大风险因素及变动情况。

（2）公司所处行业的基本情况及与公司行业地位相关的信息。

（3）公司相关产品或业务的关键指标。

（4）公司达到一定标准的产品或业务的产能、产能利用率、在建产能，生产线非正常停产、检修、整改、复产等情况；销售量、销售收入、销售毛利率及其变化情况等。

（5）公司日常生产经营过程中出现下列情形的，应当及时披露，充分提示风险并说明对公司生产经营的影响：①市场出现新产品或技术路线，或者公司自身实现技术突破，可能对公司核心竞争力产生重大影响；②公司主要产品或行业定价模式发生重大变化；③公司被提起对公司有重大影响的专利侵权等诉讼；④主要客户发生变动，可能对公司生产经营产生重大不利影响。

（6）公司因生产或销售的产品质量、提供的服务，发生重大诉讼、仲裁，或者发生较大安全生产事故、受到媒体重大质疑的，应及时披露相关事项、对公司的影响及公司后续处理措施等。公司因违反安全生产法律法规及相关行业监管规定被主管部门处以重大行政处罚的，应当及时披露处罚原因、内容以及对公司业务的影响。

（7）环保相关内容。

（二）相关案例

案例 30 | 德瑞锂电（833523）——行业特点

德瑞锂电系由全国股转系统精选层挂牌转北交所上市的公司。德瑞锂电专注于锂锰电池、锂铁电池等锂一次电池研发、生产及销售，为客户提供能量密度高、使用寿命长、适用温度范围广、绿色环保电池解决方案。公司的产品主要用于物联网、智能仪器仪表、智能安防、智能家居、GPS 追踪器、RFID 标签等领域。

报告期内（2018 年～2020 年），公司营业收入分别为 143,725,610.46 元、160,897,993.90 元、174,371,048.91 元；扣除非经常性损益后的净利润分别为 28,571,830.19 元、33,474,152.07 元、40,354,937.06 元。

【关注问题】德瑞锂电经历了一轮问询与回复。

2021 年 2 月 9 日，全国股转公司对德瑞锂电股票在精选层挂牌的申请文件提出问询，问询内容主要涵盖五大类共 20 个问题：一是基本情况；二是业务和技术；三是公司治理与独立性；四是财务会计信息与管理层分析；五是募集资金运用及其他事项。

【处理情况】针对主管机构提出的问题，公司、保荐机构、申报会计师、发行人律师从不同角度进行说明，发表核查意见，补充披露，向主管机构反馈。

（三）应对建议

新能源行业企业应重点关注其自身的行业地位、业务竞争力及发展空间、生产方式与技术密集型行业特征是否一致，产品质量控制及安全，环保合规性等行业重点问题。

1. 针对风险因素，监管机构比较关注包括与公司相关的政策变化风险、产品或技术迭代风险、原材料价格波动风险、现金流风险、产品质量风险、客户及供应商依赖风险、核心人才流失风险等在内的相关内容。

2. 针对公司所处行业问题，监管机构比较关注包括公司所处锂离子电池产业链的位置、所处细分行业发展现状及未来发展趋势、公司经营情况与行业发展是否匹配，公司情况与行业情况存在较大差异（如有）的原因；公司业务模式、该细分行业的市场竞争状况、公司的市场地位以及是否发生较大变化、核心竞争力、报告期内行业或者公司重大技术创新变化、同行业主要可比公司简要情况等在内的相关内容。

3. 针对公司的产品或业务的关键指标问题，监管机构比较关注包括公司是否结合了电池及原材料生产关键技术和工艺、品牌和知识产权、研发人员、客户资源等，充分披露了公司在获取客户、扩大市场份额、改善电池能量密度及循环寿命等关键指标、提升成本控制水平等方面的核心竞争优势和主要劣势；是否就公司的核心技术工艺、知识产权、研发人员等关键要素发生重大变化，或因行业内产品或技术路线重大突破导致公司主要产品被替代或淘汰而充分披露相关事项对自身竞争优势产生的具体影响在内的相关内容。具体到细分领域，监管机构会据此作出相应的细分要求。

4. 针对环保问题，监管机构比较关注包括属于生态环境部门公布的重点排污单位的公司或其重要子公司是否已根据主管机关相关格式准则披露主要环境信息；公司因违反环保法律法规及相关监管规定被生态环境部门处以重大行政处罚的，是否及时披露了处罚原因、内容以及对公司业务的影响（如公司生产或销售的产品因热失控、热扩散等引发自燃、爆炸等产品质量事件，导致重大诉讼、仲裁或媒体重大质疑的，是否已披露相关事项的基本情况、已经或可能面临的处罚、需承担的法律责任、对公司经营和财务的影响，以及公司拟采取的应对措施；公司是否已披露生产经营中产生的重金属等污染物处置措施、锂离子电池回收措施以及环保投入等情况；报告期内发生重大环境污染违规事件的，是否已披露违规事件的具体情形、处理结果，以及对公司生产经营产生的影响）等在内的相关内容。

综上所述，新能源行业作为近年来蓬勃发展的行业，监管机构会比较关注其重点——新能源所涉及的相关方面，如具备核心竞争力的产品或业务、知识产权、涉及环保的相关内容。公司应充分披露，以符合监管要求。

五、生物医药行业审核要点及案例

（一）审核要点

（1）影响公司业务经营活动的各项重大风险因素。

（2）公司应当在“管理层讨论与分析”部分详细披露药品和生物制品项目的研发、生产及销售情况。公司在药品研发、注册过程中，出现下列情形之一的，应当及时披露：①按相关规定可以开展临床试验；②临床试验取得阶段性进展(进入Ⅰ、Ⅱ、Ⅲ、Ⅳ期);③终止临床试验;④收到新药证书;⑤收到药品生产许可批件(包括《药品注册证书》《进口药品注册证》《医药产品注册证》等);⑥获得药品生产许可证;⑦产品通过或未通过一致性评价;⑧交易所或者公司认为可能对公司药品研发、注册产生重大影响的其他情形。同时,应当披露相应药品的基本信息、目前所处的审批阶段以及后续所需的审批流程、同类药品的市场竞争及潜在竞争状况、该药品研发及注册过程中存在的主要风险等。

(3)公司在美国或欧盟实施相关药品的注册,应当参照境内注册程序及时披露。

(4)公司药(产)品生产经营活动所需业务资质许可情况。

(5)公司的研发模式,包括研发方式(自主研发、合作研发、外包研发等)、研发机构设置情况、研发平台(如有)及与公司合作的外部研发团队和资源等,以及与公司药(产)品研发有关的信息。

(6)出现下列情形之一的,公司应当及时披露并说明对公司的影响:①相关财务数据问题;②因产品质量问题产生相应后果;③公司产品使用发生群体不良反应或出现较大范围的媒体质疑、安全投诉;④公司药品进入或者退出国家级《医保药品目录》;⑤行业政策发生重大变化,公司主要产品被提起重大专利侵权诉讼,市场出现新的产品或者技术路线,且对公司有重大不利影响等。

(7)公司关于原材料采购及药(产)品生产、包装、运输、仓储等方面质量管理制度的建立及执行情况。

(8)公司可以根据其实际情况披露公司对知识产权的保护措施。

(9)公司生产销售的药品中标进入药品集中带量采购目录的应当及时披露相关信息。

(10)公司是否属于重污染行业,建设项目履行的环境保护审批或备案程序、生产经营活动中产生的污染物种类及处置措施、污染物处理设施配置的相关情况,环保投入情况,污染物排放许可情况以及发生的重大环境污染事件、环保处罚事项等。公司生产经营活动涉及列入《国家危险废物名录》的危险废物的,是否已披露其依法设立的危险废物贮存、转移及处置等管理程序及执行情况。

(11)公司具体的生产经营活动涉及的相关内容。

（12）公司应结合销售费用支出情况披露采取的主要销售模式、销售方法；公司通过广告宣传药（产）品的，应当披露药（产）品广告的审批或备案情况；公司应披露的广告宣传、学术推广、药（产）品销售等行为是否规范、是否存在违法违规行为；就推广销售模式下推广费的商业合理性；是否满足依法规范经营的发行上市条件。

（二）相关案例

案例31 | 梓橦宫（832566）——药品的研发、生产和销售

梓橦宫系由全国股转系统精选层挂牌转北交所上市的公司。梓橦宫主要从事药品的研发、生产和销售。生产的药品涵盖中成药、专科药以及外用药。报告期内，公司的主要在产产品为胞磷胆碱钠片（商品名：欣可来）、东方胃药胶囊以及一些普药、原料药和中成药。

报告期内（2018年~2020年），公司营业收入分别为277,336,772.37元、352,028,217.39元、365,435,019.34元；扣除非经常性损益后的净利润分别为31,400,121.40元、53,184,653.53元、51,795,325.44元。

【关注问题】梓橦宫经历了一轮问询与回复、一轮挂牌委员会审议会议意见与回复。

（1）2020年9月24日，全国股转公司对梓橦宫股票在精选层挂牌的申请文件提出问询，问询内容主要涵盖五大类共25项问题：一是基本情况；二是业务和技术；三是公司治理与独立性；四是财务会计信息与管理层分析；五是募集资金运用及其他事项。

（2）2021年6月22日，挂牌委员会审议会议要求：请发行人进一步补充披露市场调研与服务商提供的服务内容、数量，及与收入的匹配性。请保荐机构及申报会计师核查并发表意见，说明核查程序与依据。

【处理情况】针对主管机构提出的问题，公司、保荐机构、申报会计师、发行人律师从不同角度进行说明，补充披露，发表核查意见，向主管机构反馈。

案例32 | 威门药业（430369，已终止审核）——药品的研发、生产和销售

威门药业在全国股转系统创新层挂牌后申请于北交所上市。威门药业以中成药为主，集研发、生产、销售为一体。报告期内，公司以热淋清颗粒、金钱胆通颗粒、川芎茶调颗粒（无蔗糖）等中成药为核心产品，涉及泌尿生殖系统、胆道消化系统、神经精神系统等用药领域。同时，公司充分利用贵州得天独厚

的自然资源优势，开发药食同源、养生保健的天麻、铁皮石斛系列大健康产品，产品品种多样。

报告期内(2019 年 ~2021 年)，公司营业收入分别为 435,230,635.74 元、370,907,613.69 元、486,486,776.43 元；扣除非经常性损益后的净利润分别为 16,394,327.77 元、4,830,970.73 元、4,830,970.73 元。

【关注问题】威门药业经历了一轮问询与回复。

2022 年 12 月 19 日，北交所对威门药业公开发行股票并在北交所上市的申请文件提出问询意见，问题主要涵盖五大类共 14 个问题：一是基本情况；二是业务与技术；三是公司治理与独立性；四是财务会计信息与管理层分析；五是募集资金运用及其他事项。

【处理情况】针对主管机构提出的问题，公司、保荐机构、申报会计师、发行人律师从不同角度进行说明，发表核查意见，补充披露，向主管机构反馈。

2023 年 3 月 23 日，威门药业向北交所提交了《贵州威门药业股份有限公司关于撤回向不特定合格投资者公开发行股票并在北京证券交易所上市申请文件的申请报告》。其后，北交所作出《关于终止对贵州威门药业股份有限公司公开发行股票并在北京证券交易所上市审核的决定》。

（三）应对建议

生物医药行业除一般性的公司治理、环保、政策等问题外，相关企业应结合自身研发、生产特点，对公司业务运营的全流程进行把控；同时，因生物医药行业的临床试验的特殊性，其安全性也是监管机构关注的重点。

1. 针对风险因素，监管机构比较关注包括药(产)品纳入重点监控目录的风险、药(产)品临床试验失败风险、新药(产)品上市批文取得风险、药(产)品上市推广风险、药(产)品质量控制风险、核心技术泄密风险、行业监管政策变化风险等在内的相关内容。

2. 针对业务资质/许可问题，监管机构比较关注包括公司所取得的包括但不限于行业准入许可、质量管理规范认证、药品批准文号等；公司通过自行研发以外的其他途径获得境内外临床试验许可、新药证书、药品生产许可批件等资质许可文件，是否已及时披露；公司出现影响业务资质有效存续情形的，公司是否已披露其对公司生产经营可能产生的影响及公司已采取或拟采取的应对措施在内的相关内容。

3. 针对相关安全问题，监管机构比较关注包括公司药（产）品存在重大质量安全问题、质量不合格、被停产或停售、被召回等情况（如有）的原因、整改情况、产生的损失或赔偿、遭受的处罚等；公司因药（产）品质量问题被监管机构处罚或曝光（如有）的具体原因、涉及的药（产）品种类、处理程序的进展情况、处罚的具体情况等；公司针对问题药（产）品（如有）所实施的药（产）品召回制度的基本情况及召回药（产）品的处置措施、针对库存过期药（产）品的处置措施在内的相关内容。

4. 针对公司具体的生产经营内容，监管机构关注的点也会有所不同：涉及危险化学品的，公司在生产、储存、使用、经营和运输环节依法采取的管理措施及安全生产资质的取得情况、建设项目的安全审查情况等；涉及生物制品的，公司在生物安全方面采取的管理措施；公司从事中药饮片加工、中成药生产业务的，是否已披露主要药（产）品涉及的中药药材的品种、供求情况、采购模式、质量控制措施以及其价格波动对公司的影响情况；公司药（产）品属于依法应开展一致性评价的仿制药的，是否已披露一致性评价申报及审批情况、药（产）品的生产工艺和技术情况；公司药（产）品为生物类似药的，是否已披露其参照药情况、研发与评价实施情况。

5. 针对环保问题，监管机构比较关注包括公司是否属于重污染行业、建设项目履行的环境保护审批或备案程序、生产经营活动中产生的污染物种类及处置措施、污染物处理设施配置情况、环保投入情况、污染物排放许可情况以及发生的重大环境污染事件、环保处罚事项等在内的相关内容。公司生产经营活动涉及列入《国家危险废物名录》的危险废物的，是否已披露其依法设立的危险废物储存、转移及处置等管理程序及执行情况。

6. 针对财务会计信息，监管机构较为关注包括市场及学术推广费用及其占比持续增长的商业合理性，是否满足依法规范经营的发行上市条件在内的相关内容，具体而言涉及：（1）内部控制制度是否健全有效（发行人在推广商选取标准、审批流程、服务内容、费用标准、费用支付等方面的制度是否健全有效，防止商业贿赂相关制度的设计及执行是否存在重大缺陷，是否存在通过虚增销售人员差旅费、推广商虚拟事项等方式套取资金体外使用的情形）；（2）异常推广商相关业务的发生是否真实合理（针对关联方及前员工等设立的推广商、主要服务发行人的推广商等异常推广商，重点关注中介机构是否实地走访查看相关推广商，推广商是否具备学术推广的资质，是否具备适当的履约能力，推广商与发行人发生业务的商业合理性等）；(3)是否通过资金流水核查有效排除异常资金往来情形（重点关注发行人及其控股股东、实际控制人、董事、监事、高级管理人员、主要销售人员及其他主要关联方的资金流水，是否与推广商、客户及其他供应商等利益相关方发生资金往来，异常推广商是否与发行人客户及其他供应商等利益相关方发生资金往来，相关主体的资金流水是否存在大额取现等异常行为）；(4)是否充分获取相关外部证据（重点关注中介机构是否通过函证及访谈等手段取得终端客户及相关主体关于是否存在商业贿赂方面的确认，是否通过中国裁判文书网等公开渠道查询发行人是否涉及通过商业贿赂获取客户订单的情形）。

综上所述，生物医药行业为新旧融合的行业，监管机构会比较关注传统医药与现代高科技化研发、生产的融合，及相关的资质许可、知识产权保护、环保、市场及学术推广费用的商业合理性等内容。公司应根据监管要求充分披露。

六、半导体行业审核要点及案例

（一）审核要点

(1)对公司生产经营可能产生重大影响的主要政策及公司的应对措施。

(2)公司所处细分行业的发展情况，市场竞争格局、技术水平或特点的变化情况。公司应当结合产业链上下游市场的发展状况，披露上下游市场的价格波动情况，并说明对当期生产经营的影响。

(3)公司主要产品的产能情况。

(4)公司的研发模式。

(5)公司的研发支出情况。

(6)公司对专利或非专利技术所采取的保护措施。对公司产品有重要影响的专利或非专利技术出现权利瑕疵或法律争议的，应当披露该专利或非专利技术的产品应用情况及对公司生产经营的影响。

(7)公司从事半导体分立器件、光电子器件、显示器件或组件制造的，应当结合用途或应用领域披露相关产品在关键性能上的优劣势或特点，如最大整流电流、最大耗散功率、发光强度、像素点间距、衰减特性、能耗等。

（二）相关案例

案例33 | 连城数控(835368)——规范运营与研发

连城数控系由全国股转公司精选层挂牌转北交所上市的公司。连城数控是国内技术领先的晶体硅生产和加工设备供应商，为光伏及半导体行业下游客户提供高性能的晶硅制造和硅片处理等生产设备，主要产品包括单晶炉、线切设备、磨床、硅片处理设备和氩气回收装备等。

报告期内(2017年~2019年)，公司营业收入分别为876,559,888.59元、1,053,212,312.26元、972,421,117.86元；扣除非经常性损益后的净利润分别为181,319,845.16元、163,459,574.83元、146,470,511.25元。

【关注问题】连城数控经历了一轮问询与回复、一轮挂牌委员会审议会议意见与回复。

(1)2020年6月8日，全国股转公司对连城数控股票在精选层挂牌的申请文件提出问询，问询内容主要涵盖四大类共42项问题：一是规范性问题；二是信息披露问题；三是与财务会计资料相关的问题；四是其他问题（无）。

(2)2020年6月30日，挂牌委员会作出审议会议意见，要求：①请保荐机构、发行人律师进一步补充并说明针对发行人与隆基股份、上海釜川关联交易的核查程序与核查手段。②请发行人补充说明并披露：2017年开始对隆基股份的销售占比大幅增长的原因及合理性；关于关联方转贷具有商业实质的披露是否恰当；未来减少关联交易的相关措施。

【处理情况】针对主管机构提出的问题，公司、保荐机构、申报会计师、发行人律师从不同角度进行说明，补充披露，发表核查意见，向主管机构反馈。

（三）应对建议

除一般的公司治理、财务问题、信息披露、关联交易等问题外，半导体行业企业更应关注自身所处行业的发展趋势、技术特点等。

1. 针对可能影响公司业务经营的政策，监管机构重点关注包括国内外产业发展政策、财政税收政策、贸易政策等情况，及该等政策对公司当期和未来发展的具体影响，以及公司已经或计划采取的应对措施等在内的相关内容。

针对公司的核心竞争力问题，监管机构比较关注包括公司是否结合所处细分行业的特点披露主要产品的核心竞争力；主要产品迭代的，是否已披露迭代情况并分析对当期经营的影响等在内的相关内容。

2. 针对研发模式，监管机构比较关注包括公司的研发方式（自主研发、合作研发、外包研发等）、研发机构设置、研发人员构成，在研项目、已取得研发成果及权属等在内的相关内容；公司存在合作或外包研发的，是否已披露合作或外包研发对公司核心技术的贡献情况，并说明对合作方或外包方是否存在技术依赖。

综上所述，半导体行业作为非新兴行业，监管机构的关注要点将在公司的规范性问题、研发问题之上。公司应根据监管要求及时充分披露相关内容。

七、工程施工行业审核要点及案例

（一）审核要点

（1）影响公司业务经营活动的行业重大风险因素。

（2）与公司所处行业相关的宏观经济形势、行业政策环境、财政税收政策、工程建设资质及招投标管理政策等外部因素及变化情况，公司主营业务的行业发展及国内外市场需求情况，并说明对公司当期及未来发展的具体影响，以及公司已经或计划采取的应对措施。

（3）公司所处细分行业的市场竞争格局、公司的市场地位、公司的下游行业发展情况；公司在品牌、专业技术、项目管理及项目融资等方面的竞争优势及劣势；公司取得的行业资质类型及有效期。

（4）公司实施工程项目的主要业务模式，不同模式的特有风险、定价机制、回款安排、融资方式、政策优惠，及业务模式的变化情况。

（5）公司不同业务模式项下报告期内相应工程项目具体情况。

（6）公司是否按照融资途径（如银行贷款、票据、债券、信托融资、基金融资等）披露报告期末各类融资余额、融资成本区间、期限结构等。

（7）公司的质量控制体系、执行标准、控制措施及整体评价；公司报告期内的重大项目质量问题，可能产生的工程回款、收入确认及诉讼仲裁等风险。

（8）公司应披露安全生产制度的运行情况。公司发生重大安全事故的影响及应对措施、重大风险提示。

(9)披露财务报告附注时是否已依据自身业务模式和结算方式对收入确认会计政策等进行了详细披露。

(二)相关案例

案例 34 | 中设咨询(833873)——业务模式

中设咨询系由全国股转系统精选层挂牌转北交所上市的公司。中设咨询的主营业务为工程勘察设计、工程检测及其他相关工程咨询服务,包括为市政、建筑、交通等行业提供勘察设计及工程检测服务,接受业主委托对工程项目进行项目管理,提供管理咨询服务,具备为业主单位提供全过程工程咨询服务的能力。

报告期内(2018 年~2021 年上半年),公司营业收入分别为 197,750,586.24 元、228,665,777.81 元、216,829,342.09 元、70,063,826.49 元;扣除非经常性损益后的净利润分别为 10,559,072.52 元、29,801,790.00 元、24,478,838.99 元、-7,946,275.12 元。

【关注问题】中设咨询经历了一轮问询与回复、一轮挂牌委员会审议会议意见与回复。

(1)2020 年 12 月 24 日,全国股转公司对中设咨询股票在精选层挂牌的申请文件提出问询,问询内容主要涵盖四大类共 20 项问题:一是基本情况;二是业务和技术;三是财务会计信息与管理层分析;四是募集资金运用及其他事项。

(2)2021 年 9 月 24 日,挂牌委员会作出审议会议意见,要求发行人结合攀枝花市鲁桥炳东线建设管理有限公司模式变化的具体情况以及对手方的信用状况评估等,进一步说明对收入确认以及应收款余额的可回收性的影响。

【处理情况】针对主管机构提出的问题,公司、保荐机构、申报会计师、发行人律师从不同角度进行说明,补充披露,发表核查意见,向主管机构反馈。

(三)应对建议

工程施工行业并非北交所重点服务的创新型行业类别,表面上看似乎与北交所定位的“专精特新”并不匹配,但不排除北交所允许符合条件的该类企业挂牌。监管机构对该类行业企业进行审核时的关注要点会在相应的安全生产风险、业务模式、融资途径等方面。

1. 针对重大风险因素，监管机构比较关注公司是否针对所处建筑细分行业和自身业务特点，遵循相关性和重要性原则，对影响其业务经营活动的行业重大风险因素（如行业政策变化风险、下游行业需求变化风险、市场竞争风险、安全生产风险、工程分包风险、应收账款坏账风险、境外业务风险、项目管理风险等）进行了充分披露。

2. 针对主营业务是否具备核心竞争力的问题，监管机构比较关注包括公司的主营业务实质、商业模式、核心工序情况；公司与主要竞争对手比较情况；是否如公司自身所述具备跨区域综合服务能力等在内的相关内容。

3. 针对不同业务模式涉及的工程项目情况，监管机构比较关注包括完工（已竣工验收）项目的总数量、总金额以及完工重大项目的验收、收入确认、结算和回款情况；未完工项目的情况、未完工重大项目的进展情况；是否已汇总披露存货中已完工未结算项目的情况等在内的相关内容。公司开展境外项目的，还要关注是否已披露报告期内境外项目涉及的汇率风险等特殊风险以及公司的应对措施，境外项目的数量、金额及区域分布情况，以及境外重大项目的名称、金额、业务模式和完工情况。

综上所述，工程施工行业也有许多细分领域，监管机构较为关注公司的工程项目的主要业务模式、相应的特有风险、定价机制、政策优惠等情形，公司应根据监管要求充分披露。

第二节　特殊类型企业重点关注事项

一、国有企业关注事项

正如前文所述，就具体行业的审核关注要点，北交所目前尚未出台具体指引。同样，对国有企业的审核关注事项，北交所亦未出台具体指引。下文基于证券发行上市审核的共性特点，参照对在上交所、深交所上市国有企业的普遍要求，结合已在北交所上市的部分国有企业的案例，对在北交所上市的国有企业需关注事项进行简要分析。

(一)主要关注事项

1. 国有企业改制的合法合规性

国有企业改制之时应遵循当时的法律法规的要求,不得出现重大违法违规情形。

(1)改制方案需履行审批程序

《企业国有资产法》第40条规定:"企业改制应当依照法定程序,由履行出资人职责的机构决定或者由公司股东会、股东大会决定。重要的国有独资企业、国有独资公司、国有资本控股公司的改制,履行出资人职责的机构在作出决定或者向其委派参加国有资本控股公司股东会会议、股东大会会议的股东代表作出指示前,应当将改制方案报请本级人民政府批准。"国务院国资委《关于规范国有企业改制工作的意见》(以下简称《国企改制意见》)更是明确指出,国有企业改制方案需按照《企业国有资产监督管理暂行条例》和国务院国有资产监督管理委员会的有关规定履行决定或批准程序,未经决定或批准不得实施。

(2)对相关资产进行评估的结果需经过核准或备案

《企业国有资产评估管理暂行办法》(以下简称《国资评估办法》)第6条规定:"企业有下列行为之一的,应当对相关资产进行评估:(一)整体或者部分改建为有限责任公司或者股份有限公司。"评估结果有核准和备案两种情形,通常经各级人民政府批准经济行为的事项涉及的资产评估项目,由其国有资产监督管理机构负责核准。"

(3)有关方案须提交企业职工代表大会或职工大会审议

《国企改制意见》规定,"国有企业改制方案和国有控股企业改制为非国有的企业的方案,必须提交企业职工代表大会或职工大会审议,充分听取职工意见。其中,职工安置方案需经企业职工代表大会或职工大会审议通过后方可实施改制"。《企业国有资产法》第41条第2款规定:"企业改制涉及重新安置企业职工的,还应当制定职工安置方案,并经职工代表大会或者职工大会审议通过。"

(4)改制方案须征得金融机构债权人的同意

《国企改制意见》规定,"国有企业改制要征得债权金融机构同意,保全金融债权,依法落实金融债务,维护其他债权人的利益。要严格防止利用改制逃废金融债务,金融债务未落实的企业不得进行改制”。国务院国资委《关于进一步规范国有企业改制工作的实施意见》(以下简称《国企改制实施意见》)仍然强调,“改制方案必须明确保全金融债权,依法落实金融债务,并征得金融机构债权人的同意”。

(5)涉及土地使用权的合规要求

《国企改制实施意见》规定:“企业改制涉及土地使用权的,必须经土地确权登记并明确土地使用权的处置方式。进入企业改制资产范围的土地使用权必须经具备土地估价资格的中介机构进行评估,并按国家有关规定备案。涉及国有划拨土地使用权的,必须按照国家土地管理有关规定办理土地使用权处置审批手续。”

2. 历史沿革中有关国有股权变动若干事项的规范性

(1)需办理国有资产评估及评估核准/备案手续

在发行人历次股本演变过程中,可能出现国有股权变动未依法进行国有资产评估及评估核准/备案的情形,该等情形可能引起审核机构对相关股权变动的程序合规性、价格公允性以及是否造成国有资产流失等事项的关注。

(2)需履行进场交易手续

在发行人历次股本演变过程中,可能出现国有股权变动未依法履行进场交易手续的情形,该等情形亦可能引起审核机构对相关股权变动的程序合规性、价格公允性以及是否造成国有资产流失等事项的关注。

(3)需办理国有产权登记手续

在发行人历次股本演变过程中,未及时办理国有产权登记手续为常见的国有资产管理程序瑕疵之一,该等情形同样可能引起审核机构的关注。

3. 近年来混改国有企业涉及的若干事项的规范性

2013 年,党的十八届三中全会发布中共中央《关于全面深化改革若干重大问题的决定》,指出要积极发展混合所有制经济。为推进国有企业混合所有制改革,国务院于 2015 年 9 月 13 日发布《关于国有企业发展混合所有制经济的意见》,该文件明确了混合所有制改革的实施原则、分类分层推进国有企业混改、鼓励各类资本参与及健全治理机制等内容,是整个国有企业混改的核心文件。

此外,国务院国资委在 2019 年制定了《中央企业混合所有制改革操作指引》,作为中央企业操作要求。同时,包括北京、上海等各个地方国有资产监管部门也出台了混改操作指引。相关操作指引对流程、程序等事项进行了明确的要求,是国有企业实施混改的依据。

(1)混改方案审批和实施的规范性

随着国有企业改革的不断深化,申报 IPO(包括北交所上市)的混改国有企业数量也会不断增加,并不是所有的方案都要由国有资产监管部门来审批,先要了解混改审批的权限有没有进行授权放权,这要根据主管部门发布的授权放权文件来确定;同时,也要依据经批复的混改方案来核查是否按方案的要求实施混改。

(2)国有资产监管的规范性

作为国有企业,需要严格按照国有资产的监管要求来开展经营,严格的监管会导致企业经营在灵活性上存在一定不足,这也是国有企业与民营企业的本质区别。国有企业在实施混改时,除了混改方案的审批,还涉及其他的经济行为。国有企业混改的方式一般包括产权转让、增资扩股、新设公司等。如果是产权转让、增资扩股,应当按照国有资产交易的规定来实施;如果是新设公司,就需要按照投资管理的规定来实施。同时,资产评估、财务审计(清产核资)也有严格的程序和规定。如果需要对资产、业务进行调整的,可能会采用无偿划转来实施。而针对这些经济行为,国家已经出台了一系列的法律法规及文件要求,形成了一个系统性的监管体系(见表 7-1)。

表 7-1　国有资产监管规范体系

经济行为	主要的监管法律法规
资产交易	《企业国有资产交易监督管理办法》
清产核资	《国有企业清产核资办法》
资产评估	《国资评估办法》
无偿划转	《企业国有产权无偿划转管理暂行办法》

(3)股东资格的合规性

关于股东资格的问题,中国证监会发布的《监管规则适用指引——发行类第 4 号》有详细的要求。除此之外,混改国有企业的股东资格问题主要是引入投资者是否符合混改的要求,包括批复后的混改方案对引入投资者的要求、地方国有资产监管部门出台的混改文件对投资者的具体要求等事项都需要关注到。另外,如果混改国有企业进行了员工持股,应当关注参与的员工资格是否符合要求。对于员工持股的要求,《关于国有控股混合所有制企业开展员工持股试点的意见》有明确的规定,混改国有企业的员工持股方案也会进行详细的约定。

4. 与民营企业相比更需特别关注的若干事项的规范性

(1)同业竞争的规范性

一直以来,在企业 IPO 过程中,同业竞争问题都是审核机构的审核重点。但由于历史遗留问题、行业整合等原因,同业竞争情形在电力、航空航天、物流、能源、环境水务等行业的国有上市公司中并不鲜见。很多国有企业为了满足融资需求和上市要求,会把一部分优质资产剥离出来单独上市,所以大多数上市公司都有一个控股的母公司,而且母公司大多是国有企业。国有企业将部分优质资产组成上市公司,余下质量较差的部分则继续保留在母公司或关联企业内,这就不可避免地造成了上市公司与母公司及其关联企业的同业竞争问题。根据《北交所业务规则指引第 1 号》第 1 - 12 条的要求:"发行人与控股股东、实际控制人及其控制的其他企业间如存在同业竞争情形,认定同业竞争是否对发行人构成重大不利影响时,保荐机构及发行人律师应结合竞争方与发行人的经营地域、产品或服务的定位,同业竞争是否会导致发行人与竞争方之间的非公平竞争、是否会导致发行人与竞争方之间存在利益输送、是否会导致发行人与竞争方之间相互或者单方让渡商业机会情形,对未来发展的潜在影响等方面,核查并出具明确意见。发行人应在招股说明书中,披露保荐机构及发行人律师针对同业竞争是否对发行人构成重大不利影响的核查意见和认定依据。"

(2)独立性方面不能构成重大不利影响

企业申报 IPO 的独立性主要包括资产独立、人员独立、财务独立、机构独立、业务独立五个方面。国有企业 IPO 在独立性方面有着较多特殊性,主要体现在资产独立、财务独立及业务独立。尽管国有企业在资产独立性、业务独立性方面是不能完全按照民营企业的整合、剥离等方式来解决,这些影响独立性情况的存在也有一定客观历史因素,甚至每个国有企业均有其特殊性,但是在尊重企业发展、行业规律的基础上,不能构成重大不利影响依然是硬性条件。

(3)关联交易的规范性

无论是采购还是营业收入方面,关联交易均需在必要性、公允性上进行充分论证及披露,不能存在利益输送、操纵利润的情况。这一点,《监管规则适用指引——发行类第 4 号》对关联交易有详细的规定。

国有企业在采购方面的关联交易,存在历史沿革及商业的合理性。作为一个国有集团公司的下属公司,刚开始成立的目的和经营基础可能就是为集团服务或者依托集团资源优势来开展业务,发生关联交易是很正常的了。引入的战略投资者有时候也是行业知名企业,与其在供应链上产生关联交易也是很正常的。但是如果在营业收入方面有较多的关联交易,则说明其业务独立性存在一定的问题,需要加以关注。

(二)相关案例

案例 35 | 硅烷科技(838402)——关联交易、独立性

硅烷科技于 2022 年 9 月 28 日在北交所上市;公司主营业务为氢硅材料产品研发、生产、销售和技术服务,新能源、新材料相关领域研发与生产;报告期内(2019 年~2021 年),公司营业收入分别为 368,846,488.03 元、510,805,250.07 元、721,390,597.41 元;扣除非经常性损益后的净利润分别为 15,717,810.21 元、46,828,868.99 元、75,799,869.28 元。

【关注问题】硅烷科技经历了二轮的问询与回复、一轮上市委员会审议会议意见与回复。

(1)2022 年 1 月 20 日,北交所对硅烷科技发出第一轮问询,问询内容主要涵盖五大类问题:一是基本情况;二是业务与技术;三是公司治理与独立性;四是财务会计信息与管理层分析;五是募集资金运用及其他事项。

(2)2022 年 4 月 18 日,北交所发出第二轮问询,问询内容主要包括 10 个问题:①实际控制人及其子公司对发行人大额无息借款等核算合规性;②与平煤隆基关联交易的公允性;③收购首创化工的制氢资产业务合规性;④能源单耗大幅波动的合理性;⑤其他业务收入确认是否准确;⑥同业竞争解决措施有效性;⑦创新特征体现披露不充分;⑧发行人是否具有业务独立性;⑨稳价措施事宜;⑩其他问题。

(3)2022 年 8 月 5 日,上市委员会就下列 2 个问题提出了进一步落实意见:①请发行人如实披露收购首创化工制氢一、二期生产线未使用收益法进行

资产评估的真实背景，根据实际情况编制在收益法之下的模拟备考财务报表，对差异情况进行比较说明，并就前述事项作重大事项提示。②请发行人结合高比例关联交易、股权代持的发生及解除情况等补充披露完善内控机制、加强内部控制及保持独立性的具体措施。

【回复要点】针对前述问题，硅烷科技、保荐机构及发行人律师分别于2022年3月29日、2022年5月9日、2022年8月18日作出了相应的回复。

对于业务独立性的问询问题，发行人律师从资产独立、业务独立、人员独立、机构独立、财务独立五个方面说明发行人与控股股东及其附属企业相独立，并引述发行人的公司章程、关联交易决策制度、对外担保管理制度等制度文件中对风险隔离和利益冲突防范的规定，说明发行人已建立健全公司治理结构及内部经营管理机构，发行人组织机构独立于控股股东及其附属企业，且已建立了风险隔离机制以保证其经营决策独立性。

对于关联交易的问询问题，发行人律师通过列明发行人已采取和拟采取的减少关联交易的措施，并对其有效性逐一进行分析的方式进行了回复，前述措施包括业务布局战略调整、制定并完善关联交易审批制度、控股股东出具关于减少并规范关联交易的承诺等。

案例36 | 中纺标(873122)——同业竞争

中纺标于2022年9月27日在北交所上市；公司主营业务为轻纺产品检验检测相关技术服务。报告期内(2019年～2021年)，公司营业收入分别为：160,791,507.74元、162,009,758.74元、181,702,683.30元；扣除非经常性损益后的净利润分别为：34,682,484.64元、33,497,209.27元、36,336,417.72元。

【关注问题】中纺标经历了一轮的问询与回复、一轮上市委员会审议会议意见与回复。

(1)2022年4月28日，北交所对中纺标发出问询，问询内容主要涵盖四大类问题：一是业务与技术；二是公司治理与独立性；三是财务会计信息与管理层分析；四是募集资金运用及其他事项。

(2)2022年8月2日，上市委员会就下列3个问题提出了进一步落实意见：①请发行人补充披露中国通用技术(集团)控股有限责任公司与发行人之间关于同业竞争的承诺，在承诺中明确发行人的主营业务。②请发行人补充披露与通用财务公司之间金融服务协议的主要内容，请保荐机构、发行人律师就前述金融服务协议对发行人独立性的影响核查并发表意见。③请发行人结合中检集团检测资质及实验室检测能力，补充说明发行人与中检西班牙及上海诺领之间业务合作的具体内容及其商业合理性。

【回复要点】针对前述问题，中纺标、保荐机构、申报会计师及发行人律师分别于2022年7月11日、2022年8月10日作出了相应的回复/专项核查意见。

对于同业竞争的问询问题，发行人律师从发行人与关联方之间不存在资质重合，未通过关联交易进行利益输送，客户和供应商的重合具备合理性，不存在相互或者单方让渡商业机会的情形，以及业务定位、未来发展战略及规划的差异性等方面进行了论述，以说明关联方不与发行人产生同业竞争关系，发行人避免同业竞争的措施充分、有效、可执行，不会对发行人未来发展构成潜在不利影响。

（三）应对建议

以上案例涉及如下事项：

1. 国有企业的资产出售是否涉及国有资产流失；针对收购事项，是否由国有资产监督管理部门出具了确认意见，确认评估方法的选用是否符合国有资产监督管理相关规定，是否造成国有资产流失。

2. 中央企业就下属企业上市自主进行决策审批即可，无须取得国资委审批。

3. 如果发行人的实际控制人为国务院国资委，则国务院国资委对其下属企业履行出资人职责，不从事具体的生产经营业务，不直接参与也不干预下属企业的日常生产经营决策，其下属企业间独立自主地运营及参与市场竞争，对外投资决策相互独立。因此，在无其他关联关系的情况下，国务院国资委控制的除发行人所在的集团体系外的其他企业不属于发行人的关联方，发行人与实际控制人国务院国资委下属除发行人所在的集团体系外的其他企业之间不存在同业竞争。

4. 发行人的控股股东须承诺，如果其所投资或通过其他形式控制的企业从事的业务与发行人及其控股子公司形成同业竞争或者潜在同业竞争情况的，同意将通过有效方式将与该等业务相关的股权/股份或资产纳入发行人，并完成相应国有资产审批程序。

5. 发行人与其所在的集团体系内的财务公司签署金融服务协议及开展金融服务业务应履行相应的决策程序；发行人与财务公司签署金融服务协议应符合《关于规范上市公司与企业集团财务公司业务往来的通知》的要求；发行人与财务公司签署金融服务协议不应存在影响发行人财务独立性的风险，不应对发行人独立性产生重大不利影响。

二、军工企业关注事项

对军工企业的审核关注事项，北交所尚未出台具体指引。下文基于证券发行上市审核的共性特点，参照对在上交所、深交所上市军工企业的普遍要求，结合已在北交所上市的部分军工企业的案例，对在北交所上市的军工企业需关注事项进行简要分析。

（一）主要关注事项

1. 业务资质方面的合规性

军工类企业多为生产销售军品的企业，一般将生产销售军品、军选民用类产品都称为军工类企业。军工企业 IPO 审核过程中，其是否已取得业务所需资质、相应资质是否在有效期内以及有效期届满后申请续期是否存在障碍、相关资质证书到期后从事相关业务是否合法合规、是否存在被处罚风险等是监管部门审核问询的重点。通常而言，军工企业需要传统的"军工四证"，但是并非所有从事军工业务的企业都必须持有"军工四证"或"三证"，应按照相关资格、资质文件要求，以军工企业的相关产品是否属于军品生产许可范围来判断其是否需要，以及需要取得哪些军工业务资质，且相关业务资质还会随着许可范围的变化而调整。一般将军品承制单位资格分为三类：第一类，企业承担武器装备总体、重要分系统、核心配套等任务，需要"四证齐全"，认证过程最严格、最复杂；第二类，企业承担技术简单的军品生产，在一定条件下，可只与采购方签署保密协议，而不需要申领保密资质；第三类，企业生产军选民用产品，除了武器装备承制单位资格证，不需要其他认证。下面将对"军工四证"进行具体说明。

（1）武器装备科研生产单位保密资格证

国家保密局发布的《武器装备科研生产单位保密资格认定办法》（以下简称《保密资格认定办法》）第 3 条规定："国家对承担涉密武器装备科研生

产任务的企事业单位实行保密资格认定制度。承担涉密武器装备科研生产任务的企业事业单位应当依法取得相应保密资格。”该办法第 5 条将武器装备科研生产单位保密资格分为一级、二级、三级三个等级:一级保密资格单位可以承担绝密级、机密级、秘密级科研生产任务;二级保密资格单位可以承担机密级、秘密级科研生产任务;三级保密资格单位可以承担秘密级科研生产任务。

2021 年 6 月 30 日,国家保密局发布《关于公布武器装备科研生产单位保密资格调整有关事项的公告》,对武器装备科研生产单位保密资格级别进行了调整:自 2021 年 7 月 1 日起,武器装备科研生产单位保密资格调整为一级和二级两个等级,不再受理新的三级保密资格申请。承担绝密级科研生产任务的单位,应当申请一级保密资格;承担机密级或秘密级科研生产任务的单位,除《保密资格认定办法》第 43 条规定的特殊情形外,应当申请二级保密资格。2021 年 7 月 1 日前受理的三级保密资格申请单位,通过审查后其三级保密资格在证书有效期满前继续有效,应当继续按照《武器装备科研生产单位三级保密资格标准》要求开展保密管理。证书有效期满后需要继续申请保密资格的,应当按照《保密资格认定办法》规定程序申请一级或二级保密资格,并执行相应等级的保密资格标准。

另根据国务院、中央军事委员会发布的《武器装备科研生产许可管理条例》(以下简称《武器许可管理条例》)第 7 条的规定:“申请武器装备科研生产许可的单位,应当符合下列条件:……(七)有与申请从事的武器装备科研生产活动相适应的保密资格。”根据中央军委装备发展部合同监管局发布的《装备承制单位资格审查工作知识问答》(以下简称《资格审查知识问答》)问题 19 可知:“申请装备承制单位资格的单位应当具备以下基本条件:……(六)建立健全保密组织和保密制度,具有满足申请任务需要的保密资格或保密条件;……”

因此,从事相关军工生产业务的企业如需进一步取得列入军工产品许可目录范围(详见下述)资质,应首先取得与之科研生产内容相对应的保密资格,保密资格同时也是军工企业申请装备承制单位资格认证的前提条件。

(2)武器装备科研生产许可证

《武器许可管理条例》第 2 条规定:“国家对列入武器装备科研生产许可目录(以下简称许可目录)的武器装备科研生产活动实行许可管理。但是,专门的武器装备科学研究活动除外。许可目录由国务院国防科技工业主管部门会同中国人民解放军总装备部(以下简称总装备部)和军工电子行业主管部门共同制定,并适时调整。……"该条例第3条规定:"未取得武器装备科研生产许可,不得从事许可目录所列的武器装备科研生产活动。但是,经国务院、中央军事委员会批准的除外。"第6条规定:"取得武器装备科研生产许可的单位,应当在许可范围内从事武器装备科研生产活动,按照国家要求或者合同约定提供合格的科研成果和武器装备。"

因此,如军工企业生产的产品属于许可目录范围,应当取得与产品相对应的《武器装备科研生产许可证》。

(3)装备承制单位资格认证

中央军委发布的《中国人民解放军装备采购条例》第29条规定,"装备采购实行承制单位资格审查制度",该条例第30条规定,"装备采购的承制单位应当从《装备承制单位名录》中选择"。原总装备部综合计划部于2010年发布《关于进一步加强装备承制单位资格审查工作的通知》,其规定自2011年1月起,凡与军方直接签订装备采购合同(含预研、科研、购置、维修、技术服务合同,不含装备技术引进合同)的承制(含承研、承修)单位,必须具备装备承制单位资格。

通常而言,军工企业传统的"军工四证"中还包括了武器装备质量管理体系认证。但在2017年年初,中央军委装备发展部推出《推进装备领域军民融合深度发展的思路举措》,确定从2017年10月1日起全面试行装备承制单位资格审查和武器装备质量管理体系认证"两证合一"改革,依托装备承制单位资格审查申请受理点统一受理"两证合一"后的资格审查申请,统一发放新版《装备承制单位资格证书》,有效期5年;同时,装备承制单位类别由以前的三类简化为A、B两类:其中,A类为军队专用装备承制单位,B类为军选民用装备承制单位;此外,进一步调整武器装备科研生产许可目录,继续缩减许可范围和许可项目数量,以扩大民营企业可以参与国家武器装备建设的范围,为进一步加强军民融合创造有利条件。

(4)武器装备科研生产备案凭证

该证不在传统的"军工四证"范围内,是对武器装备科研生产许可制度的一大补充。国家国防科技工业局对列入《武器装备科研生产备案专业(产品)目录》的武器装备科研生产活动实行备案管理。根据其发布的《武器装备科研生产备案管理暂行办法》第 3 条规定:“从事《备案目录》内武器装备科研生产活动的武器装备科研生产企事业单位,应当于签订供货合同或者承担研制生产任务后 3 个月内申请武器装备科研生产备案。”许可管理和备案管理两种模式共同实现了对我国武器装备科研生产体系的有效监控。

因此,若军工企业从事武器科研生产的产品在《武器装备科研生产备案专业(产品)目录》范围内,还应进行备案并取得武器装备科研生产备案凭证。

2. 军工事项审查程序的合规性

依据《涉军企事业单位改制重组上市及上市后资本运作军工事项审查工作管理暂行办法》(以下简称《军工事项审查办法》)第 7 条规定,“涉军企事业单位在履行改制、重组、上市及上市后资本运作法定程序之前,须通过国防科工局军工事项审查……”第 35 条规定:“取得武器装备科研生产单位保密资格,但未取得武器装备科研生产许可的企事业单位实施改制、重组、上市及上市后资本运作,按有关规定办理涉密信息披露审查。”

国防科工局《关于印发涉军企事业单位改制重组上市及上市后资本运作军工事项审查申报指南(2018 年版)的通知》第 13 条规定:“……上市及上市后资本运作,由具有许可资质的涉军上市公司按隶属关系申报;涉军上市公司未取得许可的,由资本运作涉及的具有许可资质的子公司申报,资本运作不涉及涉军子公司的,由上市公司指定具有许可资质的子公司申报……”根据该规定,即便拟 IPO 涉军企业未取得武器装备科研生产许可证,而其体系内子公司具备该等资质证书的,仍可由其子公司就上市及上市后资本运作事项履行军工事项审查程序。

3. 军工项目涉及的信息脱密处理、豁免披露

军工企业涉军业务往往与国防安全密切相关,可能直接或间接涉及国家秘密或国家安全信息,因而军工企业在开展涉军业务及对外披露信息时受到较为严格的监管与限制。在信息披露方面,拟 IPO 的军工企业通常在满足信息披露基本要求的前提下,在履行法定程序后对涉密信息予以脱密处理或豁免披露。其中,与信息脱密处理及豁免披露有关的规定如下:

《军工事项审查办法》第 22 条规定:“申报单位在通过军工事项审查后,按相关规定办理涉密信息披露审查。”第 35 条进一步规定:“取得武器装备科研生产单位保密资格,但未取得武器装备科研生产许可的企事业单位实

施改制、重组、上市及上市后资本运作，按有关规定办理涉密信息披露审查。”

国家国防科技工业局发布的《军工企业对外融资特殊财务信息披露管理暂行办法》（以下简称《军工信息披露管理办法》）对涉及国家秘密的财务信息提出了先进行脱密处理、后申请豁免披露的要求。对于涉及国家秘密的财务信息，或者可能间接推断出国家秘密的财务信息，军工企业对外披露前应当采用代称、打包或者汇总等方式进行脱密处理。对于无法进行脱密处理，或者经脱密处理后仍然存在泄露国家秘密风险的财务信息，军工企业应当依照该办法的规定，向国家相关主管部门或证券交易所申请豁免披露。

就拟 IPO 企业具体信息披露涉及的脱密或豁免事项，中国证监会《证券期货法律适用意见第 17 号》第 6 条提出了较为详细的要求：具体而言，其根据《公开发行证券的公司信息披露内容与格式准则第 57 号——招股说明书》第 7 条的规定，提出了诸条适用意见。其中，对涉及国家秘密或者其他因披露可能导致发行人违反国家有关保密法律法规规定的信息，规定“原则上可以豁免披露；如要求豁免披露的信息内容较多或者较为重要，可能对投资者的投资决策有重大影响，中介机构应当审慎论证是否符合发行上市的信息披露要求。”对于发行上市审核注册过程中提出的信息豁免披露或者调整意见，对发行人、全体董事、监事、高级管理人员、控股股东、实际控制人分别提出要求：“发行人应当相应回复、补充相关文件的内容，有实质性增减的，应当说明调整后的内容是否符合相关规定、是否存在泄密风险。发行人需提供国家主管部门关于该信息为涉密信息的认定文件。发行人全体董事、监事、高级管理人员出具关于首次公开发行股票并上市的申请文件不存在泄密事项且能够持续履行保密义务的声明，发行人控股股东、实际控制人对其已履行和能够持续履行相关保密义务出具承诺文件。”亦明确了中介机构核查要求，保荐机构、发行人律师应出具意见明确、依据充分的专项核查报告，申报会计师应当出具对发行人审计范围是否受到限制、审计证据的充分性以及发行人豁免披露的财务信息是否影响投资者决策判断的核查报告。

《北交所业务规则指引第 1 号》第 1－30 条对拟上市的军工企业申请 IPO 时涉及的信息豁免披露问题提出了类似的审核要求。

军工企业 IPO 审核过程中，监管部门会着重关注以招股说明书为核心的申报文件涉及的信息脱密处理、豁免披露是否履行了必要程序、是否超出核准文件批准的范围、披露的信息是否符合保密规定、脱密处理或豁免披露后的信息是否会对投资者决策判断构成重大障碍、发行人是否受过保密方面的行政处罚等问题。

4. 军工企业客户较为集中是否构成重大不利影响

对于军工企业而言，其业务往往涉及国家秘密或国家安全，同时具有技术密度高、研发周期长、资金投入大的特征，军品业务订单亦呈现明显的计划性。同时，军品的最终用户基本为军方单位，我国各大军工集团及其下属单位通常是承担武器装备生产任务的厂家，大多数军工企业则是军工集团及其下属单位的配套供应商，并根据军方及军工集团的采购需求开展业务。而按照同一控制下财务合并口径计算，军工企业在 IPO 审核中往往体现出客户（主要为军工集团、其他军工业务企事业单位及其下属企业）集中度较高的特点。

《监管规则适用指引——发行类第 5 号》第 5 - 17 条对此作出了较为细致的规定，提出了“发行人来自单一客户主营业务收入或毛利贡献占比超过 50% 的，一般认为发行人对该客户存在重大依赖”的总体要求，并分别针对客户集中情形、单一客户重大依赖情形对保荐机构提出了具体的核查要求，强调保荐机构应合理判断发行人是否符合发行条件，督促发行人做好信息披露和风险揭示。

《北交所业务规则指引第 1 号》第 1 - 14 条对拟上市的军工企业申请 IPO 时涉及的客户集中度问题提出了类似审核要求。

军工企业 IPO 审核过程中，对于其客户集中度较高的情形，监管部门常常会问询客户集中度高是否符合其行业惯例、客户对其采购的必要性以及是否存在潜在利益输送等问题。

5. 开展军工业务时相关人员情况的合法合规性以及是否符合军工企业境外人员的限制性规定

如前文所述，从事军工业务的企业往往持有不同的军工资质证书。在申领资质证书时，相关规定通常要求申请企业的特定人员不能拥有境外身份。如《保密资格认定办法》第 13 条规定：“申请保密资格的单位应当具备以下基本条件：……（三）无境外（含港澳台）控股和直接投资，且通过间接方式投资的外方投资者及其一致行动人的出资比例最终不得超过 20%；

（四）法定代表人、主要负责人、实际控制人、董（监）事会人员、高级管理人员以及承担或者拟承担涉密武器装备科研生产任务的人员，具有中华人民共和国国籍，无境外永久居留权或者长期居留许可，与境外人员（含港澳台）无婚姻关系；……”《资格审查知识问答》问题29亦有限制性规定：“申请单位有下列情形之一的，其申请不予受理：（一）法定代表人（含实际控制人）非中华人民共和国国籍或具有境外永久居留权的；（二）外资控股的企业；……”因此，武器装备科研生产单位保密资格、装备承制单位资格认证的取得均对军工企业涉及的境外人员有限制性要求，而保密资格又是企业申请军品生产许可的前提条件，故对境外人员的身份限制直接关乎企业的军工资质取得以及军工业务的开展。

6. 产供销环节是否符合军方相关要求

（1）行业主管部门对公司现有涉军业务的采购对象选择有明确要求，必须在经军代表审核备案的合格供方目录中选择供应商。

（2）军工客户销售履行的程序及合法合规性（一般需要通过驻厂军代表验收并交付客户）。

（二）相关案例

案例37 | 桂林星辰（832885）——业务与技术

桂林星辰于2021年7月8日在全国股转系统精选层挂牌；公司主营业务为智能制造装备及其关键功能部件的研发、生产和销售，为客户提供智能装备自动化控制解决方案。

报告期内（2018年～2020年），公司营业收入分别为81,799,728.53元、95,070,248.76元、137,099,752.59元；扣除非经常性损益后的净利润分别为17,783,278.43元、22,691,821.60元、39,100,529.36元。

【关注问题】桂林星辰经历了一轮的问询与回复。

2020年12月18日，全国股转公司对桂林星辰发出问询，问询内容主要涵盖四大类问题：一是基本情况；二是业务与技术；三是财务会计信息与管理层分析；四是募集资金运用及其他事项。

【回复要点】针对前述问题，桂林星辰、保荐机构、申报会计师及发行人律师于2021年4月29日分别作出了相应的回复/专项核查意见。

对于发行人涉密业务资质相关事项合规性的问询问题，保荐机构、发行人律师分别对发行人具有承担武器装备科研生产任务相关的资质证书，且相关资质均在有效期内，发行人涉及涉密业务并已取得相关保密资质，发行人已制定严格的内部保密制度等事项进行逐项说明，论证发行人此次公开发行股票符合《全国中小企业股份转让系统精选层挂牌审查问答（一）》问题 28 的相关要求。

案例 38 | 通易航天（871642）——独立性

通易航天于 2021 年 8 月 16 日在全国股转系统精选层挂牌；公司主营业务为军用特种航空制品及民用橡胶制品的研发、生产和销售。

报告期内（2018 年 ~ 2020 年），公司营业收入分别为 81,139,635.08 元、90,867,476.75 元、94,194,116.08 元；扣除非经常性损益后的净利润分别为 22,139,197.56 元、31,962,694.13 元、35,011,407.49 元。

【关注问题】通易航天经历了一轮的问询与回复。

2021 年 4 月 15 日，全国股转公司对通易航天发出问询，问询内容主要涵盖五大类问题：一是基本情况；二是业务和技术；三是公司治理与独立性；四是财务会计信息与管理层分析；五是募集资金运用及其他事项。

【回复要点】针对前述问题，通易航天、保荐机构、申报会计师及发行人律师于 2021 年 6 月 18 日分别作出了相应的回复/专项核查意见。

对于发行人关联方的核心技术是否由少数股东掌握、该等自然人股东是否影响发行人核心技术权属、相应业务开展的问询问题，保荐机构、发行人律师围绕发行人具备专项自主研发团队，关联方生产经营过程中运用的技术属于发行人研发团队的共同研发成果进行说明，论证了发行人关联方的核心技术不由其少数股东掌握，该等自然人股东不影响发行人核心技术权属，不影响相应业务开展。

对于发行人是否独立拥有相关专利技术、是否具备批量生产销售所需的设备、人员等资源要素的独立性问题，保荐机构、发行人律师分别从相关专利的权属状态，发行人具备自主研发、生产、销售专业人才团队及相关设备等方面进行了回复说明。

案例 39 | 富士达（835640）——信息披露

富士达于 2020 年 7 月 27 日在全国股转系统精选层挂牌；公司主营业务为射频同轴连接器、射频同轴电缆组件的研发、生产和销售。

报告期内(2017 年～2019 年),公司营业收入分别为 414,502,544.52 元、392,521,710.90 元、518,054,566.61 元;扣除非经常性损益后的净利润分别为 12,303,757.91 元、25,475,808.23 元、64,485,694.64 元。

【关注问题】富士达经历了一轮的问询与回复。

2020 年 6 月 2 日,全国股转公司对富士达发出问询,问询内容主要涵盖四大类问题:一是规范性问题;二是信息披露问题;三是与财务会计资料相关的问题;四是其他问题。

【回复要点】针对前述问题,富士达、保荐机构、申报会计师及发行人律师于 2020 年 6 月 16 日分别作出了相应的回复/专项核查意见。

对于发行人及子公司涉密业务的问询问题,保荐机构、发行人律师分两个方面进行了说明:其一,发行人及子公司不属于《涉军企事业单位改制重组上市及上市后资本运作军工事项审查工作管理暂行办法》(科工计〔2016〕209 号)规定所属的涉军企业,无须进行资本运作军工事项审查;其二,发行人及子公司作为保密单位,在本次公开发行并挂牌申请文件中对相关涉密信息进行了脱密处理,在信息披露的过程中已经按照法律、法规及规范性文件的要求履行了必要的程序,经脱密处理后,发行人已不存在由于国家秘密、商业秘密等特殊原因导致相关信息确实不便披露的情况,发行人信息披露符合国家有关保密制度规定,不需要向国家相关主管部门申请豁免披露。

案例 40 | 观典防务(688287)——合规性、涉密信息豁免

观典防务系 2020 年 7 月 27 日先由全国股转系统精选层挂牌后于 2022 年 5 月 25 日在上交所科创板转板上市的公司。观典防务的主营业务为无人机飞行服务与数据处理和无人机系统及智能防务装备的研发、生产与销售。

报告期内(2019 年～2021 年),公司营业收入分别为 145,913,843.04 元、179,768,227.98 元、229,863,249.05 元;扣除非经常性损益后的净利润分别为 41,704,176.91 元、53,460,820.49 元、72,287,866.65 元。

【关注问题】观典防务经历了两轮全国股转公司的问询与回复、两轮上交所的问询与回复、一轮上交所科创板上市审核中心(以下简称科创板审核中心)的意见与回复。

(1)2020 年 5 月 8 日,全国股转公司对观典防务发出第一轮问询,问询内容主要涵盖四大类问题:一是规范性问题;二是信息披露问题;三是与财务会计资料相关的问题;四是相关问题。

(2)2020年6月12日,全国股转公司对观典防务发出第二轮问询,问询内容主要包括12个问题:①关于主营业务划分;②关于无人机装备业务;③关于无人机飞行服务;④关于禁毒业务;⑤关于客户I;⑥关于采购情况;⑦关于应收账款及回款情况;⑧关于员工人数;⑨关于涉密信息豁免;⑩关于飞行数据的获取与使用;⑪关于客户稳定性;⑫关于其他问题。

(3)2021年12月3日,上交所对观典防务转板发出第一轮问询,问询内容主要包括15个问题:①关于市场竞争状况;②关于核心技术及对应收入;③关于无人机系统及智能防务装备业务;④关于飞行服务与数据处理业务;⑤关于主要客户;⑥关于数据库;⑦关于研发项目与专利技术;⑧关于研发活动;⑨关于预付款项和应收款项;⑩关于外协服务;⑪关于存货;⑫关于在建工程;⑬关于固定资产;⑭关于信息披露;⑮关于其他问题。

(4)2022年1月13日,上交所对观典防务转板发出第二轮问询,问询内容主要包括4个问题:①关于数据库;②关于收入确认;③关于预研项目存货和研发支出;④关于在建工程。

(5)2022年1月19日,科创板审核中心就信息披露问题提出进一步落实意见:请转板公司按照转板规则的相关规定,全面梳理"重大事项提示"各项内容,突出重大性,强化风险导向,删除针对性不强的表述,按重要性进行排序,并补充、完善以下内容:①无人机禁毒服务收入占比较高,较大程度依赖政府部门在禁毒领域的财政投入;②无人机系统及智能防务装备业务与同行业龙头企业相比,规模较小,技术水平有待进一步提升,毛利率存在波动,相关产品面临较大竞争压力;③无人机技术及产品具有更新换代较快的特点,公司研发团队人员较少,研发能力和持续投入还需进一步提高。

【回复要点】针对前述问题,观典防务、保荐机构及发行人律师、申报会计师均分别于2020年6月9日、2020年6月17日、2022年1月7日、2022年1月17日、2022年1月20日作出了相应的回复/专项核查意见。

对于涉密信息豁免的问询问题,保荐机构、发行人律师、发行人从本次问询回复文件内容无实质性变动,符合涉军涉密相关规定,不存在泄密风险的角度进行了回复。

保荐机构和申报会计师就"在相关客户信息涉及国家秘密的情况下,是否履行了必要的核查程序,如何验证发行人对相关客户销售收入的真实性"的问题,从中介机构具备军工涉密业务咨询服务安全保密条件备案证书、相关人员取得相应资格证书,发行人与相关客户的销售收入是合理、真实存在的,相关涉密合同约定的合同义务履行与发行人所发生的成本、费用支出相匹配等方面进行了说明。

(三)应对建议

尽管北交所对于国有企业的审核关注事项暂未出台具体指引,但通过研究已在北交所上市的部分国有企业的案例会发现,监管机构对国有企业的审核关注事项有迹可循。除前述“(一)主要关注事项”中的要点外,建议对如下事项也予以重点关注:

1. 发行人应具有承担武器装备科研生产任务相关的资质证书,且相关资质均在有效期内,不存在即将逾期的情形,报告期内发行人按相关要求开展相关业务。

2. 发行人涉及涉密业务应取得相关保密资质。发行人已取得国防科工局关于公司资本运作涉及军工事项审查的意见、关于公司在精选层挂牌特殊财务信息豁免披露有关事项的批复等涉密审查文件,同意发行人本次公开发行股票并在精选层挂牌,并在申报文件中对相关涉密信息申请豁免披露。

3. 发行人应制定严格的内部保密制度,该等制度符合《保密法》的相关规定;报告期内,该等制度执行情况良好,发行人不存在因违反保密规定受到处罚的情形。

4. 发行人因从事军工等涉及国家秘密业务,信息披露豁免所履行的审批程序是否合规;公开发行说明书豁免披露范围与主管部门批复是否一致;发行人作为军工企业,应严格按照《军工信息披露管理办法》的要求履行信息披露豁免的审批程序,由于豁免批复无有效期限制,发行人需持续按照相关规定的要求,自获得豁免批复起即严格遵守保密规定,避免涉密信息的泄漏;如问询回复文件较首次申报文件的内容有实质性变动的,需说明调整后的内容是否符合涉军涉密相关规定,是否存在泄密风险。

5. 发行人是否适用军工产品增值税免税的条件及相关政策;如适用,应披露军品增值税免税与发行人营业收入的匹配关系和计算过程。

6. 如果发行人的客户及合同信息涉及国家秘密,发行人未披露上述客户的名称,则需逐项说明上述客户涉及国家秘密的具体事项和依据,并需说明仅披露客户名称及对应销售金额的情况下是否会导致泄露国家秘密或存在泄露风险,以及需要提供国家主管部门关于发行人相关信息为涉密信息的认定文件,相关文件中应明确认定发行人拟豁免披露的信息为涉密信息。

7. 发行人与主要客户、供应商签署商业合同时应包括相应的保密协议;涉及国家秘密的客户,还应具有保密资格证书、定密授权文件、内部定密审批流程文件及相关说明、国家相关主管部门或授权机构/主管机关出具的认定文件及相关说明;发行人内部保密制度的制定应符合《保密法》相关条款的规定;发行人的日常保密工作应有相关记录和审批流程,应严格执行《保密法》及相关保密制度。

第三节　被否/撤回申报材料企业案例分析

一、北交所被否/撤回申报材料情况概览

北交所自2021年11月15日开市以来运行平稳,聚焦影响发行上市条件和信息披露的重点问题,审核问询突出精准性。在当前全面实施注册制改革的背景下,监管层态度十分明确,注册制绝不意味着放松审核要求,从严监管将会成为中国股市的主旋律。截至2023年3月31日,北交所已有56家企业终止审核,其中3家被否,其余53家撤回申报材料。下文将结合此56家企业的情况进行分析说明。

二、3家被否企业的具体情况

(一)首家被否案例:泰达新材

2022年9月19日,北交所上市委员会2022年第43次审议会议结果显示,泰达新材被否,成为北交所首家上会被否企业。

2021年6月1日,泰达新材向北交所提交IPO申请。2021年6月、11月以及2022年7月泰达新材共经历了三轮反馈问询,于2022年9月上会被否。北交所上市委员会对泰达新材的疑虑主要集中于以下几点:公司毛利率显著高于同行业上市公司的合理性、公司业绩大幅异常增长的合理性,以及向其主要供应商安庆亿成以低于市场价采购的可靠性,问题的核心都在

于企业财务真实性。

泰达新材曾于2017年冲刺创业板被否，创业板发行审核委员会提出的主要问题亦围绕其业绩真实性和可持续经营能力。

（二）第二家被否企业：巍特环境

2022年11月4日，北交所上市委员会2022年第60次审议会议结果显示，巍特环境被否，成为北交所第二家上会被否企业。

2021年6月23日，巍特环境向北交所提交IPO申请。2021年7月、10月以及2022年7月巍特环境经历了两轮反馈问询，于2022年11月上会被否。上市委员会主要提出了合同资产减值计提、发行人行业竞争地位、核心技术先进性三个问题，认为该公司不符合发行条件、上市条件或信息披露要求。

（三）首家二次上会后被否案例：天松医疗

2023年1月30日，北交所上市委员会2023年第4次审议会议结果显示，天松医疗被否，成为北交所第三家被否企业，也是首家二次上会后被否的企业。

2022年6月，天松医疗申请北交所上市获受理。经过三轮问询后，2022年12月19日上会，被暂缓审议。上市委员会主要针对经销模式、毛利率、经营数据合理性、募投项目必要性及合理性提出问询。2023年1月，天松医疗二度上会，最终被否。上市委员会再提三项问题，涉及研发人员薪酬、经销模式的商业合理性，以及募投项目相关情况。两度上会，天松医疗的经销模式都是北交所上市委员会的审议问询重点。

三、撤回申报材料部分企业的情况

企业撤回申报材料终止上市的主要原因可归纳为以下几类：

（一）所属行业问题

北交所设立最主要的目的是支持创新型、“专精特新”的中小企业，若公司本身不具备前述行业特点，甚至处于目前政策非鼓励行业，如地产、教育、金融等，那么其过会难度自然较大。

(二)控股股东/实际控制人问题

1. 因控股股东减持进而导致公司实际控制人拟发生变更

以恒驱电机为例,公司第一大股东转让股份后,控股股东将变更为深圳裕展。因深圳裕展的控股股东河南裕展为上市公司工业富联(股票代码:601138. SH)全资持有,而工业富联由台湾证券交易所上市公司鸿海精密(股票代码:2317. TW)间接控制,鉴于鸿海精密无实际控制人,因此深圳裕展不存在实际控制人,本次交易完成后,恒驱电机将变更为无实际控制人。

2. 控股股东变更

例如,恒驱电机和迈达科技两家公司于申请上市期间控股股东变更。

3. 股权代持及控制权稳定性问题

例如,大地股份被问询其控股股东、实际控制人及其一致行动人合计直接持有公司62. 70%的股份,但一致行动协议于2023 年12 月31 日到期的问题;又如,讯众股份被问询股权结构较分散的问题。

2023 年修订的《公司法》新增上市公司披露股东和实际控制人信息的义务,以及禁止违反法律、行政法规代持上市公司股票的规定,体现了立法层面对于上市公司股东、实际控制人的强化监管态度。具体规定于第 140 条:"上市公司应当依法披露股东、实际控制人的信息,相关信息应当真实、准确、完整。禁止违反法律、行政法规的规定代持上市公司股票。"

(三)合规以及内控制度问题

1. 公司不符合上市审核要求

包括存在安全生产事故、受到行政处罚、运营违规事项、诉讼等。例如,汇通控股曾因违规排污被处以罚款及查封扣押的行政处罚,在经过一轮问询后便于2021 年1 月撤回材料终止上市。又如,同成医药曾存在未严格执行相关制度而违法占用土地、擅自开工建设、生产危险化学品超出许可产量、超范围生产和经营危险化学品、资金占用、转贷、增加同业竞争、关联交易、未履行承诺等一系列合规问题,其被北交所问询后选择撤回材料。

2. 日常生产经营过程的合规性问题

包括但不限于劳动用工合规性、订单合规性、收入确认合规性、数据安全合规性等。

(四)关联方交易以及关联方依赖问题

以风景园林为例,其所属行业是土木工程建筑业,由于其客户恒大集团遭遇资金流动性问题,公司对恒大集团的业务拓展和回款等也因此受到影响。公司于2020年5月申报精选层,在经过两轮问询后于2021年10月终止精选层挂牌申请。

(五)信息披露及业绩真实性问题

有8家企业被上市委员会质疑信息披露及业绩真实性,存在该类问题的企业往往会经历较多轮问询。如羌山农牧,共经历四轮问询,第四轮审查问询依然围绕仔猪销售价格较高的合理性以及向自然人销售情况及外购肥猪业务模式合理性。

(六)可持续经营问题

可持续经营作为企业上市的基本条件,自然成为北交所上市委员会的重点审核指标。上述撤回材料的企业中有10家被质疑持续经营能力与未来业绩存在充分的上升空间。

例如,博芳环保,公司主营业务为污水处理,行业集中度较低,市场竞争激烈。北交所要求其披露成长空间和竞争格局,以及强调公司核心产品竞争力。

又如,睿思凯,2017年~2020年的4年间产品营收净利逐年下滑,可持续经营问题突出,其在经过一轮问询后便撤回材料终止上市。

(七)主动决策转板上市

如前文所述,北交所系为"专精特新"中小企业发展创造更好的资本市场环境而设立,基于此,公司会结合自身未来战略规划,对资本市场路径进行重新研判规划。上述撤回材料的企业中,有6家企业撤回材料后选择变更上市场所或发行方案,其中部分企业选择沪深主板/创业板上市,亦有部分企业选择进行非公开发行。

（八）受不可控的外部因素或突发事件影响

撤回材料的企业中有3家系受到新冠疫情、核心客户因素、控股股东破产的突发事件影响。

第八章 北交所上市公司资本运作规则及案例分析

第一节 北交所上市公司治理及锁定期重点关注事项

一、北交所上市公司治理注意事项

（一）股东大会、董事会和监事会

1. 在股东大会召开时间方面，《北交所上市规则（试行）》明确规定了年度股东大会每年召开一次，应当在上一会计年度结束后的6个月内召开。虽然其他板块的上市规则中并未明确规定，但《上市公司股东大会规则（2022年修订）》（以下简称《股东大会规则》）作出了与《北交所上市规则（试行）》相同的规定。因此，A股各板块实质上作了同样的规定。

2. 在股东大会召集程序方面，《北交所上市规则（试行）》与《股东大会规则》同样规定了监事会有权向董事会提议召开临时股东大会，并应当以书面形式提出。董事会不同意召开，或者在收到提议后10日内未作出书面反馈的，监事会应当自行召集和主持临时股东大会。单独或者合计持有公司10%以上股份的股东可以书面提议董事会召开临时股东大会；董事会不同意召开，或者在收到提议后10日内未作出反馈的，上述股东可以书面提议监事

会召开临时股东大会。监事会同意召开的，应当在收到提议后5日内发出召开股东大会的通知；未在规定期限内发出通知的，视为监事会不召集和主持股东大会，连续90日以上单独或者合计持有公司10%以上股份的股东可以自行召集和主持临时股东大会。在股东大会决议公告之前，召集股东大会的股东合计持股比例不得低于10%。召集人应当在年度股东大会召开20日前以公告方式通知各普通股股东（含表决权恢复的优先股股东），临时股东大会应当于会议召开15日前以公告方式通知各普通股股东（含表决权恢复的优先股股东）。

3. 在股东大会的股东新增提案方面，《北交所上市规则（试行）》与《股东大会规则》同样规定了单独或者合计持有公司3%以上股份的股东可以在股东大会召开10日前提出临时提案并书面提交召集人；召集人应当在收到提案后2日内发出股东大会补充通知，并将该临时提案提交股东大会审议，其他情况下召集人不得擅自修改或增加新的提案。发出股东大会通知后，无正当理由股东大会不得延期或取消，股东大会通知中列明的提案不得取消。一旦出现延期或取消的情形，召集人应当在原定召开日前至少两个工作日公告并说明原因。

4. 在股东大会的投票方面，《北交所上市规则（试行）》规定，公司董事会、独立董事、持有1%以上有表决权股份的股东，或者依照法律、行政法规或者中国证监会的规定设立的投资者保护机构可以公开征集股东投票权。股东大会就选举董事、监事进行表决时，根据公司章程的规定或者股东大会的决议，可以实行累积投票制。单一股东及其一致行动人拥有权益的股份比例在30%及以上的上市公司，应当采用累积投票制。

5. 在董事会的独立董事方面，《北交所上市规则（试行）》规定应当设立独立董事，独立董事的人数占董事会成员的比例不得低于1/3，且至少包括一名会计专业人士。《北京证券交易所上市公司持续监管指引第1号——独立董事》（以下简称《监管指引第1号》）亦规定了独立董事的管理及任职资格等事宜。

6. 在董事会的召集时间上，《北交所上市规则（试行）》规定，董事会每年度至少召开两次会议，每次会议应当于会议召开10日前通知全体董事和监事；董事会召开临时会议，应当按照公司章程的规定发出会议通知。董事会会议议题应当事先拟定，并提供足够的决策材料。2名及以上独立董事认为资料不完整或者论证不充分的,可以书面向董事会提出延期召开会议或者延期审议该事项,董事会应当采纳,上市公司应当及时披露。

7. 在董事会的出席人数上,《北交所上市规则(试行)》规定董事会会议由过半数的无关联关系董事出席即可举行,董事会会议所作决议须经无关联关系董事过半数通过。出席董事会的无关联关系董事人数不足 3 人的,应将该事项提交上市公司股东大会审议。

8. 在监事会的召开时间上,《北交所上市规则(试行)》规定监事会每 6 个月至少召开一次会议,临时会议可以根据监事的提议召开。

(二)董事、监事和高级管理人员

1. 在董事的兼任问题上,《北交所上市规则(试行)》规定,上市公司董事会中兼任公司高级管理人员以及由职工代表担任的董事人数总计不得超过公司董事总数的 1/2。

2. 在董事、监事和高级管理人员辞职的除外情形中,《北交所上市规则(试行)》规定,发生下述情形的,公司应当在 2 个月内完成董事、监事补选:(1)董事、监事辞职导致董事会、监事会成员低于法定最低人数;(2)职工代表监事辞职导致职工代表监事人数少于监事会成员的 1/3;(3)董事会秘书辞职未完成工作移交或相关公告未披露。在发生上述情形时,辞职报告应当在下任董事、监事填补因其辞职产生的空缺,或者董事会秘书完成工作移交且相关公告披露后方能生效;在辞职报告尚未生效之前,拟辞职董事、监事或者董事会秘书仍应当继续履行职责。同时,《北交所上市规则(试行)》对独立董事的离职作出特别规定,独立董事辞职将导致董事会或者其专门委员会中独立董事所占的比例不符合法律法规或者公司章程的规定,或者独立董事中没有会计专业人士的,离职不能即刻生效。另外,董事、监事和高级管理人员出现不适宜担任相应职务的情形,应当及时向公司主动报告并自事实发生之日起 1 个月内离职。

3. 董事连续两次未出席董事会会议,或任职期内连续 12 个月未出席董事会会议次数超过期间董事会会议总次数的 1/2 的,应当作出书面说明并向外披露。

4. 针对独立董事发表意见的情形,《上市公司独立董事管理办法》规定,独立董事应当对可能损害上市公司或者中小股东权益的事项发表独立意见。

同时,《监管指引第1号》规定,独立董事发表独立意见的,所发表的意见应当明确、清晰,且至少应当包括下列内容:(1)重大事项的基本情况;(2)发表意见的依据,包括所履行的程序、核查的文件、现场检查的内容等;(3)重大事项的合法合规性;(4)对上市公司和中小股东权益的影响、可能存在的风险以及公司采取的措施是否有效;(5)发表的结论性意见,包括同意、保留意见及其理由、反对意见及其理由和无法发表意见及其障碍。

5. 在董事会秘书方面,需注意的是董事会正式聘任、解聘董事会秘书或者董事会秘书辞职的,应在2个交易日内发布公告,并向北交所报备。上市公司应当在原任董事会秘书离职3个月内聘任董事会秘书。

(三)股东、控股股东及实际控制人

北交所对上市公司的现金分红比例未作硬性规定,鼓励公司根据自身实际"量力而为"。考虑北交所上市公司的实际特点,中小企业发展需要现金支持,如提出较高的现金分红比例要求,则可能会对中小企业的持续发展造成影响。现金分红即给予投资者合理的投资回报,为投资者提供分享经济增长成果的机会,是上市公司应尽的责任和义务。现金分红是实现投资回报的重要形式,更是培育资本市场长期投资理念,增强资本市场活力和吸引力的重要途径。A股主板、创业板、科创板的上市公司不进行相当比例的现金分红,不利于股东获得合理回报,而北交所的上市公司可结合企业的实际情况制定股利分配的优先顺序,体现了北交所对于该板块上市公司现金分红比例要求的灵活度,上市公司根据自身情况,拟定更符合企业实际的分红政策,有利于企业的长期稳健发展。《北交所上市规则(试行)》第4.3.3条规定,上市公司应当制定利润分配制度,并可以对现金分红的具体条件和比例、未分配利润的使用原则等作出具体规定,保障股东的分红权。上市公司应当根据实际情况在公司章程中明确一定比例的现金分红相对于股票股利在利润分配方式中的优先顺序。

在股东信息披露方面,应特别注意通过接受委托或者信托等方式持有或实际控制的上市公司股份达到5%以上的股东或者实际控制人,应当及时将委托人或信托方情况告知上市公司,配合公司履行信息披露义务。

（四）表决权差异安排

北交所上市公司的表决权差异安排一般在公司上市前就已经完成。而北交所申请公开发行的发行人一定是在全国股转系统连续挂牌满 12 个月的创新层挂牌公司，即北交所上市公司在上市前为新三板挂牌公司，因此，北交所拟上市公司在进行表决权差异安排时，还需遵守新三板的相关规定。主要涉及的规则有《全国中小企业股份转让系统表决权差异安排业务指南》和《全国中小企业股份转让系统挂牌公司治理指引第 3 号——表决权差异安排》。

首先，只有科技创新公司才能发行拥有特别表决权的股份。其次，相关公司还应当符合下列财务条件之一：(1) 市值不低于 6 亿元，最近 2 个会计年度经审计的净利润均不低于 1500 万元，加权平均净资产收益率平均不低于 8%，或者最近 1 个会计年度经审计的净利润不低于 2500 万元，且最近 1 年加权平均净资产收益率不低于 8%；(2) 市值不低于 6 亿元，最近 2 个会计年度经审计的营业收入平均不低于 1 亿元，且最近 1 个会计年度经审计的营业收入增长率不低于 30%，最近 1 年经营活动现金流量净额为正；(3) 市值不低于 8 亿元，最近 1 个会计年度经审计的营业收入不低于 2 亿元，最近 2 个会计年度合计研发投入占合计营业收入的比例不低于 8%；(4) 市值不低于 15 亿元，最近 2 个会计年度研发投入累计不低于 5000 万元。再次，特别表决权股东应当为挂牌公司董事。且上市公司应保证普通表决权比例不低于 10%，每份特别表决权股份的表决权数量不得超过每份普通股份表决权数量的 10 倍。最后，特别表决权仅适用于公司章程约定的股东大会特定决议事项。除约定事项外，特别表决权股东与持有普通股份的股东享有的权利完全相同。

在北交所问询阶段，关于表决权差异安排需要注意以下几点：首先，审核中会重点关注拟上市公司的表决权差异安排的整个设置方案和流程是否符合规范；其次，审核中可能会重点关注拟上市公司是否充分披露并说明相关股东拥有特别表决权的合理性，及其是否对公司经营发展有重大贡献，重大影响等；最后，审核中可能会关注公司历史上的表决权差异设置情况与执行情况、变更的合理性等。

（五）承诺事项管理

公司实际控制人、股东、关联方、收购人以及公司等承诺相关方作出的承诺事项，包括但不限于：股权分置改革承诺、收购报告书或权益变动报告书中所作承诺、资产重组所作承诺、首次公开发行或再融资所作承诺、股权激励时所作的承诺，以及其他对公司中小股东所作承诺。同时，公司董事会应当说明上述承诺事项在报告期内的履行情况，详细列示承诺方、承诺类型、承诺事项、承诺时间、承诺期限、承诺的履行情况等。承诺超期未履行完毕的，应当详细说明未完成履行的原因及下一步的工作计划。

在承诺事项管理方面，需注意的是：承诺不得擅自变更或豁免，承诺履行条件即将达到或者已经达到时应及时披露，变更方案应经股东大会审议，已明确不可变更的承诺或依规则要求做出的承诺不可变更或豁免，重组业绩承诺不可变更或豁免，变更或豁免承诺的方案应经股东大会审议通过，变更方案未经股东大会审议通过且承诺到期的视为超期未履行承诺。

案例 41 | 翰博高新（833994）——补充披露重要承诺及其履行情况

翰博高新是液晶显示面板重要零部件背光显示模组一站式综合方案提供商，集光学设计、导光板设计、精密模具设计、整体结构设计和产品智能制造于一体，产品主要应用于笔记本电脑、桌面显示器、平板电脑、车载屏幕等消费电子领域。

报告期内（2019 年～2021 年），公司营业收入分别为 290，477.37 万元、246，603.06 万元、237，981.83 万元；扣除非经常性损益后的净利润分别为 8，969.80 万元、13，577.05 万元、10，445.50 万元。

【关注问题】全国股转公司在第一轮审查问询函中请发行人：（1）按照《非上市公众公司信息披露内容与格式准则第 11 号——向不特定合格投资者公开发行股票说明书》第 44 条的规定，补充披露发行人，控股股东，实际控制人，发行人的董事、监事、高级管理人员等责任主体所作出的重要承诺及承诺的履行情况；（2）补充披露实际控制人对发行申请文件真实性、准确性、完整性的承诺；（3）在关于利润分配政策的承诺部分，补充披露《公司章程（草案）》中关于利润分配政策的主要内容；（4）说明关于未能履行承诺事项的约束措施的承诺主体未包括实际控制人、关于避免同业竞争的承诺主体未包括实际控制人配偶以及未披露稳定股价预案等承诺的原因。请保荐机构核查并督促发行人补充完善公开发行说明书相关内容。

【核查过程】保荐机构进行了专项核查，并督促发行人补充完善公开发行说明书相关内容。

【核查意见】保荐机构认为：(1)发行人已在公开发行说明书中补充披露发行人，控股股东，实际控制人，发行人的董事、监事、高级管理人员等责任主体所作出的重要承诺及承诺的履行情况；(2)补充披露实际控制人对发行申请文件真实性、准确性、完整性的承诺；(3)在关于利润分配政策的承诺部分，补充披露《公司章程(草案)》中关于利润分配政策的主要内容。

(六)投资者关系

首先，注重“投资者关系”，要求上市公司制定投资者关系管理制度。在投资者关系管理方面，《北交所上市规则(试行)》专门在第4章“公司治理”中单独设置“投资者关系”一节，并要求上市公司建立投资者关系管理制度，指定董事会秘书担任投资者关系管理的负责人，体现了监管机构对于中小投资者的保护及重视，以推进上市公司投资者关系管理提升。

《北交所上市规则(试行)》结合2019年修订的《证券法》中关于证券民事诉讼的内容，规定上市公司应当在公司章程中明确投资者与公司之间的纠纷解决机制。上市公司与投资者之间发生的纠纷，可以自行协商解决、提交证券期货纠纷专业调解机构进行调解、向仲裁机构申请仲裁或者向法院提起诉讼。

其次，关注中小投资者的权利。在开展投资者关系管理活动上，强调平等对待全体投资者，不得选择性进行信息披露，差异化提供资料；在与中小投资者的沟通和交流上，要求建立与投资者沟通的有效渠道，召开年度报告说明会，并规定上市公司应出席会议的人员；在投资者关系档案管理中，明确规定上市公司应制定完备的投资者关系管理档案制度，规范投资者关系管理档案中的填报内容。

(七)关联交易

关联交易询问的重点有以下五点：(1)关联交易占比高的原因、与同行业主要竞争对手等是否存在重大差异、差异的原因及合理性；(2)发行人是否存在利用大股东影响获取业务的情况，是否存在对控股东及关联方的重大依赖;(3)发行人与控股股东的关联交易的定价机制及其公允性,是否存在通过关联交易输送利益的情形;(4)关联方应收账款占比高于关联销售占比的原因及合理性;(5)发行人章程及相关内控制度对关联交易决策程序的规定是否符合上市公司关联交易相关规定。

同时,应特别注意关联交易事项提交董事会审议前,应当取得独立董事事前认可意见。独立董事事前认可意见应当取得全体独立董事的半数以上同意,并在关联交易公告中披露。上市公司为控股股东、实际控制人及其关联方提供担保的,控股股东、实际控制人及其关联方应当提供反担保。

案例42 | 齐鲁华信(830832)——说明关联交易的必要性、合理性及是否履行决策程序

齐鲁华信是一家专业从事石油化工催化分子筛新材料、环保催化新材料和煤化工催化新材料制造的高新技术企业,拥有34项专利权和9项商标权,是国内重要的催化剂分子筛新材料生产基地之一,拥有稳定的国内国际客户。经过多年发展,齐鲁华信已经掌握了分子筛水热法合成技术、无模板剂水热晶化技术、模板剂水热晶化技术、分子筛过滤交换技术、分子筛焙烧技术、分子筛母液回收技术等一整套分子筛生产技术,其中,ZSM－5分子筛生产中的母液回收再利用技术经专家鉴定达到了国内领先水平。

报告期内(2017年~2020年上半年),公司营业收入分别为387,534,433.09元、539,298,778.30元、571,701,090.71元、312,471,810.04元;扣除非经常性损益后的净利润分别为30,224,525.72元、47,874,424.04元、54,465,280.20元、41,951,550.92元。

【关注问题】根据公开发行说明书显示,报告期内,公司向关联方李某旭及其控制的单位采购维修服务,报告期内采购金额合计1472.10万元。全国股转公司在第一轮审查问询函中请发行人:(1)补充披露上述维修服务的具体内容、明细,包括但不限于报告期各期维修费用类型、涉及数量、维修金额及占比情况。(2)结合关联交易的背景以及相关交易与发行人主营业务之间的关系,说明关联交易的必要性与合理性,各类关联交易未来是否仍将持续发生,上述关联交易的定价方式、价格的确定依据,定价公允性,是否存在利益输送。(3)补充说明关联交易是否均已履行了必要、规范的决策程序,发行人对关联交易的相关内部控制制度是否健全,内部控制是否有效。

【核查过程】保荐机构和发行人律师进行了以下核查:(1)查阅发行人与关

联方签订的购销合同及交易凭证;(2)对李某旭进行了访谈;(3)实地查看维修实地情况;(4)查阅李某旭控制企业的工商资料;(5)就同类业务对关联方与非关联方抽凭,对交易价格进行对比;(6)查阅了报告期内董事会、股东大会会议文件,公司于全国股转系统发布的关联交易相关公告。

【核查意见】保荐机构和发行人律师认为:(1)发行人维修、施工业务外包自改制后延续而来,关联交易的发生具有合理性;(2)发行人报告期内关联交易定价具有公允性,不存在利益输送;(3)发行人制定、健全了关联交易相关内部控制制度,能够通过回避制度、决策权利、决策程序等保证内部控制的有效性。

(八)同业竞争

对于同业竞争是否会产生重大不利影响的问题,应从以下几个方面分别核查:竞争方与发行人的经营地域、产品或服务的定位,同业竞争是否会导致发行人与竞争方之间的非公平竞争,是否会导致发行人与竞争方之间存在利益输送,是否会导致发行人与竞争方之间相互或者单方让渡商业机会情形,对未来发展的潜在影响等。

对一般的公司而言,为了保证发行人的独立性并避免同业竞争,公司首先需要明确自身与其他相关企业(包括控股股东、实际控制人及其近亲属控制的企业)的关系,了解它们的历史沿革、资产、人员、主营业务等,判断是否存在替代性、竞争性、利益冲突以及在同一市场范围内销售等情况。如果存在疑虑,公司应进行详细的核查。这个核查过程包括但不限于:查阅发行人实际控制人调查表,核查实际控制人及其近亲属控制的企业情况;查阅相关关联企业的营业执照、公司章程、财务报表等,判断是否与发行人独立,是否有同业竞争的可能;查询相关企业信息公示系统,核查相关企业的历史沿革,主要资产及技术情况是否与发行人业务领域相似;取得相关关联方关于主营业务的说明、承诺等。

在核查过程中,公开透明、合规性和公司运营的持续性是审核的主要关注点。同时,公司应该作出充分的说明,为发行人的独立性提供足够的证据,这可能包括实际控制人出具的《关于避免同业竞争的承诺函》等。

综上所述,为了避免同业竞争,保障发行人的独立性,公司应当充分了解并评估自身与相关企业的关系,及时发现并解决可能存在的问题。同时,公司需要维持与股东、相关企业和监管机构的良好沟通,保证信息的公开透明,以维护公司及股东的长远利益。

案例43 | 中寰股份(836260)——论证是否构成同业竞争的情形

中寰股份成立于2009年,是一个拥有自主研发、设计和制造能力的生产型企业,拥有现代化的工厂和科研基地,主要制造井口安全控制系统、自力式紧急截断系统、气液执行机构、电液执行机构等设备。公司生产的阀门执行机构和井口安全控制系统等产品主要应用于天然气行业。

报告期内(2018年~2020年),公司营业收入分别为24,649,085.25元、43,233,676.20元、44,617,353.49元;扣除非经常性损益后的净利润分别为25,263,618.90元、38,749,720.94元、42,441,527.71元。

【关注问题】全国股转公司在第一轮审查问询函中要求发行人:按照实质重于形式的原则,结合相关企业的历史沿革、资产、人员、主营业务(包括但不限于产品服务的具体特点、技术、商标商号、客户、供应商等)等方面与发行人的关系,以及业务是否有替代性、竞争性,是否存在利益冲突,是否在同一市场范围内销售等,分析对发行人独立性的影响,并论证控股股东、实际控制人及其近亲属控制的企业与发行人是否从事相同或相似业务,是否构成同业竞争,如存在,则补充披露占发行人业务比重,以及是否存在导致相互或者单方让渡商业机会的情形。

【核查过程】保荐机构和发行人律师进行了以下核查:(1)查阅发行人实际控制人调查表,核查发行人实际控制人及其近亲属控制的企业情况;(2)查阅相关关联企业营业执照、公司章程(合伙协议)及说明、财务报表、销售及采购台账、资产及人员清单、招投标文件、采购合同及发票等,核查相关企业与公司是否相互独立,是否从事相同或相似业务进而与公司构成同业竞争的情形;(3)查询国家专利局网站国家企业信用信息公示系统、企查查网站、国家知识产权局网站、国家知识产权局商标局网站、Technip FMC官网,核查相关企业的历史沿革及其与发行人是否存在交易,主要资产及技术情况是否与发行人业务领域相似;(4)取得相关关联方关于主营业务的说明、承诺;(5)实际控制人出具的《关于避免同业竞争的承诺函》及相关说明;(6)获取FMC Technologies Singapore Pte Ltd.出具的说明函,核查中寰工程及李某与Technip FMC是否存在关联关系。

【核查意见】保荐机构和发行人律师认为:控股股东、实际控制人及其近亲属控制的企业不存在影响发行人独立性的情形,未与发行人从事相同或相似业务进而构成同业竞争。

(九)其他

北交所对于上市公司的治理秉承务实的态度,对于专门委员会设立的态度是要求上市公司应当设立审计委员会,并基于需要设立战略、提名、薪酬与考核等专门委员会,除审计委员会外的其他专门委员会并不强制要求。专门委员会成员全部由董事组成,其中审计委员会、提名委员会、薪酬与考核委员会中独立董事应当过半数并担任召集人;审计委员会成员应当为不在上市公司担任高级管理人员的董事,召集人应当为会计专业人士。若上市公司的董事会可以加快公司治理节奏,提高公司治理效率,那么公司不设立除审计委员会外的其他专门委员会也是可行的,亦符合北交所上市公司科创属性高,执行效率高的特点。我国三大证券交易所对专门委员会的具体规定如表8-1所示。

表8-1　各交易所对专门委员会的规定

规定文件名称	具体规定
《北京证券交易所股票上市规则(试行)(2023年修订)》	第4.1.22条　董事会的人数及人员构成应当符合法律法规、本所业务规则和公司章程的要求。董事会成员应当具备履行职责所必需的知识、技能和素质。 上市公司应当设立独立董事,独立董事的人数占董事会成员的比例不得低于三分之一,且至少包括一名会计专业人士。独立董事的管理及任职资格等事宜由本所另行规定。 上市公司应当在董事会中设置审计委员会,内部审计部门对审计委员会负责,向审计委员会报告工作。上市公司可以根据需要在董事会中设置提名、薪酬与考核、战略等专门委员会,按照公司章程和董事会授权履行职责。 专门委员会成员全部由董事组成,其中审计委员会、提名委员会、薪酬与考核委员会中独立董事应当过半数并担任召集人;审计委员会成员应当为不在上市公司担任高级管理人员的董事,召集人应当为会计专业人士。 上市公司应当在公司章程中对专门委员会的组成、职责等作出规定,并应当制定专门委员会工作规程,明确专门委员会的人员构成、委员任期、职责范围、议事规则和档案保存等相关事项。国务院有关主管部门对专门委员会的召集人另有规定的,从其规定

续表

规定文件名称	具体规定
《深圳证券交易所股票上市规则(2023年8月修订)》	第4.2.12条 上市公司应当在董事会中设置审计委员会,并可以设置战略、提名、薪酬与考核等专门委员会,按照公司章程和董事会授权履行职责。 专门委员会成员全部由董事组成,其中审计委员会、提名委员会、薪酬与考核委员会中独立董事应当过半数并担任召集人;审计委员会成员应当为不在上市公司担任高级管理人员的董事,召集人应当为会计专业人士。 审计委员会负责审核公司财务信息及其披露、监督及评估内外部审计工作和内部控制。下列事项应当经审计委员会全体成员过半数同意后,方可提交董事会审议: (一)披露财务会计报告及定期报告中的财务信息、内部控制评价报告; (二)聘用、解聘承办上市公司审计业务的会计师事务所; (三)聘任或者解聘上市公司财务负责人; (四)因会计准则变更以外的原因作出会计政策、会计估计变更或者重大会计差错更正; (五)法律法规、本所有关规定及公司章程规定的其他事项。 提名委员会、薪酬与考核委员会应当按照法律法规、本所有关规定、公司章程和董事会的规定履行职责,就相关事项向董事会提出建议。董事会对相关建议未采纳或者未完全采纳的,应当在董事会决议中记载相关意见及未采纳的具体理由,并进行披露
《上海证券交易所股票上市规则(2023年8月修订)》	第4.2.12条 上市公司应当在董事会中设置审计委员会。公司可以在董事会中设置战略、提名、薪酬与考核等专门委员会,按照公司章程和董事会授权履行职责。 专门委员会成员全部由董事组成,其中审计委员会、提名委员会、薪酬与考核委员会中独立董事应当过半数并担任召集人;审计委员会成员应当为不在上市公司担任高级管理人员的董事,召集人应当为会计专业人士。 审计委员会负责审核公司财务信息及其披露、监督及评估内外部审计工作和内部控制,下列事项应当经审计委员会全体成员过半数同意后,提交董事会审议: (一)披露财务会计报告及定期报告中的财务信息、内部控制评价报告; (二)聘用或者解聘承办上市公司审计业务的会计师事务所; (三)聘任或者解聘上市公司财务负责人; (四)因会计准则变更以外的原因作出会计政策、会计估计变更或者重大会计差错更正; (五)法律法规、本所相关规定及公司章程规定的其他事项。 提名委员会、薪酬与考核委员会应当按照法律法规、本所相关规定、公司章程和董事会的规定履行职责,就相关事项向董事会提出建议。董

续表

规定文件名称	具体规定
《上海证券交易所股票上市规则(2023 年 8 月修订)》	事会对相关建议未采纳或者未完全采纳的,应当在董事会决议中记载相关意见及未采纳的具体理由,并进行披露

二、上市公司减持注意事项

(一)控股股东、实际控制人及其一致行动人的限售期

《北交所上市规则(试行)》对于控股股东、实际控制人及其一致行动人限售期的规定,在限售期时间上相较于其他板块的限售期时间更短,更有利于北交所上市公司股票在资本市场的流通。

发行人高级管理人员、核心员工通过专项资产计划、员工持股计划等参与战略配售取得的股份,自公开发行并上市之日起 12 个月内不得转让或委托他人代为管理。其他投资者参与战略配售取得的股份,自公开发行并上市之日起 6 个月内不得转让或委托他人代为管理。北交所和创业板、科创板关于控股股东/实际控制人及其一致行动人限售期规定的差异如表 8 - 2 所示。

表 8 - 2　北交所和创业板/科创板关于控股股东、实际控制人及其一致行动人限售期的规定

板块	具体规定
北交所	上市公司控股股东、实际控制人及其亲属,以及上市前直接持有 10% 以上股份的股东或虽未直接持有但可实际支配 10% 以上股份表决权的相关主体,持有或控制的本公司向不特定合格投资者公开发行前的股份,自公开发行并上市之日起 12 个月内不得转让或委托他人代为管理。前款所称亲属,是指上市公司控股股东、实际控制人的配偶、子女及其配偶、父母及配偶的父母、兄弟姐妹及其配偶、配偶的兄弟姐妹、子女配偶的父母以及其他关系密切的家庭成员
创业板/科创板	上市公司控股股东、实际控制人(创业板还应当包括其一致行动人)减持本公司首发前股份的:(1)自公司股票上市之日起 36 个月内,不得转让或者委托他人管理其直接和间接持有的首发前股份,也不得提议由上市公司回购该部分股份;(2)遵守法律法规、中国证监会规定,以及上交所和深交所业务规则中对控股股东、实际控制人股份转让的其他规定

(二)战略投资者的限售期

相较于创业板与科创板对于战略投资者12个月持有期限的限制,《北交所上市规则(试行)》对上市公司战略投资者的要求显然更加宽松,仅要求战略投资者自公开发行并上市之日起6个月内不得转让或委托他人代为管理。北交所和创业板/科创板关于战略投资者限售期规定的差异如表8-3所示。

表8-3 北交所和创业板/科创板关于战略投资者限售期的规定

板块	具体规定
北交所	发行人高级管理人员、核心员工通过专项资产计划、员工持股计划等参与战略配售取得的股份,自公开发行并上市之日起12个月内不得转让或委托他人代为管理。其他投资者参与战略配售取得的股份,自公开发行并上市之日起6个月内不得转让或委托他人代为管理
创业板/科创板	发行人的高级管理人员设立的专项资产管理计划,通过集中竞价方式减持参与战略配售获配股份的,应当参照深交所/上交所发布的《上市公司股东及董事、监事、高级管理人员减持股份实施细则》关于高级管理人员减持股份的规定履行信息披露义务。战略投资者不参与网上查询,且应当承诺获得本次配售的股票持有期限不少于12个月,持有期限自本次公开发行股票上市之日起计算

(三)公司未盈利时的减持限制

相较于创业板、科创板对于公司上市未盈利的限售规定,《北交所上市规则(试行)》在主体上不再对控股股东、实际控制人和董事、监事、高级管理人员作出区分,在限制内容上规定更为宽松。北交所和创业板/科创板关于公司未盈利时的减持限制规定的差异如表8-4所示。

表8-4 北交所和创业板/科创板关于公司未盈利时的减持限制规定

板块	具体规定
北交所	公司上市时未盈利的,在实现盈利前,控股股东、实际控制人、董事、监事、高级管理人员自公司股票上市之日起2个完整会计年度内,不得减持公开发行并上市前股份;公司实现盈利后,可以自当年年度报告披露后次日起减持公开发行并上市前股份,但应遵守《北交所上市规则(试行)》及《北京证券交易所上市公司持续监管指引第8号——股份减持和持股管理》相关规定。董事、监事、高级管理人员在上述规定期间内离职的,应当继续遵守上述规定

续表

板块	具体规定
创业板/科创板	公司上市时未盈利的，在实现盈利前，控股股东、实际控制人及其一致行动人自公司股票上市之日起3个完整会计年度内，不得减持首发前股份：自公司股票上市之日起第4个和第5个完整会计年度内，每年减持的首发前股份不得超过公司股份总数的2%，并应当符合《科创板上市规则》关于股份减持章节/《深圳证券交易所创业板股票上市规则（2023年8月修订）》关于首次公开发行的股票上市章节的关于减持股份的相关规定。公司上市时未盈利的，在实现盈利前，董事、监事、高级管理人员自公司股票上市之日起3个完整会计年度内，不得减持首发前股份；在前述期间内离职的，应当继续遵守本规定。公司实现盈利后，前述规定的股东可以自当年年度报告披露后次日起减持首发前股份，但应当遵守深交所/上交所发布的《上市公司股东及董事、监事、高级管理人员减持股份实施细则》其他规定

（四）集中竞价的减持规定

考虑北交所上市公司股票本身的流动性，《北交所上市规则（试行）》放宽了通过集中竞价减持股份的数量限制。北交所和创业板/科创板关于公司集中竞价的减持限制规定的差异如表8－5所示。

表8－5　北交所和创业板/科创板关于公司集中竞价的减持限制规定

板块	具体规定
北交所	上市公司大股东、实际控制人、董事、监事、高级管理人员计划通过集中竞价交易减持其所持有本公司股份，拟在3个月内卖出股份总数超过公司股份总数1%的，应当在首次卖出的30个交易日前预先披露减持计划
创业板/科创板	大股东减持或者特定股东减持，采取集中竞价交易方式的，在任意连续90日内，减持股份的总数不得超过公司股份总数的1%

（五）减持的限制

根据《北交所上市规则（试行）》的规定，上市公司控股股东和持股5%以上的股东（以下统称大股东）、实际控制人、董事、监事、高级管理人员因涉嫌证券期货违法犯罪，处于被中国证监会及其派出机构立案调查或者被司法机关立案侦查期间，以及在行政处罚决定、刑事判决作出之后未满6个月的;大股东、实际控制人因违反本所业务规则,被北交所公开谴责未满3个月的,不得减持其所持有的公司股份。但是,大股东、公司实际控制人通过北交所和全国股转系统的竞价或做市交易买入本公司股份,其减持不适用上述规定。

(六)减持中的信息披露

根据《北交所上市规则(试行)》的规定,上市公司大股东、实际控制人、董事、监事、高级管理人员计划通过集中竞价交易减持其所持有本公司股份的,应当及时通知公司,并按照下列规定履行信息披露义务:(1)在首次卖出股份的15个交易日前预先披露减持计划,每次披露的减持时间区间不得超过6个月;(2)拟在3个月内卖出股份总数超过公司股份总数1%的,除应履行披露义务外,还应当在首次卖出的30个交易日前预先披露减持计划;(3)在减持时间区间内,减持数量过半或减持时间过半时,披露减持进展情况;(4)在股份减持计划实施完毕或者披露的减持时间区间届满后及时公告具体减持情况。实际控制人、大股东通过北交所和全国股转系统的竞价或做市交易买入本公司股份,其减持不适用上述规定。

(七)股票买卖的窗口期

根据《北交所上市规则(试行)》的规定,上市公司董事、监事和高级管理人员在下列期间不得买卖本公司股票:(1)公司年度报告、中期报告公告前30日内及季度报告公告前10日内。因特殊原因推迟年度报告、中期报告公告日期的,自原预约公告日前30日起算,直至公告日日终;(2)公司业绩预告、业绩快报公告前10日内;(3)自可能对公司股票交易价格、投资者投资决策产生较大影响的重大事件发生之日或者进入决策程序之日,至依法披露之日内;(4)中国证监会、北交所认定的其他期间。

上市公司控股股东、实际控制人在下列期间不得买卖本公司股票:(1)公司年度报告公告前30日内,因特殊原因推迟年度报告公告日期的,自原预约公告日前30日起算,直至公告日日终;(2)其余时间与董事、监事、高级管理人员限售窗口期的2~4项的规定相同。

主板与创业板已经不再对上市公司控股股东及实际控制人的股票买卖窗口期作出限制,唯有科创板对控股股东及实际控制人的增资行为主要依据下列情形作出了限制:(1)科创公司定期报告披露前10日内,科创公司因特殊原因推迟定期报告公告日期的,则自原预约公告日期前10日起至定期报告实际公告之日的期间内;(2)科创公司业绩快报、业绩预告披露前10日内;(3)自知悉可能对科创公司股票交易价格产生较大影响的事件发生或在决策过程中,至该事件依法披露后2个交易日内;(4)控股股东、实际控制人承诺一定期限内不买卖本公司股票且在该期限内。

第二节　北交所上市公司再融资及并购重组体系

一、现有再融资规则

《北交所证券发行注册管理办法》规定了北交所上市公司再融资的各项发行条件,具体如下:

(一)向特定对象发行股票

上市公司向特定对象发行股票,应当符合下列规定:

(1)具备健全且运行良好的组织机构。

(2)具有独立、稳定经营能力,不存在对持续经营有重大不利影响的情形。

(3)最近一年财务会计报告无虚假记载,未被出具否定意见或无法表示意见的审计报告;最近一年财务会计报告被出具保留意见的审计报告,保留意见所涉及事项对上市公司的重大不利影响已经消除。本次发行涉及重大资产重组的除外。

(4)合法规范经营,依法履行信息披露义务。

《北交所证券发行注册管理办法》第10条规定:"上市公司存在下列情形之一的,不得向特定对象发行股票:(一)上市公司或其控股股东、实际控制人最近三年内存在贪污、贿赂、侵占财产、挪用财产或者破坏社会主义市场经济秩序的刑事犯罪,存在欺诈发行、重大信息披露违法或者其他涉及国家安全、公共安全、生态安全、生产安全、公众健康安全等领域的重大违法行为;(二)上市公司或其控股股东、实际控制人,现任董事、监事、高级管理人员最近一年内受到中国证监会行政处罚、北交所公开谴责；或因涉嫌犯罪正被司法机关立案侦查或者涉嫌违法违规正被中国证监会立案调查，尚未有明确结论意见；（三）擅自改变募集资金用途，未作纠正或者未经股东大会认可；（四）上市公司或其控股股东、实际控制人被列入失信被执行人名单且情形尚未消除；（五）上市公司利益严重受损的其他情形。”

（二）发行可转换公司债券

《北交所证券发行注册管理办法》第12条规定：“上市公司发行可转换为股票的公司债券，应当符合下列规定：（一）具备健全且运行良好的组织机构；（二）最近三年平均可分配利润足以支付公司债券一年的利息；（三）具有合理的资产负债结构和正常的现金流量。除前款规定条件外，上市公司向特定对象发行可转换为股票的公司债券，还应当遵守本办法第九条、第十条的规定；向不特定合格投资者公开发行可转换为股票的公司债券，还应当遵守本办法第十一条的规定。但上市公司通过收购本公司股份的方式进行公司债券转换的除外。”

第13条规定：“上市公司存在下列情形之一的，不得发行可转换为股票的公司债券：（一）对已公开发行的公司债券或者其他债务有违约或者延迟支付本息的事实，仍处于继续状态；（二）违反《证券法》规定，改变公开发行公司债券所募资金用途。”

二、再融资审核注意事项

北交所再融资对于同业竞争的相关具体要求应当适用中国证监会制定的信息披露规则，结合中国证监会对再融资同业竞争的核查及披露要求，中介机构在核查时应审慎作出专业判断与认定。

（一）重点核查审慎确认竞争方范围

中介机构应重点核查上市公司控股股东/实际控制人及其近亲属全资或控股的企业，对于从事相同或相似主营业务的，核查业务与上市公司是否具有替代性、竞争性、利益冲突，是否对上市公司业务构成竞争；存在竞争关系的，中介机构原则上应作构成同业竞争的认定。核查时可以不认定为不存在实质性同业竞争的前提是，上市公司能够就以上事项作充分说明、承诺，并就与前述相关企业在历史沿革、资产、人员、业务、技术、财务等方面基本独立，销售渠道、主要客户及供应商存在较少重叠等事实提供相关材料予以证明。

能够"控制"公司的股东，是指持股50%以上的股东，股东可以实际支配的表决权超过30%，能够决定公司董事会半数以上成员选任的股东，可实际支配的股份表决权足以对股东会决议产生重大影响。

在尽职调查中，还应当关注对上市公司有重大影响以及持股5%以上的股东，持有上市公司5%以上股份的股东被界定为关联方，实践中发行人常被问询与关联方是否存在同业竞争。

此外，应关注对控股股东、实控人虽不控股但能施加重大影响的企业。虽然可能前述企业并非严格意义上的竞争方，但是中介机构仍应审慎调查，以防对上市公司的独立性构成影响。

（二）扩大范围综合论证不构成同业竞争

在实践审核中，能够被接受的不构成同业竞争的合理原因的范围在不断缩小，中介机构需要综合生产、技术、研发、客户、供应商等多重因素综合论证，难度较大，稍有差错极易被否。

公开发行证券的，根据《监管规则适用指引——发行类第6号》的规定，保荐机构及发行人律师应核查以下事项：上市公司是否存在同业竞争，上市公司已存在的同业竞争是否损害上市公司利益，已存在的同业竞争是否制定解决方案并明确了整合时间安排，已做出的关于避免或者解决同业竞争的承诺是否存在违反承诺情形，上市公司募投项目实施后是否有新增同业竞争的情形。

按照实质重于形式的原则，中介机构应结合相关企业在历史沿革、资产、人员、主营业务（包括但不限于产品服务的具体特点、技术、商标商号、客户、供应商等）等方面与上市公司的关系，就相关事项进行核查，并发表明确意见。否则，在面临问询时，可能要进行重新核查。

在实践中，审核上市公司是否构成同业竞争时，会对上市公司需要披露的事项做更扩大化的要求。例如，实践中一般会将控股股东、实控人的直系亲属纳入竞争方范围，并且对非直系亲属也可能基于某些特殊原因进行调查。

（三）全面梳理、如实披露潜在同业竞争情形

同业竞争是监管机构长期以来重点关注的核心问题，在再融资审核过程中，同业竞争问题被问询的情形多样，上市公司的控制权、原业务变化、新业务拓展、相关主体的业务变更等多种情形都可能导致监管问询及市场关注。

中介机构通过从产品存在用途不同、客户供应商渠道不同，对上市公司控股股东、实际控制人对外投资企业（含其对外投资企业）的公司名称、主营业务、初始及后续投资时点、持股比例、账面价值等进行核查，论证同业竞争是否属于基于特殊原因（如国有股权划转、资产重组、为把握商业机会由控股股东先行收购或培育后择机注入上市公司）等产生，并要求上市公司及竞争方进行避免同业竞争的承诺，且承诺事项必须有明确的履约时限，不得使用“尽快”“时机成熟时”等模糊性词语。

从问询问题中能够看出，实践中对同业竞争的解释一般要求较高，论证过程也存在一定的难度，中介机构在进行同业竞争的排查时，应当本着谨慎、严格的态度，全面梳理上市公司可能存在的同业竞争情形，并提醒上市公司在申报再融资之前如实将相关情况进行信息披露。

三、再融资案例分析

（一）相关案例

案例 44 | 微创光电（430198）——说明是否存在同业竞争情况

微创光电主要从事智慧交通领域中以视频为核心的高速公路监控信息化产品的研发、生产、销售及技术服务。智慧交通是在智能交通的基础上，充分运用物联网、云计算、互联网、人工智能、自动控制、移动互联网等技术，通过汇集交通信息，对交通管理、交通运输、公众出行等领域以及交通建设管理全过程进行管控支撑，使交通系统在区域、城市甚至更大的时空范围具备感知、互联、分析、预测、控制等能力，以充分保障交通安全、发挥交通基础设施效能、提升交通系统运行效率和管理水平，为通畅的公众出行和可持续的经济发展服务。

报告期内（2017 年～2019 年），公司营业收入分别为 150,638,009.89 元、152,563,230.05 元、166,605,526.55 元；扣除非经常性损益后的净利润分别为

43,604,372.52 元、39,180,144.16 元、49,344,621.92 元。

2022 年 5 月，已在北交所上市的微创光电发布公告称，拟向特定对象发行股票 37,237,816 股，募集资金总额为 170,176,819.12 元。

2022 年 8 月 4 日，微创光电收到北交所出具的受理通知书载明：经对公司报送的向特定对象发行股票申请文件进行审核，符合《北京证券交易所上市公司证券发行上市审核规则（试行）》的有关要求并予以受理。

【关注问题】北交所在受理后对公司提出了一轮问询，其中主要关注事项如下：请发行人补充说明交投集团、交投资本控制的企业中与发行人业务存在产业链上下游关系或类似关系的具体情况，包括但不限于具体经营内容、业务开展的时间、规模、客户与供应商类型等，并结合前述情况说明发行人与发行对象交投资本间是否存在同业竞争情况，发行人与发行对象是否采取了切实有效的避免同业竞争的措施。

（二）应对建议

北交所在审核公司再融资的过程中，关注的关键问题之一是发行人的同业竞争情况，本次特定发行对象控制的企业与发行人业务之间的关系，包括具体经营内容，业务开展的时间、规模，客户与供应商类型等。在这些问询中，发行人与发行对象是否存在同业竞争情形、是否采取了切实有效的避免同业竞争的措施是审核的主要关注点。

在应对类似问询时，公司应准备充分的资料来详细解答北交所的问题，为了维护公开透明，公司需要公开披露特定发行对象及其控制的企业业务具体情况，说明是否与发行人业务存在产业链上下游关系或类似关系，并结合主营业务经营内容，业务开展的时间、规模，客户和供应商类型，开展业务所需资质等方面，论证不存在同业竞争情形。同时，为避免本次发行完成后与公司发生同业竞争的情形，特定发行对象应当针对本次发行股票事项出具《关于与上市公司避免同业竞争的承诺函》，承诺其将促使其公司及其控股股东、实际控制人及其控制的其他企业避免从事与上市公司具有竞争的业务，若特定发行对象在成为上市公司的单一第一大股东后，发行人被证券监管部门或证券交易所认定与特定发行对象下属的其他企业构成同业竞争，特定发行对象将采取有效措施避免同业竞争等，确保发行人及发行对象已就避免同业竞争情况做出相应安排。

综上所述,可以看到,从目前已有北交所上市公司反馈案例来看,监管部门重点关注发行人与发行对象之间是否存在同业竞争情形,相较目前A股上市公司再融资的审核反馈问题数量来看,北交所上市公司再融资审核的反馈问题明显较少,同时审核时间较短,根据上述案例中公司发布的公告,本项目已于2022年10月18日收到中国证监会发行注册批复,从受理到取得批复时间在150日左右。

第三节　重大资产重组规则及案例分析

一、现有重大资产重组规则

重大资产重组,是指上市公司及其控股或者控制的公司在日常经营活动之外购买、出售资产或者通过其他方式进行资产交易达到规定的比例,导致上市公司的主营业务、资产、收入发生重大变化的资产交易行为。

(一)构成重大资产重组的情形

1. 比例与绝对值双重标准

上市公司及其控股或者控制的公司购买或出售的资产占最近一个年度期末资产总额、营业收入、净资产额任一比例50%以上,其中营业收入标准还需超过5000万元。

2. 上市公司不纳入重大资产重组管理的"日常经营行为"

充分说明合理性和必要性的,现金购入厂房、机械设备等可以视为日常经营行为,不纳入重大资产重组管理。

相关法律法规对重大资产重组作出了详细规定,具体条文如下:

《上市公司重大资产重组管理办法(2023年修订)》(以下简称《重组管理办法》)第12条规定:"上市公司及其控股或者控制的公司购买、出售资产,达到下列标准之一的,构成重大资产重组:(一)购买、出售的资产总额占上市公司最近一个会计年度经审计的合并财务会计报告期末资产总额的比例达到百分之五十以上;(二)购买、出售的资产在最近一个会计年度所产生的营业收入占上市公司同期经审计的合并财务会计报告营业收入的比例达到百分之五十以上,且超过五千万元人民币;(三)购买、出售的资产净额占上市公司最近一个会计年度经审计的合并财务会计报告期末净资产额的比例达到百分之五十以上,且超过五千万元人民币。购买、出售资产未达到前款规定标准,但中国证监会发现涉嫌违反国家产业政策、违反法律和行政法规、违反中国证监会的规定、可能损害上市公司或者投资者合法权益等重大问题的,可以根据审慎监管原则,责令上市公司暂停交易、按照本办法的规定补充披露相关信息、聘请符合《证券法》规定的独立财务顾问或者其他证券服务机构补充核查并披露专业意见。”

第 13 条第 1 款规定:“上市公司自控制权发生变更之日起三十六个月内,向收购人及其关联人购买资产,导致上市公司发生以下根本变化情形之一的,构成重大资产重组,应当按照本办法的规定履行相关义务和程序:(一)购买的资产总额占上市公司控制权发生变更的前一个会计年度经审计的合并财务会计报告期末资产总额的比例达到百分之一百以上;(二)购买的资产在最近一个会计年度所产生的营业收入占上市公司控制权发生变更的前一个会计年度经审计的合并财务会计报告营业收入的比例达到百分之一百以上;(三)购买的资产净额占上市公司控制权发生变更的前一个会计年度经审计的合并财务会计报告期末净资产额的比例达到百分之一百以上;(四)为购买资产发行的股份占上市公司首次向收购人及其关联人购买资产的董事会决议前一个交易日的股份的比例达到百分之一百以上;(五)上市公司向收购人及其关联人购买资产虽未达到第(一)至第(四)项标准,但可能导致上市公司主营业务发生根本变化;(六)中国证监会认定的可能导致上市公司发生根本变化的其他情形。”

《北京证券交易所上市公司重大资产重组审核规则》(以下简称《北交所重组审核规则》)第 8 条规定:“上市公司实施重大资产重组的,按照《持续监管办法》关于重大资产重组的标准予以认定。上市公司使用现金购买与主营业务和生产经营相关的土地、厂房、机械设备等,充分说明合理性和必要性的,可以视为日常经营行为,不纳入重大资产重组管理。”

(二)重组上市置入资产的要求

1. 标的资产符合发行条件

标的资产对应的经营实体应当是符合《北交所不特定发行注册管理办

法》规定的发行条件的股份有限公司或者有限责任公司。

2. 不允许存在的负面情形

(1)相关主体最近3年内存在重大违法行为；

(2)最近1年内，发行人及其控股股东、实际控制人、董事、监事、高级管理人员受到中国证监会行政处罚、证券交易所等公开谴责、被司法机关立案侦查或证监会立案调查，无明确结论；

(3)上市公司及其控股股东、实际控制人被列入失信被执行人名单；

(4)未按照《证券法》要求按时披露年度报告、中期报告；

(5)上市公司利益严重受损的其他情形。

(三)符合上市前两套标准之一

1. 两套标准

(1)净利润+净资产收益率：最近两年净利润均≥1500万元，且加权平均净资产收益率平均≥8%(最近两年)；最近一年净利润≥2500万元，且加权平均净资产收益率≥8%。

(2)营业收入+经营活动现金流：最近两年营业收入平均≥1亿元，最近一年营业收入增长率≥30%，最近一年经营活动产生的现金流量净额为正。

《北交所重组审核规则》对重组上市的标准规定在第10条："上市公司实施重组上市的，标的资产对应的经营实体应当是符合《北京证券交易所向不特定合格投资者公开发行注册管理办法》(以下简称《注册管理办法》)规定的发行条件的股份有限公司或者有限责任公司，不存在《上市规则》规定的不得申请公开发行并上市的情形，并符合下列条件之一：(一)最近两年净利润均不低于1500万元且加权平均净资产收益率平均不低于8%，或者最近一年净利润不低于2500万元且加权平均净资产收益率不低于8%；(二)最近两年营业收入平均不低于1亿元，且最近一年营业收入增长率不低于30%，最近一年经营活动产生的现金流量净额为正。前款所称净利润以扣除非经常性损益前后的孰低者为准，所称净利润、营业收入、经营活动产生的现金流量净额均指经审计的数值。"

2. 发行股份购买资产发行价格的限制

(1)发行价格不低于市场参考价的80%；

(2)市场参考价为董事会决议公告日前20个交易日、60个交易日或者

120个交易日的公司股票交易均价之一。

《北交所持续监管办法》在第六章对发行价格有明确限制，具体规定在第28条："上市公司发行股份购买资产的，发行股份的价格不得低于市场参考价的百分之八十，市场参考价按照《重组办法》的规定计算。"

《重组管理办法》对发行股份购买资产发行价格的限制，具体规定在第45条："上市公司发行股份的价格不得低于市场参考价的百分之八十。市场参考价为本次发行股份购买资产的董事会决议公告日前二十个交易日、六十个交易日或者一百二十个交易日的公司股票交易均价之一。本次发行股份购买资产的董事会决议应当说明市场参考价的选择依据。前款所称交易均价的计算公式为：董事会决议公告日前若干个交易日公司股票交易均价=决议公告日前若干个交易日公司股票交易总额/决议公告日前若干个交易日公司股票交易总量。本次发行股份购买资产的董事会决议可以明确，在中国证监会注册前，上市公司的股票价格相比最初确定的发行价格发生重大变化的，董事会可以按照已经设定的调整方案对发行价格进行一次调整。前款规定的发行价格调整方案应当明确、具体、可操作，详细说明是否相应调整拟购买资产的定价、发行股份数量及其理由，在首次董事会决议公告时充分披露，并按照规定提交股东大会审议。股东大会作出决议后，董事会按照已经设定的方案调整发行价格的，上市公司无需按照本办法第二十九条的规定向证券交易所重新提出申请。"

3. 重组信息的披露要求

(1)交易的合法性；

(2)交易是否具有协同性；

(3)交易的必要性；

(4)交易资产定价的公允性；

(5)业绩承诺和补偿的可实现性。

4. 披露形式

(1)首次披露重组方案：预案或者报告书。

(2)无须证监会注册的重组：分阶段披露；披露重组方案前披露筹划重大资产重组提示性公告。

(3)其他披露文件：报告书、独立财务顾问报告、法律意见书及重组涉及审计报告、资产评估报告或者估值报告至迟与召开股东大会通知同时公告。

5. 披露内容

(1)重组预案:重大不确定因素,有关风险因素进行提示;

(2)重组进展公告:首次披露重组方案至发出股东大会通知前,至少每30日发布一次;

(3)重大进展或重大变化:及时披露,不具备实施条件尽快终止;

(4)独立财务顾问报告:披露重组报告书的,独立财务顾问出具报告;

(5)业绩承诺等补偿协议:董事会及独立财务顾问客观论证分析。

《重组管理办法》对信息披露的要求具体规定在第22条:"上市公司应当在董事会作出重大资产重组决议后的次一工作日至少披露下列文件:(一)董事会决议及独立董事的意见;(二)上市公司重大资产重组预案。本次重组的重大资产重组报告书、独立财务顾问报告、法律意见书以及重组涉及的审计报告、资产评估报告或者估值报告至迟应当与召开股东大会的通知同时公告。上市公司自愿披露盈利预测报告的,该报告应当经符合《证券法》规定的会计师事务所审核,与重大资产重组报告书同时公告。本条第一款第(二)项及第二款规定的信息披露文件的内容与格式另行规定。上市公司应当在证券交易所的网站和一家符合中国证监会规定条件的媒体公告董事会决议、独立董事的意见、重大资产重组报告书及其摘要、相关证券服务机构的报告或者意见等信息披露文件。"

6. 审核流程

(1)发行股份购买资产具体包括如下流程:①内部审议:董事会审议→股东大会审议→申报;②北交所审核:受理→首轮问询(多轮问询)→出具审核报告→并购重组委审议→出具意见;③中国证监会注册:报送审核意见→中国证监会注册。

(2)重组上市审核具体包括如下流程:①内部审议:董事会审议→股东大会审议→申报;②北交所审核:受理→首轮问询(多轮问询)→出具审核报告→并购重组委审议→出具意见→同意重组上市决定(不涉及股份发行);③中国证监会注册(涉及股份发行):报送审核意见→中国证监会注册。

7. 内幕交易防控

(1)报送:首次披露重组事项时填报并提交;

(2)披露时点:首次披露重组事项或就本次重组申请股票停牌(孰早)前6个月至披露重组报告书;

(3)特殊情形下补充自查报告:重组方案重大调整,终止重组。

8. 重大资产重组或发行股份购买资产可以停牌

(1)时间:≤10 交易日,披露重组预案或报告书后重大调整的 + ≤5 交易日;

(2)披露义务:包括停牌公告、截至停牌前一日持股情况、重组预案或者报告书(未被终止 + 复牌)等内容;

(3)不得随意停牌:北交所问询期间及更换证券服务机构。

二、重大资产重组审核注意事项

在重大资产重组法律意见书中,对于重大资产重组的标的公司核查内容主要包含标的公司的基本情况、股东情况、主要历史沿革、主要资产(含长期股权投资、资产租赁情况、固定资产、无形资产等)、主要业务及经营资质(含业务资质认证、高新技术企业认证等)、诉讼仲裁及行政处罚、职工安置情况等。

在核查标的公司情况时,法律意见书重点核查标的公司的股权情况。核查股东持有股权是否清晰,是否存在权属纠纷或潜在纠纷,是否存在质押、冻结或其他权利受到限制的情形。在标的公司股权存在权利负担时,需要重点核查权利负担的由来、解除权利负担的时限,确定其是否属于本次重大资产重组的标的股权,是否会对本次重大资产重组造成实质性法律障碍。

在核查持有土地使用权及房屋所有权情况时,需要进一步核查是否存在租赁房屋,租赁房屋的使用目的,如是否用于员工宿舍、办公、库房、生产等,核查租赁合同是否合法有效;核查标的公司是否合法拥有知识产权,其合法拥有的上述知识产权是否存在质押、冻结或其他权利受到限制的情形;核查重大资产重组是否涉及人员安置问题,是否会改变用人单位的主体地位,是否涉及人员转移安置问题,与员工的劳动关系是否保持不变;核查标的公司是否存在金额重大的未决诉讼,是否会对交易构成重大不利影响;核查标的公司最近三年是否受到行政处罚,如有,其所受处罚是否属于重大违规。

需要核查当次增资失败的情况下,责任方是否需支付违约金,若约定违约金,还需对违约金的履行期限和方式进行核查;同时,需要核查各方主体作出的陈述与保证及其他承诺事项;核查义务主体未完全履行实缴出资义务而导致主体所持股权估值低于应有的公允价值时，须承担相应的赔偿及违约责任的金钱数额。

最后，针对重组各方签署的主要协议，需要核查如果协议任何一方未能履行其在协议项下的义务或承诺，或者协议任何一方在协议中所作的任何声明、陈述或保证存在欺诈或虚假成分，是否约定违约方的赔偿责任。

三、重大资产重组案例分析

（一）相关案例

案例 45 | 恒拓开源(834415)——重组交易的背景原因及其合理性

恒拓开源于2007年6月27日成立，主营业务是为航空业、制造业、政府等大型客户提供软件开源化技术开发、技术咨询服务等，2020年7月27日在北交所上市。恒拓开源采取线上社区、企业服务并行运营的业务模式。线上业务层面，公司运营着国内开源技术社区——开源中国，在社区基础上开展了开发云平台"码云"、软件开发众包平台"开源中国众包"等线上业务，并与阿里、腾讯、百度等互联网行业巨头实现了深入合作。线下业务层面，公司致力于为企业客户提供专业的开源技术产品、信息技术咨询、解决方案以及外包服务，在航空、电信、互联网等领域积累了丰富的行业经验。

报告期内(2017年~2019年)，公司营业收入分别为183,473,129.27元、262,004,693.15元、278,616,030.27元；扣除非经常性损益后的净利润分别为-10,156,784.10元、22,447,228.89元、26,122,010.04元。

亿迅信息成立于2015年2月13日，所属行业为软件和信息技术服务业。2022年7月29日，恒拓开源发布重大资产重组预案，拟以现金支付方式购买亿迅信息51%股权，其中分别购买常州同过持有的亿迅信息31.43%股权、常州轻扬持有的亿迅信息11.92%股权及方某持有的亿迅信息7.65%股权。重组交易前，上述拟交易方总共持有亿迅信息百分百股权，交易完成后，恒拓开源将成为亿迅信息控股股东。2022年8月2日，北交所上市公司管理部针对恒拓开源重组预案事宜向恒拓开源董事会提出问询。

【关注问题】北交所针对恒拓开源重组预案的问询主要围绕支付安排、关联关系、协同效应三个方面展开。

(1)重组交易的支付安排。

恒拓开源将分期支付交易总价款，在总价款支付前，双方约定在上市公司内部审议通过交易议案后,向股权转让方支付4284万元预付款。恒拓开源将在预案披露后完成审计、评估工作,签署正式支付现金购买资产协议,并在重组报告书中披露现金对价支付条款。因此,恒拓开源未在本次预案中披露对价支付的相关内容,据此,北交所问询如下:

①交易双方是否已就支付安排签订相关协议,如已签订,说明签订时间、协议具体内容、协议是否已经生效;

②说明在亿迅信息审计、评估工作尚未完成,本次交易对价尚未确定的情况下,恒拓开源预付股权转让款的原因及合理性,是否损害上市公司利益;说明预付款性质,是否属于定金,预付金额的确定依据,预付对象及相应的金额;

③若因公司股东大会未审议通过等原因终止本次重组的,恒拓开源是否构成违约,是否需要支付违约金,预付款是否能够收回,相关安排是否会损害上市公司利益。

(2)重组交易的关联关系。

重组交易前,廖某通过常州同过持有亿迅信息超过50%的股权,为亿迅信息实际控制人。港交所上市公司中国智能交通董事会主席及执行董事廖某及亲属合计持有中国智能交通约17.5%的股权及权益。中国智能交通通过两家子公司间接持有恒拓开源21.63%股份。另外,恒拓开源的办公地址与亿迅信息的办公地址基本一致。据此,北交所问询如下:

结合恒拓开源与亿迅信息实际控制人的股权关系、两公司相同的办公地址等情况,根据实质重于形式原则,说明亿迅信息实际控制人廖某与恒拓开源、控股股东、实际控制人及其关联方、董事、监事、高级管理人员是否存在关联关系,本次交易是否构成关联交易,本次审议通过重组预案的董事会程序是否存在瑕疵。

(3)重组交易的协同效应。

根据恒拓开源重组预案披露,恒拓开源与亿迅信息在民航呼叫中心领域具备业务承接关系,重组交易完成后,恒拓开源将与亿迅信息实现市场资源共享,双方可通过管理、销售和研发的整合,优化成本。亿迅信息下游客户集中在互联网金融等行业,恒拓开源主要为航空公司、机场及民航保障企业提供软件服务。据此,北交所问询如下:

①说明恒拓开源与亿迅信息之间的协同效应在业务、管理、技术、客户、市场、应用领域等方面的具体体现,补充说明本次交易是否有利于增强公司持续

经营能力；

②说明恒拓开源与亿迅信息管理机构、销售机构和研发机构的具体整合安排，包括不限于业务、产品/服务、渠道、人员、上下游等方面。

（二）应对建议

在重大资产重组交易的审核过程中，需要真实、完整地披露重组交易的具体情况，主要包括交易的支付安排、关联关系、协同效应等。在回应相关问询时，公司需要提供清晰、详细的信息以确保交易的透明度和公正性。

首先，公司应透彻阐述交易的支付安排，包括详细的支付协议、时间表及预付款的合理性，同时应解释在特定情况下，如重组未获批准而终止时，公司是否需要支付违约金，预付款是否能回收，以及这些安排如何保障公司和股东的利益。

其次，关于交易的关联关系，公司需要公开所有可能的关联关系，尤其是股权关系和实际控制人关系。任何可能引发疑问的情况，如公司地址的相同等，都需要详细解释，并证明这些因素不会影响交易的公正性。如果涉及关联交易，那么整个审议过程必须遵循合规性和透明性。

最后，公司需要展示交易的协同效应，详细描述在业务、管理、技术、客户、市场、应用等各个方面的具体体现，明确表达交易如何有利于增强公司的持续经营能力。包括管理机构、销售机构和研发机构的整合安排在内的各方面详细信息，应尽可能清晰和全面，以使利益相关者对重组带来的变化有深入的理解。这样的应对策略有助于公司在面对相关问询时能全面、准确地回应，保持其透明度和公信力。